恩歌博尔教育
Angel bell

Angel bell 音译为"恩歌博尔"，中文直译为"天使钟"，这里取"天使的声音"之意。在"恩歌博尔"（Angel bell）的logo中，徽章外形代表学术权威和宏大的影响力，徽章上的天使图像简洁生动，象征一位快乐的天使正带来教育的美丽和魅力，即知识、智慧、思想及广大教师和整个教育的美好蓝天！

教 师 用 书

教师写·教师看

XIAO XUE SHU XUE JIAO XUE GONG LUE DA QUAN

小学数学教学
攻略大全

主编◎李亚男

东北师范大学出版社
NORTHEAST NORMAL UNIVERSITY PRESS
WWW.NENUP.COM

图书在版编目(CIP)数据

小学数学教学攻略大全/李亚男主编. —长春:东
北师范大学出版社,2010.5
ISBN 978-7-5602-6189-8

Ⅰ.①小… Ⅱ.①李… Ⅲ.①数学课–教学研究–小
学 Ⅳ.①G623.502

中国版本图书馆 CIP 数据核字(2010)第 098611 号

□责任编辑:刘永枚
□责任校对:谢欣儒
□封面设计:子 小
□责任印制:张 林

东北师范大学出版社出版发行
长春市净月开发区金宝街 118 号(邮政编码:130117)
电话:0431-85601108
传真:0431-85693386
网址:www.nenup.com
电子函件:SXXX_3@163.com

北京通州运河印刷厂印装
2010 年 6 月第 1 版
2012 年 2 月第 2 次印刷
开本:650×960 1/16 印张:16 字数:305 千

定价:28.00 元

如发现印装质量问题,影响阅读,可直接与承印厂联系调换

前　言

新《数学课程标准》中提出："使数学教育面向全体学生，实现人人学有价值的数学，人人都能获得必要的数学，不同的人在数学上得到不同的发展。"它阐述了新时期教育改革、社会发展、人才培养等方面对数学教育的要求。

这一要求符合社会发展的客观规律。它从另一个层面上要求我们在新课程的标准要求下对数学教育进行反思和革新，革新现存的不完善的教学理念、内容、方式，要求教材去适应学生水平和学生现实生活。不仅要求数学教学使学生获得数学知识，更要求学生用数学知识去解决现实问题，要求数学课程要促进每个学生身心健康发展，培养良好品德。要求数学基础教育要满足每个学生终身发展的需要，培养学生终身学习的愿望和能力。

同时新课程对教师提出了很多的新要求，赋予了教师更多的新任务。这就要求教师们与时俱进，更新数学教学理念，改革教学方式，变更授课内容，调整教学评价方式，丰富教学活动等，以自己的行动去适应教育变革和社会发展需要，培养学生运用数学知识去解决现实问题的能力和进行数学探究的能力，提高教师自身职业素质。

本书从以下五个方面介绍了新时期小学教育应对问题的一些方法与策略：第一章，小学数学课程标准解读；第二章，小学数学课型探究；第三章，小学数学课堂创新；第四章，小学数学教学技能；第五章，小学数学难点解答。它们从不同的角度，探讨了小学数学教学的方方面面。本书结合教学活动实践本身，从教育现象入手，着眼教育理论与实际情况，分析总结了当今小学数学教育普遍存在的、亟待解决的问题。书中解决问题的方法，富有建设性，希望对广大小学数学教师有所帮助。

本文文字力求精练、简洁，说理浅显易懂，来源于教学生活，便于实践。然而由于时间仓促和水平有限，本书纰漏之处在所难免，恳请广大教师同仁指正批评，谢谢！

编　者

目 录

第一章　小学数学课程标准解读

第一节　社会发展中的数学课程

社会发展是影响数学教育目标、内容、教学方式和方法的一个极为重要的因素。纵观历史，数学及其发展与人类社会的进步息息相关。在当代，数学的影响已经遍及人类活动的所有领域，成为推进人类文明进步的不可或缺的重要因素，从而使得社会也不断对公民的数学素养，进而对数学教育提出新的要求。因此，在我们考虑基础教育中的数学课程问题时，必须考虑社会发展与数学课程之间的关系。

一、数学在社会进步中的作用

数学在其发展的早期主要是作为一种实用的技术或工具，广泛应用于处理人类生活及社会活动中的各种实际问题。早期数学应用的重要方面有：食物、牲畜、工具以及其他生活用品的分配与交换，如房屋、仓库等的建造，丈量土地，兴修水利，编制历法，等等。随着数学的发展和人类文化的进步，数学的应用逐渐扩展和深入到更广泛的技术和科学领域。从古希腊开始，数学就与哲学建立了密切的联系，近代以来，数学又进入了人文社会科学领域，并在当代使人文社会科学的数学化成为一种强大的趋势。与此同时，数学在提高全民素质、培养适应现代化需要的各级人才方面也显现出特殊的教育功能。数学在当代社会中有许多出人意料的应用，在许多场合，它已经不再单纯是一种辅助性的工具，而成为解决许多重大问题的关键性的思想与方法。由此产生的许多成果，早已悄悄地遍布在我们身边，极大地改变了我们的生活方式。

（一）数学与当代科学技术

在科学发展的进程中，数学的作用日益突现。一方面，高新技术的基础是应用科学，而应用科学的基础是数学；另一方面，随着计算机科学的迅猛发展，数学兼有了科学与技术的双重身份，现代科学技术越来越表现为一种数学技术。当代科学技术的突出特点是定量化，而定量化的标志就是运用数学思想和方法。精确定量思维是对当代科技人员的共同要求。所谓定量思维是指人们从实际中提炼数学问题，抽象为数学模型，用数学计算求出此模型的解或近似解，然后回到现实中进行检验，必要时修改模型使之更切合实际，最后编制解题的计算机软件，以便得到更广泛和方便的应用。高技术的高精度、高速度、高自动、高质量、高效率等特点，无一不是通过数学模型和数学方法并借助计算机的控制来实现的。

科学技术的飞速发展及其在社会发展中的重要地位，对公民的科学素养提出了更高的要求，而科学、技术与数学的关系，使得数学素养成为公民基本素养不可或缺的重要部分。这一认识，必将对基础教育中的数学课程体系和内容产生重大影响。

（二）数学与当代人文社会科学

1971 年 2 月，美国哈佛大学的卡尔·多伊奇和他的两个同事在美国《科学》杂志上发表了一项研究报告，其中列举了 1900—1965 年间在世界范围内社会科学方面的 62 项重大成就，按照他们的选择标准，包括：心理学 13 项，经济学 12 项，政治学 11 项，数学 11 项，社会学 7 项，哲学、逻辑和科学史 5 项，人类学 3 项。这表明上述所列社会科学的重大成就确实其有普遍的代表性。在这 62 项成就中，数学化的定量研究占 $\frac{2}{3}$，在 1930 年以后的重大成就中，定量研究占 $\frac{5}{6}$。这表明了当代社会科学向数学化、定量化方向发展的趋势。

（三）数学与经济发展

世界经济的发展如同科学技术的发展一样，带动着整个社会前进。现代社会经济发展的一个重要特征也是定量化。定量化成为描述各种经济现象的一种必不可少的手段和工具，一个国家的失业率、就业率、国民生产总值等，无一不是用数学手段衡量的。如同数学在科学技术发展中所起的作用一样，数学也决定着一个国家或部门的经济竞争力，为国家提供了参与竞争的学问。好的经济工作者绝不只是定性思维者，他们不仅能进行定性的分析，同时还必须掌握对经济现象进行定量描述与分析的科学方法。数学科学不仅帮助人们在经营中取得效益，而且给人以能力，包括直观思维、逻辑推理、精确计算以及结论的精确无误，这些都是精明的经济工作者所应具备的素质。

经济理论的发展和研究，经济生活的日益纷繁复杂，越来越离不开数学的支持，离不开数学的理论和方法以及数学的思维方式。所以，经济的发展对数学课程产生的影响将是非常具体和深刻的。

二、社会发展与数学课程

（一）生活的变化对数学课程的影响

社会的发展带来了社会生活方式、内容以及节奏的变化，数学与公民生活的联系日益密切。

（二）社会发展对公民数学素养的要求

数学对社会发展的影响说明了数学在社会发展中的地位和作用，同时也反映出在未来社会中，人们在数学方面应具备更高的素养，社会的发展对数学课程提出了新的更高的要求。

时代的迅速发展，特别是信息时代的到来，要求人们具有更高的数学素养。现代技术越来越表现为一种数学技术，高科技的发展、应用，把现代数学以技术化的方式迅速辐射到人们日常生活中的各个领域。

（三）社会发展对数学课程改革的启示

数学在不同领域里的应用以及数学在日常生活中的无处不在，对数学课程提出了非常现实的要求：未来社会的公民需要什么样的数学素养？我们在基础教育阶段应该教给学生什么样的数学？我们至少可以从社会对数学的需求这个方面，提出数学课程应具备的一些基本特征：

1. 课程内容的设置要反映公民的数学需求

21世纪的公民在信息高速发展的社会里，面对的是无法回避的数学内容和方法和数学思维方式的运用，因此在基础教育的数学课程中，就要反映这些需求，安排相关的内容，体现相关的思想方法，以适应社会的需要，促进学生的全面发展。

2. 课程内容的呈现要使学生感受到数学与现实的联系

数学与社会有着如此密切的联系，对公民的数学素养提出了越来越高的要求，所以在为学生提供他们生活和工作中所需的数学的同时，要使学生认识到现实生活中蕴涵着大量的数学信息，数学在现实生活中有着广泛的应用。数学课程内容的呈现应该是现实的、生活化的，尤其是要贴近学生的生活现实，使学生体会数学与社会的联系，体会数学的价值，增进对数学的理解和应用数学的信心。数学来源于生活，它是具体的，但数学又经过了抽象。我们应该将数学抽象的内容附着在现实的背景中，让学生去学习从现实生活中产生、发展的数学，密切联系学生的生活。

生活中所包含的数学实在是太丰富了，我们要把这样丰富的内容展现在学生的面前，避免把数学的面孔搞得那么严肃，与生活那么格格不入。走出对数学理解的种种误区，还数学一个真实的面目，让学生真正理解数学、认识数学、运用数学为自己和社会服务。这是数学课程改革的重要任务。

总之，数学的发展以及科技、经济和社会的发展对基础教育中的数学课程的要求是制定数学课程的重要依据。随着21世纪的到来，社会发展对数学的需求范围越来越大，也越来越深刻，数学课程改革的任务随着这种需求的增长而日益艰巨，任重道远。然而，唯有改革才能使数学课程适应社会的发展，才能培养出满足新世纪需要的合格的公民。

第二节　数学教学的本质与教学要求

《数学课程标准》对数学教学的本质、数学教学的基本要求、数学教师的作用等方面都作了明确的阐述。树立正确的数学教学观，掌握合理的数学教学策略是进行数学教学改革、搞好数学教学的根本保证。为使数学教学顺利高效地进行，数学教育工作者应当努力促进自身数学教学观念与教育策略的转变。

一、数学教学的本质

教学曾被简述为"教师教、学生学"的活动。但这样说过于简单，不利于对数学教学的全面理解。

苏联教育家斯卡特金认为：教学是一种传授社会经验的手段，通过教学传授的是社会活动中各种关系的模式、图式、总的原则和标准。这是一种侧重于传授内容的总体叙述。

美国心理学家布鲁纳认为：教学是通过引导学生对问题或知识体系循序渐进的学习来提高学生正在学习中的理解、转换和迁移能力。这是侧重于学生获得发展的叙述。

不论是从认识心理学的角度构建的数学教学理论，还是着眼于未来、注重学习方法的掌握与创造精神发挥的数学教学理论，都必须研究数学教学过程的本质、数学教学的原则和教学方式及方法的开拓，探讨数学教学的科学性与艺术性及其统一。特别地，要与信息社会发展的总体趋势相适应，着眼于促进学生全面、持续、和谐地发展。

《数学课程标准》指出："数学教学是数学活动的教学，是师生之间、学生之间交往互动与共同发展的过程。"这里，强调了数学教学是一种活动，是教师和学生的共同活动，这对广大教师树立正确的数学教学观具有重要意义。

（一）数学教学是教师引导学生的过程

《数学课程标准》特别提出了数学教学是数学活动的教学。学生要在数学教师指导下，积极主动地掌握数学知识、技能，发展能力，形成积极、主动的学习态度，同时使身心获得健康发展。数学活动可以从以下两个方面加以理解：

1. 数学活动是学生经历数学化过程的活动

数学活动就是学生学习数学，探索、掌握和应用数学知识的活动。简单地说，在数学活动中要有数学思考的含量。数学活动不是一般的活动，而是让学生经历数学化过程的活动。数学化是指学习者从自己的数学现实出发，经过自己的思考，得出有关数学结论的过程。在数学教学中，学生的数学现实就是指他们已有的经验和知识。当儿童通过模仿学会计数时，当他们把两组具体对象的集合放在一起而引出加法规律时，这实质上就是数学化的过程。

2. 数学活动是学生自己建构数学知识的活动

从建构主义的角度来看，数学学习是指学生自己建构数学知识的活动。在数学活动过程中，学生与教材（文本）及教师产生交互作用，形成了数学知识、技能和能力，发展了情感态度和思维品质。

每名数学教师都必须深刻认识到，是学生在学数学，学生应当成为主动探索知识的"建构者",绝不只是模仿者。

无论教师的教还是学生的学都要在学生那里体现,不懂得学生能建构自己的数学知识结构、不考虑学生作为主体的教,不会有好的效果。实际上,教师的教总要在学生那里得到体现与落实,是学生在吸收、消化、理解、掌握、运用知识。离开了学生积极主动的学习,数学教师讲得再好也会经常出现"教师讲完了,学生仍不会"的现象,这正好从一个侧面说明在学校学习的情境下,教学对于指导学生建构数学知识应当具有重要的引导和指导作用,教师教学工作的目的应是引导学生进行有效地建构数学知识的活动。

(二)数学教学是教师和学生互动的过程

数学教学是教师与学生围绕着数学教材这一"教学文本"进行"对话"的过程。在教学过程中,教和学是不能分离的,教学需要"沟通"与"合作"。传统意义上的数学教学只是强调知识或技能的传递,强调教师对教学的控制,注重学生接受式的学习,课堂教学模式基本上是灌输——接受,学生基本上是听讲——记忆——练习——再现教师传授的知识。学生完全处于一种被动接受的状态,教师注重的是如何把知识、结论准确地给学生讲清楚,学生只要全神贯注地听,把教师讲的记下来,考试时准确无误地答在卷子上,就算完成了学习任务。因此,教师对学生的要求是倾听,"听"和"练"成为学生最重要的学习方法。

可以说,在传统的课堂中没有师生之间平等对话的基础。

在数学教学过程中,教师与学生是人格平等的主体,教学过程是师生间进行平等对话的过程。师生间、学生间可以进行动态的对话,这种对话的内容包括知识信息,也包括情感、态度、行为规范和价值观等各个方面,对话的形式也是多种多样的。教师和学生就是通过这种对话和交流来实现课堂中师生间的互动的。

正是因为数学教学过程是学生对有关的数学学习内容进行探索、实践与思考的学习过程,所以学生应当成为学习活动的主体,教师应成为学生数学学习活动的组织者、引导者与合作者。在教学中,教师首先应考虑的是要充分调动学生的主动性与积极性,引导学生开展观察、操作、比较、概括、猜想、推理、交流等多种形式的活动,使学生通过各种数学活动,掌握基本的数学知识和技能,初步学会从数学的角度去观察事物和思考问题，产生学习数学的愿望和兴趣。教师在发挥组织、引导作用的同时，又是学生的合作者和好朋友，而非居高临下的管理者。

教师的这些作用至少可以在下面的活动中体现出来。第一，教师引导学生投入到学习活动中去。教师要调动学生的学习积极性，激发学生的学习兴趣；当学生遇到困难时，教师应该成为一个鼓励者和启发者；当学生取得进展时，教师应充分肯定学生的成绩，树立其学习的自信心；当学习进行到一定阶段时，教师要鼓励学生进行回顾与反思。第二，教师要了解学生的想法。有针对性地进行指导，起到"解惑"的作用；教师要鼓励不同的观点，参与学生的讨论；教师要评估学生的学习情况，以便对自己的教学作出适当的调整。第三，教师要为学生的学习创造一个良好的课堂环境，包括情感环境、思考环境和人际关系等多个方面，引导学生开展数学活动。

在数学教学中，学生建构数学知识的过程是师生双方交互作用的历程。教师是组织者和引导者，而不仅仅是"解题指导者"；在数学课堂中，师生双方"捕捉"对方的想法，双方产生积极的互动。教师应积极了解学生思考的情况，注意学生的学习过程。教师在数学教学中应经常启发学生思考："你是怎么知道这个结果的？"而不只是要求学生模仿和记忆。教师应了解学生的真实想法，并以此作为教学的实际出发点，为学生的学习活动提供一个良好的环境，真正发挥引导者的作用。

（三）数学教学过程是教学相长的过程

1. 教学过程促进了学生的发展

数学教学过程的基本目标是促进学生的发展。按照《数学课程标准》的基本理念，学生的发展包括知识与技能、数学思考、解决问题和情感态度四个方面。在数学教学过程中，这几个方面的发展是交织在一起的。从某种程度上说，今天的学习，是为了学生获得终生学习的愿望和能力。数学教学应该以发展为核心，学生要在学习数学的过程中学会做人。

数学思维在学生数学学习中具有重要作用。没有数学思维，就没有真正的数学学习。教师应该使学生能够认识并掌握数学思考的基本方法，如归纳、类比、猜想与论证等；使学生根据已有事实进行数学推测和解释，养成"推理有据"的习惯，能够反思自己的思考过程；使学生能够理解他人的思考方式和推理过程，并能与他人进行沟通。

2. 教学过程促进了教师自身的成长

在教学中，教师自身也得到了发展。数学教学实践，不仅促进了学生的发展，也造就了一大批优秀教师。教师成长的必由之路是对自己的教学实践不断进行反思和研究，开展创造性教学，使自己的教学方法更适合学生发展的需要。

教学是科学与艺术的统一。一方面，教学必须建立在一定的科学基础之上。因为教学的根本任务是促进人的身心全面而充分的发展，而人的身心发展有其自身的规律，所以要完成教学的根本任务就必须对这种发展规律有充分的认识。另一方面，教学又是一种艺术。教育者和受教育者都是人，这就决定了教学要涉及人的情感、精神、价值观等。教学过程充满了教师与学生之间，学生与学生之间在认知、情感、价值观等方面的冲突，教学工作是一种创造性活动。教师应该在教学过程中勇于实践，不断加深对数学规律的认识，努力形成自己的教学艺术。

《数学课程标准》的实施为教师的成长提供了新舞台。新课程能否顺利实施，当务之急是加深教师对新课程的理解，使一大批教师成长起来。新课程也对教师的创造性提出了更高的要求。在新课程中，教师将由传统的知识传授者转变为课堂教学的组织者、引导者和合作者。根据《数学课程标准》的基本理念，学生的学习方式将发生变化，这对教学工作提出了新要求。教学工作越来越找不到一套放之四海而皆准的模式。因此，教师必须在教学工作中随时进行反思和研究，在实践中学习和创造。这样才能得到发展。另外，数学教学过程不再是机械地执行教材内容的过程，而是师生从实际出发，利用更广泛的课程资源，共同开发和丰富课程的过程，教学真正成为师生富有个性化的创造过程。新的课程呼唤着创造型的教师，新的时代也将造就大批优秀的教师。

二、数学教学的基本要求

如何在《数学课程标准》理念下切实搞好数学教学是新的数学课程实施中非常重要的问题。为了更好地体现《数学课程标准》所倡导的数学教学观念，《数学课程标准》分学段撰写了教学建议，对于不同学段的教学工作提出了不同的要求。总体说来，在教学中要注意如下几个方面的基本要求：

（一）根据学生的年龄特点组织教学

数学教学要充分考虑学生的身心发展特点，结合他们的已有知识和生活经验设计富有情趣的数学教学活动。

第一学段的学生主要通过对实物和具体模型的感知和操作，获得基本的数学知识和技能，如数和图形的认识、简单的计算、简单的测量和数据统计等。为此，数学教学必须以学生熟悉的生活、感兴趣的事物为背景提供观察和操作的机会，使他们体会到数学就在身边，感受到数学的趣味和作用，对数学产生亲切感。

第二学段学生已经开始能够理解和表达简单事物的性质，领会事物之间的简单关系。应结合实际问题，在认识、使用和学习数学知识的过程中，使学生初步体验数学知识之间的联系，进一步感受数学与现实生活的密切联系。

第三学段学生的抽象思维已有一定程度的发展，具有初步的推理能力。同时，也在数学和其他学科领域积累了较为丰富的知识和经验。因此，除了注重利用与生活实际有关的具体情境学习新知识外，应更多地运用符号、表达式、图表等数学语言，联系数学以及其他学科的知识，在比较抽象的水平上提出数学问题，加深和扩展学生对数学的理解。

《数学课程标准》强调数学教学要紧密联系学生的实际，从学生的生活经验和已有知识体验出发，创设生动、有趣的情境，引导学生通过观察、操作、实践、归纳、类比、思考、探索、猜测、交流、反思等活动，掌握基本的知识和技能，学会从数学角度去观察问题、思考问题，发展思维能力，激发学生对数学的兴趣，增强学生学好数学的信心与愿望，体会数学的作用，从而学会学习，生动活泼地投入数学学习。

（二）重视培养学生的应用意识和实践能力

数学教学应努力体现"从问题情境出发、建立模型、寻求结论、应用与推广"的基本过程，根据学生的认知特点和知识水平，不同学段都要作出这样的安排，使学生认识到数学与现实世界的联系，通过观察、操作、思考、交流等一系列活动逐步发展应用意识，形成初步的实践能力。

在日常教学活动中，要注重与专题研究和开放性问题有关的内容和实践活动，加强这方面内容安排的密度和强度。

1. 让学生在现实情境和已有的生活经验中理解数学

第一，加强数学学习和现实的联系。

数学学习的基础首先是学生的生活经验。数学教学要加强数学学习和现实之间的联系。数学教师在教学工作中，也要充分贯彻联系生活和数学应用的思想，让学生具有实践活动的机会，有运用数学知识解决现实问题以及由其他学科提出问题的机会。让学生用数学的眼光看待现实生活，结合生活实际学习数学。

第二，让学生在具体的数学活动中体验数学知识。

教育和心理学的研究表明：当学习的材料与学生已有的知识和生活经验相联系时，学生对学习才会是有兴趣的。因此，教学要从学生所熟悉的现实情境和已有的知识经验出发，让学生能够积极地参与其中并体会到数学学习和现实的联系，这是激发学生数学学习兴趣的重要途径，使学生在认识数学的同时，还能学到解决问题的策略。研究还表明，当数学和学生的现实生活密切结合时，数学才是活的、富有生命力的，才能激发学生学习和解决数学问题的兴趣，数学教学要密切结合学生的生活经验，从现实中寻找学生学习的素材，使学生感受到数学就在自己的身边，就存在于自己熟悉的现实世界中。

事实证明，只有将数学与现实背景紧密联系在一起，也就是说只有通过数学化的途径来进行教学，才能帮助学生真正获得富有生命力的数学知识，使他们不仅理解这些知识，而且能够应用。因此，数学教学要紧密联系学生的生活实际，从学生的生活经验出发开展教学，教师要善于引导学生把生活经验上升到数学概念和方法，并能反过来解决实际问题。

2. 培养学生应用数学的意识和提高学生解决问题的能力

数学教学应从学生所熟悉的现实生活出发，从具体的问题到抽象的概念，得到抽象化的知识后再把它们应用到新的现实情境中去，通过数学的应用，培养学生应用数学的意识，提高解决问题的能力。

第一，让学生经历"问题情境建立模型——解释、应用与拓展"的过程。

为了使学生经历应用数学的过程，教学应采取"问题情境——建立模型——解释、应用与拓展"的过程。这个过程的基本思路是：以比较现实的、有趣的或与学生已有知识相联系的问题引起学生的讨论，在解决问题的过程中，出现新的知识点或有待于形成的技能，学生带着解决问题的目的去了解新知识，形成新技能，反过来解决原来的问题。学生在这个过程中体会数学的整体性，体验策略的多样化，初步形成评价与反思的意识，从而提高解决问题的能力。

第二，培养学生提出问题和解决问题的能力。

为了使教学有助于提高学生解决问题的能力，首先应使学生获得从数学的角度提出、认识和理解问题的机会。让学生在学习时，善于从数学的角度提出问题、发现问题。其次，使学生学会运用多种方法解决问题，发展多样化的解题方法。由于不同的学生在认识方法上存在着差异，他们有不同的认识方式和解决问题的策略，所以应当鼓励他们从不同的角度、不同的途径来思考和解决问题。

在数学活动的过程中，学生得出的是前人已经发现的结果，但数学化的过程对于学生来说已经具有一种再创造的因素。

第三，注重数学与其他学科的联系与综合。

数学教学与其他学科的联系与综合是一个重要的研究和实践的趋势，这是 20 年来数学教学改革的一个值得注意的特点。我们要根据学生的认识规律研究数学教学与其他学科联系的问题，不仅要从现实生活题材中引入数学，而且要注意加强数学和其他学科的联系，打破传统的学科限制，允许在数学课程内容中研究与数学有关的其他问题。综合是数学应用思想的延续和发展。数学教学设计要把握数学应用的广泛性这一特点，注重数学应用的多科性，运用数学解决生活和其他学科中的问题。数学与自然、科学、人文等许多学科有关，是学习这些学科的重要基础。同时，可以从这些学科的问题中找到应用数学的广阔途径，理解数学的丰富内涵，也可以从它们那里吸收丰富的营养。

教师要研究数学和其他学科的关系，制订工作计划，通过数学与其他学科的联系综合，全面提高学生的数学素养。

解决实际问题往往不只涉及数学的一招一式，可能涉及其他知识与能力，应用的过程是一个综合的思维活动。数学能力与许多一般能力应该协同发展，如合作、实验、分析、推理、观察、交流等。在数学教学中，应重在兴趣，并适当发展学生综合思维的能力，让学生有机会综合地运用各种数学知识和技能，使他们掌握信息的收集、调查、整理的方法，培养学生自己发现问题的意识、独立的思考判断能力，以及以问题解决、探究活动为主的创造能力，使学生初步获得对数学的正确看法。

（三）引导自主探索，培养创新精神

在教学活动中，学生是学习的主体，必须改变"教师讲、学生听"以及大量演练习题的数学教学模式。教师必须转变角色，充分发挥创造性，依据学生年龄特点和认知特点，设计探索性和开放性的问题，给学生提供自主探索的机会，让学生在观察、实验、猜测、归纳、分析和整理的过程中去理解一个问题是怎样提出来的、一个概念是如何形成的、一个结论是怎样探索到的，以及这个结论是如何被应用的。通过这样的形式，使学生创新精神的培养得到落实。

在这个过程中，教师要关注学生的个体差异，尊重学生的创造性，对学生在探索过程中遇到的困难和出现的问题，要适时、有效地帮助和引导，并通过交流、讨论、合作学习加以解决，使所有学生都能在数学学习中获得成功感，树立自信心，增强克服困难的勇气和毅力。

1. 引导学生动手实践、自主探索和合作交流

实施新的课程标准必需改变旧的教学模式，学生的学习方式也必须进行相应的改变。数学教学应注重引导学生动手实践、自主探索与合作交流。学生在观察、实验、猜测、验证、推理与交流等数学活动中，逐步形成自己对数学知识的理解和有效的学习策略。

第一，让学生动手操作。

《数学课程标准》中设计了大量便于学生进行操作的内容。

能借助动手操作来理解的内容很多，需要不断挖掘，但在使用时应注意两点：①要留给学生足够的思维空间。动手操作的目的在于学生借助直观的活动来实现和反映其思维活动，所以必须给学生留有足够的思考空间。②操作活动要适量、适度。所谓适量，就是不要动辄就操作，操作也不是多多益善。适度是指当学生的直观认识积累到一定程度时，就应该使学生在丰富的表象的基础上及时抽象，由直观水平向抽象水平转化。

第二，促使学生进行独立思考和自主探索。

教学要给学生提供自主探索的机会，让学生在讨论的基础上发现问题和解决问题。

要安排适量的、具有一定探索意义和开放性的问题，给学生比较充分的思考空间，培养学生乐于钻研、善于思考、勤于动手的习惯，让学生有机会在不断探索与创造的氛围中发展解决问题的能力，体会数学的价值。

第三，鼓励学生合作交流。

为了促使学生合作交流，在教学组织形式和教学方法上要进行变革，逐步由原来单一的班级授课制转向内涵丰富、有利于学生主动参与的多样化的教学组织形式。

2. 鼓励解决问题策略的多样化

不同的学生有不同的思维方式、不同的兴趣爱好以及不同的发展潜能，教学中应关注学生的这些个性差异，允许学生思维方式的多样化和思维水平具有不同层次。

鼓励解决问题策略的多样化，就要让学生成为学习的主人，把思考的空间和时间留给学生。教师工作贵在启发，重在信任，让学生有表现自己才干的机会。学生是数学学习的主体，教师要引导学生主动学习。所谓主动学习，就是强调学习数学是一个学生自己经历、理解和反思的过程，就是强调以学生为主体的学习活动，这对学生理解数学是十分重要的。学生学习数学不应当是被动地吸收课本上的现成结论，而应当是一个学生亲自参与的、充满丰富思维活动的实践和创新过程。具体地说，学生应该从他们的经验出发，在教师的帮助下自己动手、动脑做数学，逐步发展对数学概念的理解和解决问题的能力。

鼓励解决问题策略的多样化，也是鼓励和提倡个性化的学习。数学教育的目的并不是仅仅为了使学生形成高效、统一的固定运算方法和熟练的技能，也要发展学生的思维能力。在数学教学过程中，教师要激励和尊重学生多样性的独立思维方式。因此，数学学习活动要让所有学生都能积极参加讨论，激励学生思维，培养学生独立运用数学知识思考与创造的意识，促进学生创新能力的发展。在课堂教学中，应该让学生明确表达想法，强化合理判断与理性沟通的能力，在师生、生生互动中建构数学知识。

3. 具体要求要适当

教师要善于驾驭教材，把握知识的重点、难点以及知识的内在联系，根据学生的年龄特点和教学要求开展教学活动。

要注重让学生在广泛的背景下理解概念。重视概念引入的必要性，关注一个概念与日常生活、其他学科以及学生已有数学知识之间的联系，引导学生通过自身体验，在分析和整理的过程中学习概念。不能用死记硬背的方式学习概念，不能把会背作为判断学生是否熟练掌握概念的依据，对于要求"了解"、"知道"的概念，不要随意提高要求。

第三节　数学教学的总体目标

一、对总体目标的认识

（一）让学生获得适应未来社会生活和进一步发展所必需的重要数学知识（包括数学事实、数学活动经验）以及基本的数学思想方法和必要的应用技能

在这一目标的阐述中，对数学知识的理解发生了变化——数学知识不仅包括"客观性知识"，即那些不因地域和学习者而改变的数学事实（如乘法运算法则、三角形面积公式、一元二次方程求根公式等），而且还包括从属于学生自己的"主观性知识"，即带有鲜明个体认知特征的个人知识和数学活动经验。如对"数"的作用的认识、分解图形的基本思路、解决某种数学问题的习惯性方法等。它们仅仅从属于特定的学习者，反映的是他在某个学习阶段对相应数学对象的认识，是经验性的、不那么严格的，是可错的。《数学课程标准》认为，学生的数学活动经验反映了他对数学的真实理解，形成于学生的自我数学活动过程之中，伴随着学生的数学学习而发展，因此应当成为学生所拥有的数学知识的组成部分。

（二）让学生初步学会运用数学的思维方式去观察、分析现实社会，去解决日常生活中和其他学科学习中的问题，增强应用数学的意识

这个目标，反映了《数学课程标准》将义务教育阶段的数学学习定位于促进学生的整体发展。简而言之，就是培养学生"用数学的眼光去认识自己所生活的环境与社会"，学会"数学地思考"，运用数学的知识、方法去分析事物、思考问题。因此，"以传授系统的数学知识"为基本目标的"学科体系为本"的数学课程结构，将让位于"以促进学生发展"为基本目标的"学生发展为本"的数学课程结构。也就是说，新的数学课程将不再首先强调是否向学生提供了系统的数学知识，而是更为关注是否向学生提供了具有现实背景的数学，包括他们生活中的数学、他们感兴趣的数学和有利于他们学习与成长的数学。而学生数学学习的重要结果也不再只是

会解多少"规范"的数学题，而是能否从现实背景中"看到"数学、能否应用数学去思考和解决问题。

（三）让学生体会数学与自然及人类社会的密切联系，了解数学的价值，增进对数学的理解和学好数学的信心

这一目标表明，好的数学课程应当使学生体会到：数学是人类社会的一种文明，它在人类发展的昨天、今天和明天都起着巨大的作用。我们学习的数学绝不仅仅存在于课堂上、考场中，它就在我们的身边。

作为教育内容的数学不应当被单纯视为抽象的符号运算、图形分解与证明，它反映的是现实情境中所存在的各种关系、形式和规律。例如，函数不应当被看做形式化的符号表达式，对它的学习与研究也不应仅仅讨论抽象的表达式所具备的特征和性质，诸如定义域、表达形式、值域、单调性、对称性等，它更应当被视为刻画现实情境中变量之间变化关系的数学模型。对具体函数的探讨还应当关注它的背景、所刻画的数学规律、在具体情境中这一数学规律所能带来的实际意义等。在整个义务教育课程结构中，数学不应当只作为一个"筛子"——将"不聪明"的学生淘汰出局，将"聪明"的学生留下。数学课程是为每一名学生所设的，每一名身心发育正常的学生都能够学好数学，达到《数学课程标准》所提出的目标，增进学好数学的信心。

（四）让学生具有初步的创新精神和实践能力，在情感态度和一般能力方面都能得到充分发展

这一目标表明，从现实情境出发，通过一个充满探索、思考和合作的过程学习数学，获取知识，收获的将是自信心、责任感、求实态度、科学精神、创新意识、实践能力，这些都是远比升学重要的公民素质。我们都知道，素质教育的实现并不意味着需要开设一门"素质教育课"，素质教育也不是艺术、体育或社会活动的专利。事实上，在今天的教育制度下，实施素质教育的主渠道还是学科教育，数学课堂就是这样的渠道。

由此可见，相对于以往的数学课程目标而言，《数学课程标准》所设置的课程目标具备更为丰富的内涵和更为合理的结构，与国家的复兴与发展联系得更为密切。

二、目标领域及相互关系的认识

对总体目标的进一步认识，需要理解各具体目标的内涵及其相互关系。

数学课程的总体目标被细化为四个方面：知识与技能、数学思考、解决问题、情感与态度，这是《纲要》中的"知识与技能、过程与方法、情感态度与价值观"三维目标在数学课程中的具体体现。《数学课程标准》对各个目标领域的内涵及其相互关系作了较为详尽的阐述。

数学课程的目标不只是让学生获得必要的数学知识、技能，它还应当包括在启迪思维、解决问题、情感与态度等方面的发展。这一结果源于《数学课程标准》所具备的新的数学课程理念——设置数学课程的基本目的不再只是让学生掌握数学的基础知识、基本技能和方法，而更应该让学生愿意亲近数学、了解数学、运用数学，学会"用数学的眼光去认识自己所生活的环境与社会"，学会"数学地思考"，发展学生的理性精神、创新意识和实践能力，培养学生克服困难的意志力，建立自信心，等等。

（一）关于知识与技能

《数学课程标准》认为，基础知识与基本技能是学生数学学习的重点，但需要重新思考的是，在当今社会，什么是学生应当花费时间和精力去牢固掌握的基础知识与基本技能？过去认为形式化、规范的概念与定理（法则）的表述和运用，快速、准确地从事复杂的数值计算与代数运算技能，多种类型、多种套路的解题技巧等是这样的知识与技能。《数学课程标准》则认为，随着社会的进步，特别是科学技术和数学的飞速发展，对基础知识与基本技能的认识应当与时俱进，一些多年以前被看重的"基础知识"和"基本技能"已不再成为今天或者未来学生数学学习的重点。例如，某些复杂的、远超出学生认识水平和理解能力的运算技巧和证明技巧，那些人为编造、只和考试关联的"题型"等。相反，一些以往未受关注的知识、技能或数学思想方法却应当成为学生必须掌握的"基础知识"和"基本技能"。例如，结合实际背景选择合适算法的能力，使用计算器处理数据的能力，读懂数据的能力，处理数据并根据所得结果作推断的能力，对变化过程中变量之间变化规律的把握与运用的意识等，都是一个公民应具备的基本数学素养，是必须掌握的基础知识和基本技能。

　　值得注意的是，知识与技能目标中首次出现了过程性目标，如经历将一些实际问题抽象为数与代数问题的过程，经历探究物体与图形的形状、大小、位置关系和变换的过程，经历提出问题、收集和处理数据、作出决策和预测的过程，等等。

　　我们以往关于"知识与技能"的教学实践大体经历了两个阶段。

　　第一个阶段：只要结果，不要过程。即缩短知识的形成过程，而通过大量的模仿、记忆和练习让学生快速地熟悉相关的知识与技能。例如，对于解方程的学习，可以通过了解各种解方程的方法，并求解大量的、各种类型的方程，去熟悉解方程的程序，最终能够熟练地解"各式各样"的方程。

　　第二个阶段：开始注重在知识的形成过程（应用过程）中学习知识。此时，对"过程"的定位主要是服务于知识的学习，即对"过程"的把握有利于对相应知识的理解和掌握。例如，解方程的学习应当从了解方程解的意义入手，并探索获得解的思路和方法，最终形成解方程的基本策略。这无疑是正确的，问题是，这个过程该如何实现？比如，上述"解方程的探索过程"是否可以通过教师的直接讲授来实现？这样做固然省时、省力，但数学学习由"听结果"变成了"听过程"，这里的"过程"已经失去了探索的意义。

　　过程本身就是一个课程目标，即首先必须要让学生在数学学习活动中去"经历过程"。过程肯定和一些具体的知识、技能或方法联系在一起，但经历过程不单单是为了这些结果，如果是这样，让教师"讲"过程不是更省力？经历过程会带给学生探索的体验、创新的尝试、实践的机会和发现的能力，这些比那些具体的结果更重要。

　　（二）关于数学思考

　　这一目标所阐述的内涵并非单纯地指向纯粹的数学活动本身，确切地说，它应当直接指向学生与数学相关的一般思维水平方面的发展。事实上，义务教育阶段的数学教育是一种公民教育，它给学生带去的绝不仅仅是会解更多的数学题。学生的未来会遇到不同的挑战——一些人需要学习或研究更多的数学，对他们而言，是否能够"思考数学"非常重要；另一些人（他们是受教育的学生中的绝大多数）就业以后基本上不需要解纯粹的数学题（除了参加数学考试），对他们而言，"思考数学"是一种需要，但更多的或许是能够进行"数学的思考",即在面临各种问题情境(特别是非数学问题)时,能够从数学的角度去思考问题,能够发现其中所存在的数学现象并运用数学的知识与方法去解决问题。而对所有的未来公民来说,抽象思维和形象思维能力、统计观念、合情推理与演绎推理的意识等都是不可缺少的。它们应当成为学生学习数学的重要目标。

作为组成这个目标的两大方面——思考数学与进行数学的思考,其含义与"知识技能"有较大的差别:一方面,它的实现是在学习数学知识、解决数学问题的过程中进行的,但另一方面,它的实现却不是以是否知道了某个概念、定理,是否会用某些公式或法则为标志的。这个目标的实现也不能仅仅通过研究"纯粹"的数学现象来进行,而应当在研究多种现象与问题(数学的、非数学的)的过程中逐步完成。具体说来,这些目标的含义及其实现应当注意以下一些问题:

1. 经历运用数学符号和图形描述现实世界的过程,建立初步的数感和符号感,发展抽象思维

这一目标的含义主要在于能够用数学的语言去刻画现实世界,去发现隐藏在具体事物背后的一般性规律。相对于不同学段的学生而言,这一目标的着重点不一样。

对第一学段的学生来说,要求能够用数和简单的图表刻画一些现实生活中的简单现象。

对第二学段的学生而言,应当包括既能够用数和简单的图表刻画一些现实生活中的现象,还应当包含对某些数字信息作出合理的解释。

对于第三学段的学生来说,除了在较复杂的层面上能够完成前面的任务以外,重点应当是能够用各种数学关系(方程、不等式、函数等)去刻画具体问题,建立合适的数学模型。

2. 丰富对现实空间及图形的认识,建立初步的空间观念,发展形象思维

这一目标的主要含义在于让学生建立初步的空间观念,能够借助图形去进行思维,这也是学生学习"空间与图形"的首要目标。同样值得注意的是,相对于不同学段的学生而言,这一目标的侧重点也不一样。

对第一学段的学生来说,主要任务在于为建立空间概念准备必要的"元素"——基本图形的形状、大小、位置关系等,它们无疑可以通过对

有关图形的探讨来实现。

对第二学段的学生而言，除了进一步探索某些图形的形状、大小、位置关系以外，还应当了解一些不同图形之间的变换关系，并且初步尝试应用已经获得的知识与方法去构建简单的几何形体，从而在头脑里建立初步的几何空间。这些目标可以通过简单的拼图游戏、设计图案等活动来逐步达到。

对于第三学段的学生来说，更为重要的工作应当是能够用多种方式（包括操作、图形变换、图案设计等），去构建几何空间，并尝试用图形去从事推理活动。

3. 经历运用数据描述信息、作出推断的过程，发展统计观念

《数学课程标准》明确指出，统计的意识和方法应当为每一名未来公民所必备，这一个目标所关注的正是这一点。而且目标的阐述也明确表明，目标是学生在一系列活动过程中实现的。

对于第一学段的学生来说，要求能够在教师的帮助下，在熟悉的生活情境中，根据需要选择一些简单而有用的信息，并且能够进行归类。例如，可以让学生就自己的家庭成员或同学的爱好、习惯性行为等作一些统计，并在教师的指导下，用适当的图表表示统计结果。

对于第二学段的学生而言，则是能够独立或与同伴合作，在熟悉的情境中，根据需要收集、处理一些简单而有用的信息，并尝试根据信息提出猜想。此时，可以将完成某种任务或从事某个活动作为出发点，让学生去进行收集、处理相关信息的活动，并根据结果给出自己完成任务的方法。

对于第三学段的学生来说，需要他们能够在现实情境中，根据需要收集、处理一些有用的信息，并根据对信息的处理结果，作出合理的推断。这时，需要让学生经历一个较为完整的统计活动过程：制定收集数据的指标、收集与表达数据、对数据作数学处理、根据处理结果作出统计推断。

4. 经历观察、实验、猜想、证明等数学活动过程，发展合情推理能力和初步的演绎推理能力，能有条理地、清晰地阐述自己的观点

作为一名受过系统教育的理性公民，一个重要的标志就是能够通过推理去作出合理的判断与选择，能够在与他人交流过程中清楚地表达自己的观点。就演绎推理能力的发展而言，它是伴随着学生逻辑思维水平的发展而逐步进行的，所以目标的实现过程也就存在着明显的阶段性。

对于第一学段的学生来说，重点在于发展其能够进行有条理的思考的能力——一个特定的原因能得到什么结果？形成一个结果的原因是什么？

对于第二学段的学生来说，要求他们不仅能够有条理地思考，还应当能够向别人解释自己所获得结论的合理性，即使这个结论的获得并没有充分的逻辑依据，即不仅能够说服自己，还能够说服别人。

对于第三学段的学生来说，应当让他们尝试通过不同的方式去检验一个猜想的可信性，通过不同类型的推理活动形成一个合乎情理的猜想，并能够用比较规范的逻辑推理形式表达自己的演绎推理过程。

（三）关于解决问题

我们的学生几乎天天都在"解题"，解大量的题。但是《数学课程标准》所关注的"解决问题"并不等同于这些解题活动。

首先，在内容方面，《数学课程标准》所提到的"问题"不限于纯粹的数学题，特别是不同于那些仅仅通过"识别题型、回忆解法、模仿例题"等非思维性活动就能够解决的"题"。这里所说的问题既可以是纯粹的数学题，也可以是以非数学题形式呈现的各种问题。但无论是什么类型的问题，其核心都是需要学生通过观察、思考、猜测、交流、推理等富有思维成分的活动才能够解决的。

其次，在具体内涵方面，《数学课程标准》的要求是多方面的，包括初步学会从数学的角度提出问题、理解问题，并能综合应用所学的知识和技能解决问题。

1. 初步学会从数学的角度提出问题、理解问题

它首先要求学生尝试在面对不同的现象（包括数学的和非数学的）时"从数学的角度提出问题"，换言之，初步具备一种数学的眼光。能够识别存在于数学现象或者日常的、非数学的现象与问题中的数学问题或者数学关系，并将它们提出来，然后应用知识与技能解决问题。事实上，学生以往较为习惯的是在面对一个确定的问题时，思考解题方法，即提出问题是教材或教师的职责，解题才是学生的任务。在这一点上，《数学课程标准》可谓开了先河。为此，我们的教科书应当向学生提供观察、思考与猜测的机会，我们的教学更应当多问学生诸如"你发现了什么"这样的问题。

对第一、第二学段的学生而言，首先是能够从日常生活中"看到"一些数学现象，其次是能够运用基本的数学知识去解决一些简单问题。

　　对第三学段的学生而言，能够从数学现象、其他学科中的问题或者生活中发现数学关系或数学问题是目标的首要内涵，其次是能够综合运用相关的数学知识、方法去解决一些问题。

　　2. 形成解决问题的一些基本策略，体验解决问题策略的多样性，发展实践能力与创新精神

　　对学生的发展而言，解决问题活动的价值不只是获得具体的结论，或者主要价值不在于此。它的意义更多是使学生在解决问题的过程中体会到解决问题是可以有不同策略的，每一个人都应当有自己对问题的理解，并在此基础上形成自己解决问题的基本策略。在这种鼓励个性发挥的氛围之下，创新精神的培养才成为可能。为了实现这一目标，每一学段的教科书都应当给学生提供思考与交流的机会，所有的教学活动也都应当允许学生表达自己对问题的理解，采取自己认为合适的解决问题策略。具体说来，对不同学段学生的要求侧重面不同。

　　第一学段侧重于通过介绍同一问题的不同解决方法，让学生感受到解决问题可以有不同的策略。

　　第二学段则侧重于让学生尝试寻找不同的解决问题方法。

　　第三学段可以让学生尝试评价不同方法之间的差异，了解不同方法的形成主要来源于对问题的认识角度不同。

　　此外，发展实践能力与创新精神也是一个重要目标。个体的创新是建立在自己独立思考基础之上的，创新精神的一个基本要素是思维活动的非模仿性和独特性。实践能力不是"听"出来的，也不是"看"出来的，它是在自主活动过程中逐渐形成的。如果学生在数学学习过程中有足够的思维时间和空间、有自由表达自己解决问题思路的宽松氛围，有与同伴交流的机会，那么他们就是在从事一种"开窍"的活动，这将有助于发展其创新精神；相反，如果学生的数学学习过程中充满了"模仿、记忆、识别、练习"等"对号入座"式的机械性学习活动，那么他们就是在从事一种"闭窍"的活动，而这将逐渐使每一名学生的天性中所包含的创新意识消退。因此，让学生寻求自己对知识和方法的理解是值得提倡的。在解决问题的过程中，让所有的学生都能够获得成功的体验，又都面临不同层次的挑战。问题的求解没有现成的公式或题型可以直接套用，要给学生留出足够的思考时间和空间，以及与同伴交流的机会。

3. 学会与人合作，并能与他人交流思维的过程和结果

与他人交流是未来每一名公民都必须掌握的基本技能。我们不能片面地认为，请教别人就是一种思维上的"懒惰"。确切地说，我们应当鼓励学生在独立思考的基础之上与他人交流——交流各自对问题的理解、解决问题的思路与方法、所获得的结果等。这样，便能在解决问题活动的过程中发展"思考与交流"的能力。这一点，对不同学段的学生要求也不相同。

第一学段侧重于让学生经历合作与交流的活动，并在交流过程中体会到合作的益处，使"交流"成为他们所认同的一种解决问题的合理方式。

第二学段则可以侧重于学习与他人合作、交流的基本技能，如怎样表达自己对问题的理解、解决问题的思路，怎样理解他人对问题的思考和解决方法等。

第三学段可以在前两个学段的基础之上，尝试在与他人交流过程中获益，并学会尊重别人的看法等。

4. 初步形成评价与反思的意识

没有反思，人是不可能获得本质上的进步的。对于学生而言，这里所说的反思是一种较为初步的要求，其目的只在于让学生了解反思的含义，经历反思的活动，初步认识到反思所带来的好处。这些目标应当在学生解决问题的过程中得到发展。因此，我们在实际教学过程中应有意识地关注这一项目标。

第一学段，我们应着重培养学生回顾自己思考过程的习惯。为此。可以在教学过程中多问一些：想一想，你是怎样得到这个问题的答案的？

第二学段，在回顾的基础上，应要求学生能够初步学会分析自己思维过程中的得与失，并总结经验。因而，可以在教学过程中多问一些：想一想，你为什么没有能够得到问题的答案？你获得成功的关键是什么？

第三学段则可以侧重对经验的反思和条理化。为此，可以在教学过程中多问一些：这个（成功的）方法还能够在哪些条件下有效？在其他情形下，怎样修改这个方法就可以使得它仍然有效？这个问题之所以没有能够得到解决，主要毛病在哪里？

（四）关于情感与态度

这一目标关系到对数学课堂中的素质教育的认识。《数学课程标准》认为，数学课堂就是素质教育课堂。合格公民的许多基本素质，诸如对自

然与社会现象的好奇心、求知欲，实事求是的态度、理性精神，独立思考与合作交流的能力，克服困难的自信心、意志力，创新精神与实践能力等，是可以通过数学教学活动来培养的。

1. 能积极参与数学学习活动，对数学有好奇心与求知欲

孩子对自然与社会现象的好奇心、求知欲是一种重要的素质，它可以使一个人不断地学习、不断地得到发展，还可能使一个人走进科学的殿堂；反之，则会使一个人不求上进，终身碌碌无为。义务教育阶段的数学教育虽然不以培养数学家为使命，不奢求所有的学生都热爱数学、为学习数学贡献大量的时间和精力，但是，它应当使学生对数学有一个较为全面、客观的认识，愿意亲近数学、了解数学、谈论数学，对数学现象保持一定的好奇心。这一切实际上也是使学生对自然与社会现象保持好奇心的一个有效途径。同样地，这一目标的实现也具有层次性。

在第一学段，让学生经常用数学的"眼光"看身边的事物。比如，常常问学生：这一堆东西有多少个？你是怎样去数的？把它们分成两堆，使一堆比另一堆多 5 个，怎么办？这个物体看上去像什么？也可以经常向学生提供一些有趣的数学问题，引起他们的好奇，想一探究竟。

在第二学段，可以引导学生将"数学眼光"转向更为宽阔的生活情境，看一看身边的人或事物以及通过媒体传来的信息中，存在哪些数学现象，有什么样的数学问题。而在教学过程中则应当通过设置丰富多彩的活动，使学生积极、主动地投入到数学学习活动中去。

在第三学段，可以通过列举用数学解决现实生活问题以及一些奇妙数学问题的例子，培养学生乐于了解数学、应用数学的态度。

2. 在数学学习活动中获得成功的体验，锻炼克服困难的意志，建立自信心

在以往的数学教学实践中，我们更多地强调"失败是成功之母"，强调数学学习的艰苦性，认为在数学学习过程中唯有给学生制造困难与障碍才能培养他们克服困难的自信心、意志力。理论与实践表明，对处于义务教育阶段的学生而言，这是一种片面的理解。许多学生在这样的学习过程中所形成的反馈是：数学学习对我来说是"失败、失败、再失败，直至彻底失败"。因而对数学学习甚至对其他课程的学习都丧失了信心，更谈不上具备克服学习过程中所遇到的困难的意志力。《数学课程标准》强调，

在培养学生"克服困难的自信心、意志力"方面，我们应当关注两件事：向学生提供具有挑战性的问题，使他们有机会经历克服困难的活动；让他们在从事这些活动的过程中获得成功的体验，或是解决了相关的问题，或是找到了解决问题的有效思路，或是解决了部分问题，或是得到了对问题的进一步理解……为此，教科书（或教师的教学）在介绍新的数学知识与设计应用所学知识解决问题的情境时，应当尽可能提供一种"阶梯"式的问题，使每一名学生都能够在活动中既有成功的体验，也有面临挑战的机会和经历，从而锻炼其克服困难的意志，建立学好数学的自信心。

在第一学段，及时帮助学生克服所面临的困难，适当鼓励他们自己设法解决问题是实现这一目标的有效方法。

在第二学段，有意识设计一些障碍，并及时指导学生寻求跨越障碍的办法，反思取得成功的经验，这无疑有助于学生形成克服困难的意志。

对于第三学段的学生，勇于面对困难，主动寻求解决问题的途径是一种有益的活动，即使没有能够完全解决问题，只要获得有效的求解思路，或对问题有进一步的理解，就有益于学生建立学好数学的自信心。

3. 初步认识数学与人类生活的密切联系及对人类历史发展的作用，体验数学活动充满着探索与创造，感受数学的严谨性以及数学结论的确定性

在人类的发展史上，有很多事例反映了数学所产生的巨大推动作用，了解这一点，有助于学生对数学的价值有较为全面的认识，有时，也会激发学生学习数学的欲望。为此，教科书与教师应适时向学生介绍有关的数学史实，如著名数学家事迹、经典案例、数学名著等。具体内容设计应考虑到学生的年龄特征与知识背景，分别选取数学人物介绍、数学故事、数学应用介绍、数学问题求解等形式。

第一学段主要让学生感受到身边的很多事物与活动中都存在着数学。

第二学段则应当给学生创造更多的机会，让他们体会数学对于我们所生活的自然与社会所产生的重要作用，介绍一些著名数学家的事迹，让学生感受到数学活动的探索性与创造性。

第三学段应当向学生介绍数学在人类发展过程和当代科技领域中的重要作用，让学生在数学活动中体会证明的必要性并学会证明，从理性上认识有关数学结论的正确性。

4. 形成实事求是的态度以及进行质疑和独立思考的习惯

基本的思维能力、科学态度、理性精神是未来公民生存与发展所需要的最基本也是最重要的素质。数学教育无疑对学生这些素质的发展负有重要的责任。但是，这并不意味着我们在数学教学中要划出特定的课时去专门讲授它们，或者说时时地提及它们：这就是思维能力、这就是科学态度、这就是理性精神……事实上，只要我们头脑里有这样的观念，就可以在数学教学中创造很多机会以促进这一目标的实现。例如，当学生学习一个新的数学知识时，鼓励他们采用探索的方法，经历由已知出发、经过自己的努力或与同伴合作获得对新知识的理解，而不是采用"告诉"的方式；当学生面临困难时，引导他们寻找解决问题的思路，并在解决问题的过程中总结所获得的经验，而不是直接给出解决问题的方案；当学生对自己或同伴所得到的"数学猜想"没有把握时，要求并帮助他们为"猜想"寻求证据，根据实际情况修正猜想，而不是直接肯定或否定他们的猜想；当学生对他人（包括教科书、教师）的思路、方法有疑问时，鼓励他们为自己的怀疑寻求证据，以否定或修正他人的结论作为思维的目标从事研究性活动，即使学生的怀疑被否定，也应当首先对其尊重事实、敢于挑战"权威"的意识给予充分的肯定。

对第一学段的学生而言，我们的主要任务就是指导他们分析自己在数学学习活动过程与结论中的正确与错误之处，并做出相应的修改。

对第二学段的学生而言，我们的主要任务是引导他们对数学现象或问题展开讨论，并能够对不同的观点（看法）提出疑义。同时，寻找自己或他人数学活动中的错误所在，并提出修改建议。

对第三学段的学生而言，我们的主要任务是使他们敢于和善于发表自己的看法，理解他人看法的意义，并能够与他人交流。

（五）四个方面课程目标之间的关系

第一，"四个方面的目标是一个密切联系的有机整体，对人的发展具有十分重要的作用。"换言之，课堂中的数学教学活动，作为实现课程目标的主要途径，应当将课程目标的这"四个方面"同时作为我们的"教学目标"，而不能仅仅关注其中的一个或几个方面，或是将其中的某一个目标（如情感与态度）作为实现其余目标过程中的一个"副产品"。

第二，"它们是在丰富多彩的数学活动中实现的。其中，数学思考、解决问题、情感与态度的发展离不开知识与技能的学习，同时，知识与技能的学习必须以有利于其他目标的实现为前提。"这里，包含两层意思：1. "数学思考、解决问题、情感与态度"目标的实现是通过数学知识的学习来完成的，不需要也不可能为它们设置专门的课程；2. 学什么样的知识与技能，应当首先考虑是否有利于其他三个方面目标的实现。例如，单纯从知识与技能的角度来看，似乎学生"能够熟练地做复杂的代数运算总比不能够熟练地做要好"，"能够证明困难的几何命题总比不能够证明要好"，但是，当我们从整体上考虑学生的发展时，答案也许就不是那么简单了。首先，这些知识是全体学生将来都需要的吗？其次，这些技能的获得需要经过大量的操练，而它们有助于学生对数学学习产生积极的情感吗？能够加深学生对相关知识的理解吗？能够促进学生在自己的生活和其他学科学习中去应用数学吗？学生是否还有更重要的内容需要学习？

　　四个方面课程目标价值的认识有一个明显的定位——学生在"数学思考、解决问题、情感与态度"等方面的发展比单纯在"知识与技能"方面的发展更为重要，因为无论每一名学生将来从事什么职业，前者都是他终身可持续发展的基础。

第二章　小学数学课型探究

第一节　课型的基本概念及与教学模式的关系

一、课型的基本内涵

（一）课型的概念

课的类型，简称课型。它是教学过程的基本形态，一般是根据教学任务划分出来的课堂教学的类型。课型是由"课"的教学内容、教学目标、教学方式、师生双方在教学中的地位所决定的一种课堂教学结构。一是根据不同的教学任务或按一节课主要采用的教学方法来划分课的类别；二是指课的模型，它是在对各种类型的课在教学观、教学策略、教材、教法等方面的共同特征进行抽象、概括的基础上形成的模型、模式。一节课中，主要的教学活动方式是什么，这节课就可以称为是什么课型。

（二）课型的分类

课型的分类，因基点选择不同而有所区别。课型可以根据教学任务的不同、教学内容的不同、活动方式的不同、师生双方作用的不同来进行"命名"。比如，以教学任务作为课的分类基点，课可划分为：新授课、练习课、复习课、讲评课、实验课等。

课型的分类因基准选择不同有很多分类方法，但不管哪种分类，都要遵循如下原则：科学性，要求根据事物的属性，分类基点（准则）的选择恰当、明晰，分类不重复、不遗漏、不交叉；从实际出发，按需分类的原则；简明、便于操作。

（三）课型的结构

课型的结构是指构成课堂教学活动的要素——教师、学生、教学内容、教学设备和方法之间重要的、稳定的相互联系和相互作用的方式。这些联系和作用明显地受教学思想、教学目的、教学策略的取向不同影响。课堂教学是一个充满师生生命活力的系统，充分调动和激活师生参与教学活动的积极性、主动性和创造性，是使各种课型教学得以成功的前提和基础。课堂教学是一个以学生为认知、实践、发展主体的特殊认识过程和实践过程，在课堂教学中恰当发挥教师的主导作用，充分调动学生学习的主体性，遵循认识论所揭示的认知规律进行教学，是使各种课型教学达到预期教学目的的基本保证。课堂教学是一个师生和生生之间人际沟通、交往的过程。课堂的交往中，存在两种信息交流和互动，一种是知识信息；一种是心理信息。两种交往形态和两种信息交往内容对各种课型教学目标的实现有着同样重要的意义。所以，课堂教学的结构有几个明显的特征，这些特征影响和决定着课堂教学的功能。其特征如下：

① 课堂教学结构的整体性；

② 课堂教学行为的目的性：

③ 课堂教学活动的社会交往性。

我们需要选择各学科重要的基本课型，研究和揭示其结构和性质，从而认识不同课型的特征，使教学设计及教学组织实施自觉地遵循和符合课型的特征和要求，更好地完成教学任务。

二、课型与教学模式的关系

（一）教学模式

"教学模式"最初是由美国学者乔伊斯和韦尔等人提出的，指在一定的教育思想、教育理论、学习理论指导下的教与学活动中各类要素之间的关系和教学进程的稳定教学结构形式；是依据教学思想和教学规律而形成的，在教学过程中必须遵循的比较稳固的教学程序和方法的策略体系。

教学模式在教学理论和教学实践之间起着承上启下的作用，是理论与实践的中介。教学模式是教学思想与教学规律的反映，它指出教学的目标，规范师生双边活动，实施教学的程序应遵循的原则及运用时的注意事项是师生教学活动的指南。同时教学模式将教学程序、教学方法、教学手段、教学组织形式融为一体，可以使教师明确教学先做什么，后做什么，先怎样做，后怎样做。

对教学模式的界定可谓是仁者见仁，智者见智。但有几点是核心：

（1）教学模式与教学理论密切相关，在某种教学理论指导下建立某种相应的教学模式。

（2）教学模式与教学目标密切相关，教学模式为达成教学目标服务。

（3）教学模式与教学方法相关，某些教学方法适用于某些教学模式。

（4）教学模式与教学结构相关，教学结构具有从宏观上把握教学活动整体及各教学要素之间内部关系的功能。

（5）教学模式与教学程序相关，程序体现模式。

（二）教学模式的功能及与课型的关系

有学者指出，教学模式的研究能较好地解决教学理论与教学实践之间严重脱节的问题。它可以丰富和发展教育理论，又可以更好地指导教学实践。教学模式的功能主要表现在：

1.教学模式是一种设计和组织教学的理论。它在一定教育价值理念指导下，对教学过程中的诸要素、诸环节进行审视，进行重组重构，有利于突破原有的教学理论框架，较好地解决教育理论与教学实践严重脱节的现状。教学模式研究，可以促进教学理论的学习和普及，可以推动教学改革的深化，使教学工作理性化、概括化，还可以帮助教学管理和教学研究科学化。

2.教学模式有利于把有效的教学经验通过理论概括，总结上升为范式、范型，从而丰富和发展理论，促进理论和方法的创新。

3.教学模式有利于教育理论的推广，便于教师理解、掌握和运用。教学模式具有简洁明了、可操作性强的特点，同时它的处方性、参照性特点揭示出模式具有"如果运用……教学模式，就必然产生……的教学效果"的功能。教学模式的运用，有利于大面积改善课堂教学现状，从而提高课堂教学质量。

教师教学要有全面的教学设计素养，其中必备的是课型设计的艺术素养。优秀的教师必须根据教学形势的发展和教学科研的需要，具备一定的课型创新的意识与课型创新的艺术。

教学模式是在一定教学思想和教学理论指导下建立起来的，在教学过程中要有比较稳定的教学程序及其方法、策略体系。模式可以来源于教学实践，使实践概括化和集约化，并上升为理论，丰富和发展教学理论。模式也可以来源于理论思辨，使某种教育思想或教学理论具体化、操作化，从而保证理论对实践的指导作用。教学模式是教学理论（原理）应用于实践的中介，它具有处方性、并照性、可操作性的特点，它的主要任务是根据一定的教学思想和教学理论去设计教学，组织和实施教学。

教学模式的构建和运用要依据和反映课型的特征，使教学活动更贴近教学规律。体现不同指导思想的教学模式对特定课型的表征方式是不同的。例如，对某种课型，有人用认知模式去表征，有人则用行为模式去表征。

课型，是重要的教学模式之一。不论是由各教学法流派产生的教学模式还是经验型教学操作模式，都是与课型紧密联系在一起的。

但是课型与模式不存在一一对应关系；而且一种课型可以选择多种不同教学模式来表征，一种模式可以用来表征于多种课型。

第二节　授课中的教学课型

（一）数与代数的课型

数与代数这部分内容是数学知识体系的基础。《数学课程标准》中称为数与代数的内容，在小学阶段主要包括数的认识、数的运算、常见的量、式与方程及探索规律等。它们都是研究数量关系和变化规律的数学模型，可以帮助人们从数量关系的角度更准确、清晰地认识、描述和把握现实世界。通过数与代数的学习，使学生体会到数学与现实生活的密切联系，认识到数学是解决实际问题和进行交流的重要工具，初步会运用数学的思维方式去观察、分析现实生活中的问题，增强应用意识，培养初步的创新精神和实践能力。

1. 数的认识

数的认识教学基本课型是：寓数于境，激越引入—活动体验，探究提升—互动协作，拓展深化—反思练习，归纳总结。

教学时要紧密联系学生的生活实际，采撷生活实例，为学生创设具体的生活情境，寓数于物化的生活情境之中。通过学生对画面的观察、情境的感知，发现物后隐含的数的信息，从而唤起学生的数感，激发学生的学习欲望。

要实现这个过程，一方面需要学生积极主动地参与探究；另一方面需要教师以科学教育理念为指引进行悉心地指导。从"似乎没有什么研究内容"的材料中发现"可以进一步探究的内容"是学生学习探究的重要方面，要突破这个探究"瓶颈"，需要教师通过学生的体验活动，提取他们已有的认识。在探究中，问题的形成是一个重要环节。

教师根据学生的认知规律和知识结构的特征，给学生提供尽可能多的材料信息，留足思维的时空，组织学生通过有目的的操作、观察、交流、讨论等方法，自主解决问题，主动建构自己的认识结构。教师还要依据教学目标和学生在学习中存在的问题，挖掘并提供创新素材：设计有针对性、代表性的练习题组（基本题、变式题、拓展题、开放题），让学生在解决这些问题的过程中，进一步理解、巩固新知，训练思维的灵活性、敏捷性、创造性，使学生的创新精神和实践能力得到进一步的培养与提高。

（1）课型设计出发点

① 新课程下的教学要求

《全日制义务教育数学课程标准》倡导"教学中要重视学生学习的结果，更要重视学生学习的过程，要重视学生学习的方法，更要重视学生在学习中所表现出来的情感与态度"。在数概念教学中，只有重视与学生情感的交流，认知与情感二者互促互动才能从根本上改变教师讲授、学生接受的方式，师生之间的关系才会变得民主、平等，才能创设一种民主、和谐、宽松的课堂气氛，学生的思维活动才能真正充分地、深刻地、创造性地展开。

《数学课程标准》中对数感做了一个概括性的说明："数感的具体体现是：能用数来表达和交流信息；理解数的意义，能运用自己熟悉的事物去体会较大的数或较小的数；能用多种方法来表示数；理解数之间的联系和相对大小关系；能用数来表达和交流信息；能为解决问题而选择适当的算法；为解决问题而选择适当的运算，估计运算的结果，并能选择算法和工具进行运算。"

由此可知，在数的认识的教学活动中必须重视学生数感的培养，数感培养的关键是要加强学生对数概念的理解，而学生对数概念的理解又来自数学实践活动。因此，教学时要以学生的已有经验为基础，为学生设计现实的、开放性的学习活动，让学生在丰富的操作和实践活动中，理解数的本质属性，逐步形成数概念。

② 关于学生的认知特点

小学阶段学习的整数、小数、分数、百分数的认识，都是最基础的知识，不仅是进一步学习必备的，也是学习其他领域内容时经常要用到的，必须让学生扎扎实实地学好。可是，由于这部分知识本身是比较抽象的，学生很容易产生畏难、厌学情绪。因此，教师要充分利用学生的生活经验，设计生动有趣、直观形象的数学教学活动，如讲故事、猜谜语、做游戏、情境呈现、直观演示、模拟表演等，努力创设一种愉悦和谐的教学氛围，以情感为依托，激发学生学习的内驱力，让积极的情感成为推动学生学习的强大心理因素。同时要充分发挥评价的激励功能，让学生以持续高涨的学习热情，将探究活动不断向深层次推进，整节课都沉浸在快乐的学海中，在快乐中求知，在求知中尝乐。另外，还要注意面向全体学生，尽量给每个学生展现自我和体验成功的机会，使每个孩子的心灵都得到满足，情感都得以升华。

③ 加强数与日常生活的联系

小学生的思维特点与数概念的高度抽象之间的矛盾，决定了学生对数概念的理解和掌握离不开他们的生活世界。因此，教学数的认识时，每引入一个概念都要从学生身边的、熟悉的、具体的事物出发，从学生已有的生活经验、知识背景和认识水平入手，为学生提供富有儿童情趣的、蕴涵数学问题的学习素材和情境，把抽象的数概念形象化、具体化，激发学生的学习兴趣。

（2）课型实施的关键

① 教学中要注意创设有效情境

《数学课程标准》在"实施建议"中指出"数学教学活动中，要创设与学生生活环境、知识背景密切相关的，又是学生感兴趣的学习环境"，强调"让学生在观察、操作、猜测、交流、反思等活动中逐步体会数学知识的产生、形成与发展的过程"。

教学情境的创设着眼于整堂课，从其承载的教学内容的特点出发，要有利于推进整个教学过程，以至于产生良好的教学效果。让情境点燃学生的学习热情，促进学生主动探索，引领学生自主思考。

情境创设的几种常见误区有：

a. 模拟现实生活的情境创设

情境创设能突出学生的参与，联系生活实际，但是把握不好，过了头就会分散学生的注意力，淹没他们的数学思考。

b. 游离于数学内容之外的情境创设

教学者把"创设情境"仅仅看做提高灌输教学效率的手段，为"情境"而"情境"，忽略了"情境"作为教学的有机组成因素不具有引导学生经历学习过程、发展学生数学素养的重要作用。

c. "枝节横生"的情境创设

情境创设未能突出数学学习主题，导致课堂学习时间和学生的思维过多地被纠缠于无意义的人为设定。这样的情境既浪费时间，又制约学生本该活跃的思维。

d. 与生活常识相悖的"假情境"

情境内容不符合生活实际中的基本事实，是为创设情境而随意杜撰出来的。虽然是假设的情景，但"虚拟"不等于"虚假"，虚拟的情境也应该符合起码的生活逻辑。

e. 不顾学生实际水平的"挑战性问题"

情境创设不符合学生的认知发展水平，任意拔高学生对问题的兴趣程度。

f. 多媒体呈现的"实验操作"

创设情境一味注重于使用多媒体，以致忽略了学生内在的发展需要。其实，创设情境不只局限于多媒体，语言、实物操作、游戏甚至教师的手势、体态，都可以成为一种情境。更重要的是，并不是所有的情境都适于用多媒体，多媒体的使用，替代了学生的亲身体验，对于学生，只能是隔靴搔痒了。

② 让课堂教学与学生的生活实践有机结合

现实生活离不开数学，数学也离不开现实生活。在课堂教学实践中我们可以体会到，小学教学的内容绝大多数可以和学生的日常生活相联系。

如何让数学课堂教学有效地与学生生活融合在一起呢？

a. 利用学生已有生活、学习经验

学生构建知识结构的重要基础是他们已有的生活、学习经验。建构主义教学论把"通过学生自主和经验主动建构"看成教学的"灵魂"。虽然经历有限，但是小学数学知识并不都是"新知识"。他们在生活中已经有许多数学知识的体验，应从已有的数学经验出发，与教学内容发生交互作用，构建他们自己的数学知识。鉴于学生并不是一张"白纸"，教学时教师应充分利用其已有的学习、生活经验促使其主动建构。

b. 收集生活中相应的数学素材，为教学提供感性认识

小学生由于缺乏生活的经历，有些知识学起来会很吃力。这就需要教

师在教这些知识前，组织学生参加一些实践活动，收集生活中相应的数学素材，为教学提供感性知识。

c. 让"生活化"的问题具有一定的思考空间

"生活化"问题向学生出示了一个问题情境。这一问题情境要求需要对已经有的知识加以组合，进行思考，以激活有关解决问题的方法。解决问题的过程就是思考的过程，因此"生活化"问题的设计要给学生思考的机会。思考的空间有大有小，这和问题的设计有关，应用问题的叙述方式，解决问题步骤的多少，是否具有中间问题和隐蔽条件等，都对思考空间有影响。

d. 教学方式、教学内容要贴近生活

数学教学应该综合生活中的各种知识，课内课外相结合。课内学知识，课外用知识，课外发现问题，课内讨论解决问题，课内课外相互补充、相互促进，共同构建数学的学习网络。

2. 数的运算

数的运算教学课型是：创设情境，提出问题—自主合作，探究算法—展示点评，归纳点法—分层训练，应用拓展。

计算知识是人们在长期生产实践中逐步发展起来的，教学时，利用教材提供的资源，或结合当地实际选择学生熟悉的事例，创设生动的教学情境，把计算教学置于现实情境之中，使探讨计算方法的活动与解决实际问题融为一体，可以促使学生积极主动地参与学习活动。

让学生成为学习的主人，在已有生活经验的基础上，自主探究运算方法，并与同伴进行交流，不断优化自己的计算过程。

计算教学方式的转变，使学生拥有了广阔的探索空间，人人都成为运算方法的探索者、发现者。在学生个体对运算方法有了初步探究的基础上，适时组织讨论交流，总结归纳，可以提升学生对计算过程的认识，完善学生对算理的理解，从而不断优化计算策略，掌握科学合理的计算方法。

小学数学学科教学的基本出发点是促进学生全面、持续、和谐地发展，最终目的是为学生的终身可持续发展奠定良好的基础。实现"人人学有价值的数学"，"人人都能获得必需的数学"，"不同的人在数学上得到不同的发展"。因此，要面向全体学生，关注每一名学生，尊重学生的个性差异，分层设计习题，使每个学生的智慧都得以显示，每个学生都能体验学习的成功和快乐。

（1）课型设计的出发点

① 新课程下的教学要求

运算是数学的主体。《数学课程标准》提出："应重视口算，加强估算，提倡算法多样化，应减少单纯的技能性训练，避免繁杂计算和程式化地叙述算理。"这是《数学课程标准》的重要内容。由于学生生活经验和思维方式的差异性，对于一个计算内容往往表现出个性化的认识和理解，所使用的计算方法也必然是多样的。算法多样化就是鼓励学生独立思考，尝试用自己的方法来计算。在日常生活中，口算与估算的运用相当广泛，经验告诉我们，有时并不需要我们给出确切的数值，只要估计出大约有多少，这就需要有较强的口算能力和一定的估算技巧。

在新课程理念指导下，运算教学必须减少单纯的技能训练，避免程式化的叙述"算理"，从学生已有经验和生活实际出发，创设丰富的、生活气息浓厚的、生动具体的学习情境，赋予枯燥的计算教学以丰富的生活内容，使计算教学与解决实际生活问题紧密联系起来。

要给学生提供展示不同算法的机会，鼓励他们大胆发表自己的见解，掀起算法交流、讨论和比较的教学高潮，使合理、简捷、灵活的方法突现出来。在这个过程中，学生不仅能取长补短，主动地完善与优化自己的算法，而且还可以捕捉到许多思维的亮点，从而激发创新灵感。

② 关于学生的认知情况

小学生的生理和心理正处于发展的过程，他们突出的特点是上课好动，注意力不能持久地集中。上课时间一长，就会对老师的课感到没意思，开始开小差，做小动作来消磨时间。如果教师忽略了小学生的这一特点，就很难组织和开展课堂活动。因此，教师要运用各种手段、方法来调动学生的学习兴趣，让学生乐意投入到学习中去。

在运算教学中，可以使学生感受同一问题可以有不同的解决方法。小学生的思维由形象思维过渡到抽象逻辑思维，存在一个转折时期。这个时期大致在四年级前后，这一转折的实现，主要取决于教育的效果。教学得法，可提前到三年级，不得法就会推后到五年级。

（2）课型实施的流程

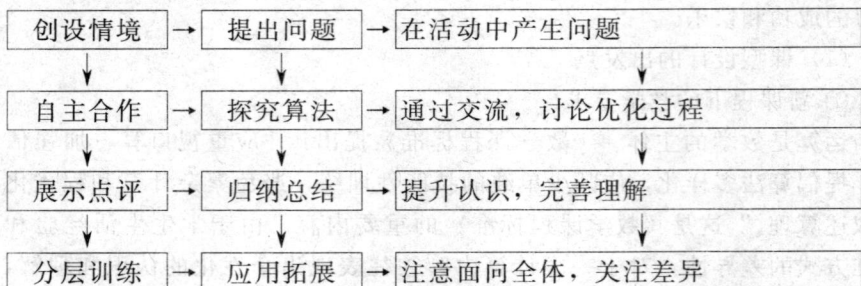

| 创设情境 | → | 提出问题 | → | 在活动中产生问题 |

| 自主合作 | → | 探究算法 | → | 通过交流，讨论优化过程 |

| 展示点评 | → | 归纳总结 | → | 提升认识，完善理解 |

| 分层训练 | → | 应用拓展 | → | 注意面向全体，关注差异 |

（3）课型实施的关键

① 计算教学有效的几点措施

"数的运算"非常重要，占据了现行小学数学教学的绝大部分时间。计算是帮助解决问题的工具，在具体的情境中才能真正认识计算的作用。在小学数学的计算教学中，教师不仅应要求学生掌握计算方法，而且要根据学生的可能和教学内容的需要，适时地、灵活地引导学生去发现计算中的内在规律，使学生在经历和体验这些规律的发现过程中，逐步建立起数学的眼光、数学的头脑、数学的语言，感受基本的数学思想、数学方法和独特的数学思维方式。

a. 重视计算意识的培养

计算意识是指遇到问题能够自觉地从数量的角度进行观察和思考。计算并不单单是一种技能或能力，它是一种基本的数学方法和数学意识，同时也是人们应该具备的数学素养之一。具有较好计算意识的人，遇到实际问题时常常会从数与数量方面去考虑问题。这样，对培养学生思维的广度和多元性也是十分有益的。

b. 重视算理和算法的教学

学生在学习数学的任何内容时，都应该有意识地培养自己有根据、有条理地进行思维活动的习惯。计算的算理是说明计算过程中的依据和合理性，计算的算法是说明计算过程中的规则和逻辑顺序。学生在学习计算的过程中明确了算理和算法，就便于灵活、简便地进行计算，计算的多样性才有基础和可能。因此，在计算教学中重视算理和算法是一个十分重要的课题。

c. 把解决实际问题与计算教学结合起来

在具体的情境中展开计算教学，一是可以激发学生的兴趣，调动学生学习计算的积极性。二是能唤醒学生的生活经验，激活思维，使其自主探索计算方法，在轻松愉悦的氛围中快快乐乐地掌握知识。三是能让学生体会现实生活中有大量的数学问题，培养学生的应用意识，让学生感到学到的知识都是有用的。

实践证明，在计算教学中，若能结合学生的生活实际，则能让学生既学得轻松，又学得扎实，达到事半功倍的效果。

d. 把计算教学与动手操作结合起来

让学生动手操作是课程标准提出的学习方法之一，小学生的思维是由具体形象思维向抽象思维过渡的，而抽象思维需要以感性材料为基础。在计算教学中加强直观动手操作，使学生获得最直接、最深刻的体验，丰富感性认识，为学生的探究提供支持，有利于学生掌握计算方法，理解算理；有利于发展学生的思维，提高他们的实践能力。教师在课堂上应经常给予每个学生动手操作的时间和空间，让每个学生在动手实践中自主探究，从而激发学习兴趣，提高计算能力。

② 要重视在"数的计算"环节培养数感

数感是人的一种基本数学素养，是学生认知数学对象进而形成数学气质的心智技能，是学习数学的重要结构变量。数感来自数学活动实践，又指导数学实践活动。它的形成不是一蹴而就，而是一个渐进的过程、沉淀的过程、积累的过程。教师应在不断的数学教学活动中，让学生在对数的充分感知、感应和感受中，发展学生的数感。

a. 在口算中培养学生的数感

四年级教学小数除法这一部分内容时，通过口算培养学生的数感。题目出示五道算式：$21.6 \div 12$，$46.23 \div 23$，$2.88 \div 1.5$，$1.4 \div 0.8$，$0.55 \div 0.25$ 哪道题的得数最接近2，比比谁计算得最快。有的学生是先计算五道算式，求出结果后找到最接近2的，显然这不是最佳方法。通过讨论发现可以把除数是小数的转化成整数，把2和除数相乘看看是否接近被除数，或者把被除数除以2看看是否接近除数。这样就可以方便地找到最接近2的算式了。通过这样的练习可以让学生真切地感受到口算中培养数感的重要性。

b. 在估算中培养学生的数感

在进行大数目估算的教学时，可以让学生试着估算一下一页报纸上有多少个字,一摞纸有多少张,一把瓜子有多少颗,全校有多少名学生,体育馆有多少个座位,全校学生人数与体育馆座位数有什么关系……学生在估算时很少有人会凭空估计,大多数学生都能自觉地把要估算的数平均分成若干份,数出其中的一份是多少,再看大数相当于一份的多少倍,用这种方法估算这些大数。当学生把一份的数量与大数进行比较时,观察并感受到大数相当于小数的几倍,体会了大数的多少,也了解了大数在现实生活中的应用。学生在这样的估算训练中,估算能力逐渐提高,能够见到生活中的事物,很快和数建立起联系,体会了数的大小、多少的实际意义,学生对数的感知能力也会逐步提高。估算与生活实际紧密联系,估算与其他数学知识也密不可分。因此,在教学中要多创设估算情境,合理渗透估算,让学生讨论交流估算方法。对于学生的各种估算方法,教师不要急于评价,而应引导学生通过比较各种算法和特点,选择适合于自己的方法。

c. 在简便计算中培养学生的数感

在教学小数的乘除法简便计算后,通过"找朋友"的游戏,培养学生的数感。题目中出示了很多算式,如:9.9×10.1,$2.6 \div 0.25 \div 0.4$,$9.9 \times 10 + 9.9 \times 0.1$,$2.6 \div 0.1$,让学生们找出结果相等的算式。有的学生是计算出每个算式的得数,然后找出相等的。显然这种方法很麻烦,不够简便。通过讨论发现:可以利用运算定律找出相等的算式。如:9.9×10.1利用乘法分配律就得到 $9.9 \times 10 + 9.9 \times 0.1$ 这个算式,而 $2.6 \div 0.25 \div 0.4$利用除法的性质就得到 $2.6 \div 0.1$ 这个算式。这样,没有通过计算,就找出了结果相等的算式,让学生体会到简便计算的重要性,同时让学生切实的感受到数学的价值,使原本枯燥的计算练习不再是呆板的、单调的、令人厌烦的,在轻松的氛围中培养了学生的数感。

3. 常见的量

常见的量数学课型是:调动记忆,铺垫新知—设置情境,导入新知—游戏活动,体验新知—应用练习,深化新知。

学生在学习新课前,已在生活中有所接触,这就要求教师在授课时要采用适当的方式将学生的生活记忆调动起来,在活动或对话交流中,自然而然地与所学新课内容发生一定的联系,从而进入到下一个教学环节。

教学中利用学生"好奇、好动"的心理,从学生熟悉的生活世界和感兴趣的事物出发。为他们创设生动有趣、直观形象的教学情境，可以大大激发他们的学习兴趣，唤起他们的求知欲望。

必须设计丰富多彩的实践活动，把静态的学习内容以"动态生成"的形式呈现在学生面前，为学生提供充分的从事数学活动的机会，使学生在活动中对计量单位获得丰富的体验、正确的感知、清晰的表象。

生活中的实际问题，往往与常见的量结合在一起。把巩固新知寓于相关问题的解决之中，可以使学生进一步体会所学知识与生活的联系，培养学生解决实际问题的能力。

（1）课型设计出发点

① 课程标准下的教学要求

《数学课程标准》关于常见的量的教学目标是这样规定的：在现实情境中，认识元、角、分，并了解它们之间的关系。能认识钟表，了解24时计时法；结合自己的生活经验，体验时间的长短。认识年、月、日，了解它们之间的关系。在具体生活情境中，感受并认识克、千克、吨，并能进行简单的换算。结合生活实际，解决与常见的量有关的简单问题。

小学阶段常见的量有货币单位：元、角、分；时间单位：年、月、日、时、分、秒；重量单位：吨、千克、克。

常见的量这部分内容在生活中的应用是非常广泛的。教学时要用学生身边熟悉的事例呈现教学内容，增加数学学习的趣味性、现实性和亲切感，从而培养学生喜爱数学、学好数学的情感，调动学生学习数学的积极性。总之，教学应该着力体现"小课堂，大社会"的理念，从学生贴近的生活中发现数学问题，结合自己的生活经验解决问题，再运用所学的数学知识解决更多的实际问题，让学生充分感受到"数学即生活"，体会到数学的内在价值，认识到数学学习是生存之必需。

② 学生的认知特点

小学生已经具有了一定的知识和生活经验，对自然与社会现象有了一定的好奇心。考虑到学生年龄的增长、视野的扩大等因素，教材注意选择内容更广阔、内涵更丰富的教学素材，使学生在学习数学的同时，受到情感、态度、价值观的熏陶。这样设计，既能让实际问题的生活背景成为学生体会认识较大面积单位的经验支持，又能使学生感受到数学学习活动丰富多彩、充满魅力，从而进一步促进了学生空间观念的发展。

（2）课型实施流程

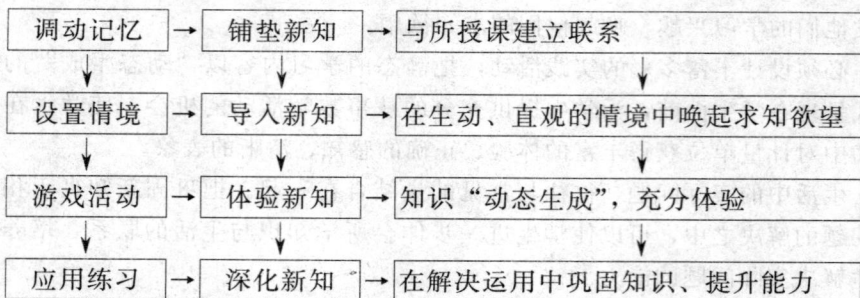

```
┌──────────┐   ┌──────────┐   ┌─────────────────────────┐
│ 调动记忆 │ → │ 铺垫新知 │ → │ 与所授课建立联系          │
└──────────┘   └──────────┘   └─────────────────────────┘
     ↓              ↓                      ↓
┌──────────┐   ┌──────────┐   ┌─────────────────────────┐
│ 设置情境 │ → │ 导入新知 │ → │ 在生动、直观的情境中唤起求知欲望 │
└──────────┘   └──────────┘   └─────────────────────────┘
     ↓              ↓                      ↓
┌──────────┐   ┌──────────┐   ┌─────────────────────────┐
│ 游戏活动 │ → │ 体验新知 │ → │ 知识"动态生成"，充分体验      │
└──────────┘   └──────────┘   └─────────────────────────┘
     ↓              ↓                      ↓
┌──────────┐   ┌──────────┐   ┌─────────────────────────┐
│ 应用练习 │ → │ 深化新知 │ → │ 在解决运用中巩固知识、提升能力 │
└──────────┘   └──────────┘   └─────────────────────────┘
```

（3）课型实施的关键

① 加强教学过程中的学生操作参与

操作活动有利于提高学生的技能素质；有利于提高学生的思维能力；有利于提高学生的语言表达能力。引导学生参与教学要注意从以下环节入手：

a. 以需要求参与

参与的本质是学生自身的需要。需要是激励和引导学生学习的一种动力。因此，只有满足学生的心理需要，学生才能积极地参与到学习活动中去。教学设计要强调能激发起学生的学习兴趣和好奇心，引发学生的心理需要，以此来得得学生的主动参与。

学生的操作活动，可以使以往一人演示众人看的被动接受式学习转变为人人动手实验的主动探索式学习。充分利用这些有利因素，可以真正实现由讲懂、教会向弄懂、学会的转变。

b. 以活动求能力

能力只有在活动中才能体现出来。没有活动就看不出谁有能力、有哪方面的能力以及能力的强弱。"动手操作"为学生设计多形式、多层次的学习活动，为学生创造充分发挥聪明才智的环境和条件，为学生提供有挑战性的操作情境，使学生在学习活动中尽情展现自己的才能，增强创新能力，同时发现自己的优势和不足，扬长避短，促进能力的全面提高。

c. 以实践求体验

学生对知识的掌握和自身能力的认识，要在解决问题的实践活动中实现。经过自身实践获得的知识和经验才是最有价值的，获得的方法才是最有效的。学生在具体情境中利用学具进行操作，容易有所发现，有所认识，能使更多的学生体会到学习的乐趣，树立起学习的信心。

d. 以合作求成功

合作的一个重要特点就是为学生提供了全面的活动内容和开放的活动方式，使他们在独立探索数学知识的同时，能够与其他伙伴结成紧密的、丰富的合作关系。同时，现代教学论也主张教学要知、情、意相结合。事实上，学生个体的主动参与和学生群体的积极互动是使动手操作活动富有成效的必要条件。学生在操作中，不仅可以得到教师的指导，还能与同桌互相观摩，互相启发，这就容易形成学生间的交流，实现课堂上多渠道的信息传递。这种关系的形成，不仅有助于学生进行更深层次的探索和发现，更有利于学生学会做人，获得多方面成功的体验。

② 注重引领学生在体验中学习

教学中，教师应该怎样引领学生在体验中学习数学呢？

a. 在体验中感悟知识内涵

关注以学生自我体验和个性张扬来完成知识的内在生成、强调合作交往中的个性化、创新发现中的动态性和自主建构的开放性是新课程标准下教学的基本特征。体验是一种情感真正投入的学习活动，它需要学习者设身处地地感受客观事物。这样，才能达到一种自我感悟、自我认识、自我升华的内化效果。让学生在体验中感受数学的魅力，是学生生命的重要组成部分。

b. 引领学生在生活应用中体验

我们学习的数学，其实就是生活数学的一种影射、提取、概括和应用，是简化、纯化的生活。只有让学生在体验中回归生活，才能生动无比，学生最终达成的学习目标才会是整合化的。

生活是学习数学的大课堂，是探索问题的广阔空间，把所学知识运用到生活中，是学习数学的最终目的。教师教学时，要联系实际，通过实际问题的解决将书本知识转化为能力，把课堂知识拓展深化于生活实践，让学生在体验的过程中，加深对数学的认识。

c. 引领学生在实践操作中体验

操作启动思维，思维服务于操作。动手操作是学生由具体形象思维向抽象逻辑思维过渡的必要手段，并以最佳方式使抽象的知识转化为看得见、摸得着、容易理解的知识。要引导学生去体验，教师就必须给他们提供参与机会，凡是学生能操作的都让学生去做，使他们在操作中体验，在体验中感知。

引领学生在实践操作中体验，也要优化操作活动。也就是：操作方法要恰当，操作过程要有序，感受对象要突出，充分调动多种感官。

让学生在自然真实的主体活动中体验与创造，使教学过程成为一种生活过程，是现代生活教育对课堂教学的一种追求。加强数学的体验学习，在教学过程中，教师适当地把一些间接经验转化为学生学习"再创造"的实践活动，放手让学生实践，让他们感受"直接"。教师要尽量让学生在课堂上看一看、估一估、量一量、猜一猜……在自主探究的过程中，体验学习的乐趣。

d. 引领学生在合作交流中体验

合作与交流对数学学习乃至对以后适应社会都是非常重要的。在小学数学教学中，要给学生提供更多的机会去发展自己的思想，去倾听别人的想法，去体验交流，从而增强合作交流意识与能力。

教师教学不能停留在知识的传授上，而是要通过创设情境，为学生提供要探究的对象，让学生在自主探究、合作交流中感知。教师还要注意尊重学生的意见和想法，对学生的见解给予积极评价，使整个学习过程成为一个在体验中探索、发现的过程。这样的体验利于激发学生的智慧潜能，调动学生内在的学习动力。

4. 式与方程

式与方程是代数学习的开端，是学生数学学习的重要转折点。式与方程的有关知识大多比较抽象，教学时，要充分考虑学生的认识特点，关注由具体实例到一般意义的抽象概括过程。

式与方程的教学必须改变枯燥的、单纯解方程的教学。可以利用课本资源或挖掘一些生动的富有意义的现实题材。如本地区今年夏季的最高气温与去年同期最高气温相比较的情况，奥运会上我国运动健儿夺得金牌总数与其他国家的数量关系，学校教师队伍的构成，等等。教学中，教师要为学生创设具体的生活情境，让学生置身于实际情境之中，通过对信息的搜集整理，提出有关的数学问题。

列方程是解决问题的一种重要思想方法。这种方法的基本步骤是：用 x 表示未知数；找出数量之间的相等关系，列出方程；利用等式的性质解方程；检验，写出答案。其中最关键的一步是寻找数量间的相等关系，列出一个等量关系式。

教学时，要大胆放手让学生在实际问题情境中自主探究方程解法，独立解决提出的问题，在解决问题的过程中自然掌握解方程的方法。在探究过程中，要关注学习比较困难的同学，教师可以个别加以指导，也可以发挥小组合作学习的功能帮助他们探求解决问题的方法。总之，要充分发挥学生的主体作用，让学生自主合作探究列方程、解方程的方法，培养学生独立分析问题、解决问题的能力。

在这个环节中，要鼓励学生大胆展示自己解决问题的策略，突出找等量关系的思维过程的方法，要引导学生对不同策略进行评价，找出能体现方程优越性的方法，从而不断提高解决问题的能力。

在学生独立解决问题后，要给学生充分地展示解题策略的机会，要求他们认真倾听同伴的思路和方法。对不同策略发表自己的见解，要在相互评价、自我反思的过程中逐步修正、优化自己的策略，掌握比较容易解决问题的方法，真正提高学生利用方程解决实际问题的水平。

熟练掌握列方程解决问题的方法，培养学生的应用意识，体验列方程解决问题的优越性，还需要进行必要的巩固、应用与拓展。设计练习时要照顾不同类型的学生，重点进行基本的巩固练习和找等量关系的训练，适当的时候给学有余力的同学设计一些提高难度的练习。

（1）课型设计出发点

① 课程标准下的教学要求

《小学数学课程标准》在教学目标中指出："使学生初步了解方程的意义，初步理解等式的基本性质，能用等式的性质解简易方程。"可见，从小学起就要引入等式的基本性质，并以此为基础导出解方程的方法。

新课程恢复了计算与应用的天然联系，由实际问题引入方程，在现实背景下解方程并检验。这样处理教材有助于学生理解解方程的过程，也有利于加强数学知识与现实世界的联系，有利于培养学生的数学应用意识。教学时应充分用好教材提供的资源，同时还要从本地、本校的特色出发，适当补充一些学生身边的题材，拓展实际应用的范围，以进一步激发学生的学习热情，培养学生的数学应用意识。

列方程解决实际问题的关键是寻找等量关系，这是教学的重点，也是学生学习的难点。教学时要突出寻找等量关系的思维过程，利用实际问题里的总数、相差数或倍数等信息得出等量关系。教学中，应着力让学生掌握列方程解决问题的基本步骤，并注意引导学生逐步学会根据问题特点，灵活选择比较简便的算法，在提高解决实际问题能力的同时，培养学生思维的灵活性。

在教学方程的概念和等式的性质时，应充分利用天平这一直观的教学用具，激发学生的学习兴趣，让他们在尽情的游戏过程中获得形象化的感知和丰富的体验。由天平两端的不平衡到平衡，再由具体式子的不等到相等，逐步抽象概括出含有未知数的等式称为方程，真正理解方程的具体含义；由在天平两边平衡的基础上再作怎样的变化才能使它再次平衡的思考与多次的尝试验证，充分感知在平衡的天平两边要作相同的变化，天平才能再次平衡的原理，从而用自己的语言概括出等式的性质，有效地避免死记硬背和解方程时的机械模仿，为用等式的性质解方程打下良好的基础。

② 关于学生的认知情况

对于等式的基本性质，小学生凭借自己的知识经验和直观的感性材料，并不难发现其变化规律，只要教学方法得当，把它作为解简易方程的依据是完全可行的。教师应该解放思想，充分相信学生，给学生一个适应的过程，让他们在解方程的过程中逐渐感受到利用等式基本性质解方程思路更为容易，尤其是解一些稍复杂的方程时，远比原来依据逆运算关系解方程思考起来容易得多。利用等式基本性质解方程，避免了原来小学的思路及其算法对中学代数起步教学的负迁移，有利于中小学数学教学的衔接。

小学生掌握数学概念性质，一般都要以相应的感性经验为基础，而且要经历一番把感性材料在脑子里来回往复，从模糊到逐渐分明，从许多有一定联系的材料中，通过自己的操作、思维活动逐步建立起事物一般的表象，分出事物的主要本质特征或属性的过程。

（2）课型实施流程

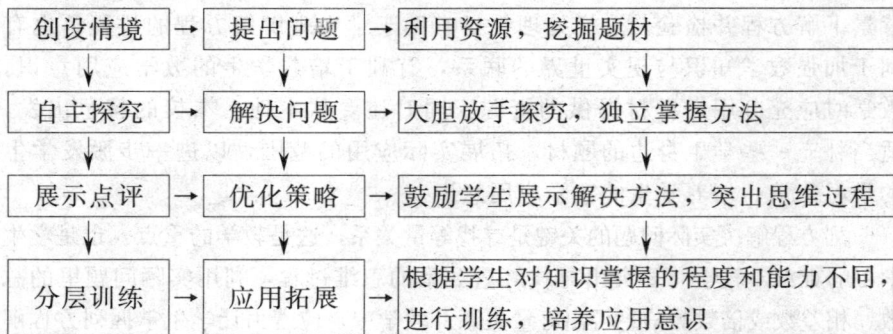

创设情境 →	提出问题 →	利用资源，挖掘题材
自主探究 →	解决问题 →	大胆放手探究，独立掌握方法
展示点评 →	优化策略 →	鼓励学生展示解决方法，突出思维过程
分层训练 →	应用拓展 →	根据学生对知识掌握的程度和能力不同，进行训练，培养应用意识

（3）课型实施的关键

① 学习用字母表示数，不能一蹴而就

用字母表示数是代数学习的首要环节，理解用字母表示数的意义是学习代数的关键，也是在后续学习中运用代数式、方程、不等式、函数进行交流的前提条件。字母表示数的思想，深刻地提示和指明了存在于一类问题中的共性和普遍性，把认识和推理提到一个更高的水平。学生对用字母表示数的理解，要在经历大量运用字母表示具体情境中数量关系的活动中实现。

学生经历从用数字表示数到用字母表示数是一个漫长的过程，需要经历大量的活动，积累丰富的经验，让学生在具体情境中反复体会用字母表示数的意义。在小学，学生对代数知识的认识非常肤浅。例如，许多学生认为 $2x=9$ 与 $2y=9$ 的意义不同。要注意纠正学生在学习中形成的不恰当概念。在教学时，从学生熟悉的生活中选择一些典型的数量关系，引导学生用字母表示数。具体说来，要抓住三个环节：如何引入用字母表示数；怎样引导学生理解含有字母的式子不仅表示数，还表示数量关系；注意让学生体会用字母表示数的好处。

② 概念的构建是建模的过程

方程思想的首要方面是"能根据具体问题中的数量关系，列出方程，体会方程是刻画现实世界的一个有效的数学模型"。因此，教学应通过设计丰富的情境，让学生经历建立方程模型的过程。在教学认识方程时，教师就要有"建模"意识。

小学生由于认识的局限性，往往把运算中的等号看做"做什么"的标志。等式是学生需要面临和着力理解的重要代数概念。

概念的构建过程，并不是由教师机械地传授甚至直接告诉学生，而是用数学符号提炼现实生活中特定关系的过程。方程对小学生来说，不仅是形式上的认识，也是感受在解决实际问题过程中建立模型的过程。

5. 探索规律

探究规律是数学与代数领域新增设的一部分内容，旨在"发现给定的事物中隐含的简单规律或变化趋势，培养学生的思维能力和创新精神"。这部分内容为学生从数学的角度观察生活、探索事物的规律提供了很好的素材。

探究活动总是与问题联系在一起的，问题是探索的开始，也是探索的动力。生活又是问题的源泉，日常生活中，许多物品上的装饰图案有一定的规律，有些物体也是按照一定的规律排列的。教学时应联系学生的生活实际和年龄特征，挖掘有规律的素材，为学生创设有趣的、具有挑战性的问题情境，使学生在问题的引导下进入规律的探索活动之中。

自主合作，探索规律是最重要的一个环节。要以培养学生的探究能力、开发学生的学习潜能和发展学生的个性为目的，注重营造开阔的求知空间和浓厚的探究氛围，努力体现探究性、主体性和实践性，使学生的思维处于高度活跃状态和积极的探究之中，通过丰富的探索活动，实现知识的再创造，主动建构新知。其中，此环节可以遵循独立探究—合作交流—展开点评—总结规律的思维来展开。

探索规律的最终目的是应用规律和创造更多的规律。教学时，教师要根据所学内容和学生的知识水平，精心设计训练题目，为不同层次的学生提供足够的应用和创造空间，让每一名学生在解决问题的过程中都体验到成功的喜悦，实现"不同的人在数学上得到不同的发展"。

在应用阶段，要照顾学生的个体差异，分层设计训练题目，为不同层次的学生提供充分发挥的开放空间，通过巩固应用加深学生对图形和数的变化规律的认识，提高学生灵活运用知识解决实际问题的能力，进一步体会数学与生活的密切联系。

针对展示出的学生解题过程，暴露的思维障碍，师生共同探讨、分析，找出错误原因。结合学生出错原因，归纳总结出处理问题的方法与思路。

（1）课型设计出发点

① 课程标准下的教学要求

规律是比较抽象的，小学生探索规律会有一定的难度。要想学好这部分内容，充分调动学生的学习积极性是十分重要的前提。

探索规律这部分内容的活动性和探究性比较强，要实现其教学目标，转变学习方式是关键。教师要依据学生的年龄特点和认知水平，联系学生的生活实际，挖掘生活中有规律的素材，为学生创设生动的、丰富的、美妙的教学情境。教师要注意培养学生良好的思考、操作习惯和严谨的学习态度，让他们不断地在探索与创造的氛围中经历提出问题、得出规律、应用拓展的过程，提高解决问题的能力，感受数学的价值，体验成功的喜悦，逐步形成科学探索的有效学习策略。

② 关于学生的认知情况

大多数学生对数学比较感兴趣，勤于动脑，乐于探究。这有助于归纳、总结能力的培养。但培养能力必须要有基础，而这种基础就是我们常说的基本知识和基本技能。世界上不存在空中楼阁。要发展这种能力，首先要掌握基础的知识和技能。

抓学生的基础，既要抓学生学习的基本知识，还要抓学生操作时的基本技能，培养学生用数学解决实际问题的能力。数学源于生活又服务于生活，有时为了更好地使学生掌握数学中的实际问题，可以带学生到实地进行观察、测量、计算，加深学生的印象。

教学中与其他学科进行整合，不断探究、完善教法，激发学生兴趣和潜能，使全体学生都乐学、爱学、想学数学，树立学好数学的信心。同时，在面向全体的同时，要使不同的学生在数学上有不同的发展，注意培养学生思维的开放性、灵活性、发散性和独创性，使之善于思维，掌握有效的学习策略。

（2）课型流程实施

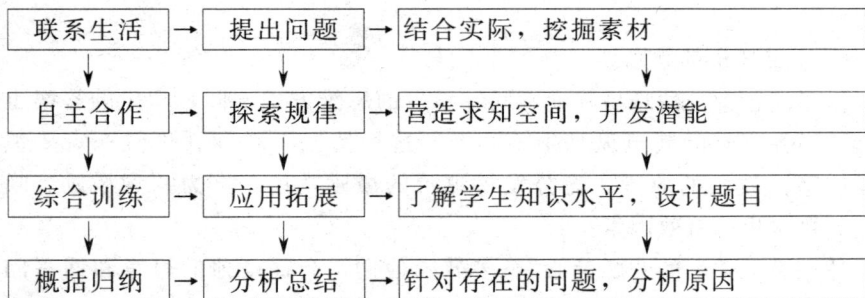

联系生活	→	提出问题	→	结合实际，挖掘素材
自主合作	→	探索规律	→	营造求知空间，开发潜能
综合训练	→	应用拓展	→	了解学生知识水平，设计题目
概括归纳	→	分析总结	→	针对存在的问题，分析原因

（3）课型实施的关键

① 发挥评价的导向功能

探索规律这部分内容为学生提供了很多活动性、探究性比较强的素材，有利于学生创新能力的培养。教师要充分发挥评价的导向激励功能，通过评价促进学生大胆地猜想、积极地探索、勇敢地创造。评价是教育过程中的一个重要环节，其根本目的是促进学生的发展。

《数学课程标准》中明确提出："对数学学习的评价要关注学生学习的结果，更要关注他们学习的过程；既要关注学生数学学习的水平，更要关注他们在数学活动中所表现出来的情感与态度，帮助学生认识自我，建立信心。"《数学课程标准》在评价建议中明确指出："对学生数学学习的评价，既要关注学生知识与技能的理解和掌握，更要关注他们情感与态度的形成和发展；既要关注学生数学学习的结果，更要关注他们在学习过程中的变化和发展。"

在新课程理念下，评价的重心应从过分关注学习的结果转向对过程的关注。只有关注过程，评价才可能深入学生发展的进程，及时了解学生在发展中遇到的问题、所作出的努力以及获得的进步。这样才有可能对学生的持续发展和提高进行有效的指导，才能更好地帮助学生形成积极的学习态度、科学的探究精神，才能注重学生在学习过程中的情感体验和价值观的形成，实现"知识与技能"、"过程与方法"以及"情感态度与价值观"的全面发展。

对学生发现问题和创造性地解决问题能力的评价要从以下几方面考虑：能否从现实生活中发现和提出数学问题；能否探索出解决问题的有效方法，并试图寻找其他方法；能否与他人合作；能否表达解决问题的过程并尝试解释所得结果；能否具有回顾与分析解决问题过程的意识。

教学中，教师要把评价贯穿到探究活动的全过程中，同时要注重以下几点：

a. 注重评价的鼓励性

由于问题本身的难易程度不同，学生的思维方式不同，学生的答案也会参差不齐，有的甚至风马牛不相及。这种情况下教师评价时一定要慎重，应坚持鼓励的原则，充分发挥评价的激励功能，努力探索激励、唤醒、鼓舞学生的有效因素。

适当满足学生的"虚荣心"，多鼓励他们，会提高他们思考和回答问题的兴趣。对回答得好的同学当然要毫不吝啬地鼓励表扬，让他们获得成就感、满足感；即使对答案有偏颇甚至完全错误的学生，也不要轻易否定，而要找出他们的闪光点加以引导、激励。特别要鼓励那些成绩较差，平时不爱发言，偶尔举手的同学，让他们感到努力就有收获。

b. 注重评价的情感性

学生回答教师提出的问题以及自学思考后提出的疑问，都是他们的劳动成果，希望得到教师公正的、热情的评价。此时教师的态度情感直接影响学生的学习情绪。教师用富有感情、精练的语言去评价，会如柔柔的春风、融融的阳光吹拂和温暖学生的心灵，会在学生的心中激起感情的涟漪，让他们得到心理上的满足。

c. 注重评价的全面性

教师对学生回答问题的评价有时不应只局限于答案的正确与否。学生答题时出现偏颇在所难免，此时教师不能一叶障目，以偏赅全，简单以答案的对错来下结论，而应全面看待学生的回答。可以对他们的思路、语言、体态等作出具体分析，努力去发现其中的积极因素，给学生某一方面、某种程度的肯定。

d. 注重评价的多样性

从评价方式看，除传统的教师口述评价以外，一个有力的手势、一个赞美的微笑、一个善意的眼神，往往会起到此时无声胜有声的效果。从评价的主体看，除教师本人点评外，还可以组织学生评价，这样，不仅评者、被评者双方都处在积极的思维之中，还可以提高双方的学习兴趣。从评价的工具看，除教师直接用明白、通畅的语言外，也可以用诗文或名言警句进行评价，让学生在教师的点评中，潜移默化地接受古代文化的精华。当然，无论怎样评价，都要适时、适度、适人。

② 提高课堂互动环节的品质

a. 师生互动

师生互动是指现代教学方法不再局限于传统的单向活动论，而是强调教学是一种多边活动。提倡师生、生生诸动态因素间的多边互动，合作学习。其本质是课堂教学中师生人格上的平等和在探究式的教学过程中的交往。《基础教育课程改革纲要》也明确提出，教学过程是师生交往、共同发展的合作过程。这就需要我们每名教师把课堂看成动态生成的、充满个性和创造的课堂。

合作参与，激活互动潜能。教学中，教师应让每个学生积极参与，学会合作，焕发每个学生的热情和智慧。教师应通过启发提问、创造性的练习、大胆质疑，引导每个学生积极投入到课堂教学中，提出有探讨价值的内容，激发学生的探索兴趣，在合作过程中学习到知识和技能。

全程参与，释放互动合作潜能。创设互动合作的时机：教师在课堂上要更多地为学生提供参与机会，充分发挥学生的各种感官功能，让他们多动手，多动脑，参与观察、思考、讨论。做到特征让学生观察，规律让学生发现，思路让学生探索，方法让学生寻找，难点让学生突破。关注互动合作的过程，在学生参与互动的过程中，教师要注意观察互动的现状。注意互动的参与度与有效度，注意个体参与的积极性和独立性。特别在学习遇到困难时或互动出现矛盾时，给予指导、鼓励。当互动获得成功时，给予深化、激励。

b. 人境互动

人与情境的互动就像人与自然的关系一样日益密切。

创设问题情境，引发好奇心。学生的质疑，最能反映学生对哪些问题比较关心，哪些问题最不容易理解。质疑是开放的前提，应鼓励学生去深挖教材、提出问题、发现问题。

创设活动情境，激发探究欲。活动是学生学习的诱因，活动情境可以开发学生的智力，发展学生的创造性思维。作为教师要为学生的学习设置活动的情境，建立探究的氛围，促进探究的开展。这样学生融入情境之中，情境也因学生的加入变活了。

（二）空间与图形的课型

1. 图形的认识

《数学课程标准》将义务教育阶段的数学学科课程分为四个领域，"空间与图形"是其中的领域之一。图形的认识要包括：认识线、角，认识简单的立体图形，认识长方形、正方形、三角形、平行四边形、梯形，认识长方体、正方体和圆柱体、球体等立体图形。

图形的认识教学课型是：创设情境，激发兴趣—观察操作，主动探究—积极参与，合作交流—应用拓展，解决问题。

教师在教学中要善于联系学生的实际，创设生动有趣的教学情境，提出富有启发性的问题，激起学生的好奇心，激发创造思维的火花。

学生对图形的认识建立在观察、感知、操作、思考、想象等的基础上。学生空间观念的形成是在此基础上，从经验活动的过程中逐步建立起来的。发展学生的空间观念的基本途径应当多种多样。这些途径包括：生活经验的回忆、动手操作、实物观察、想象、描述、联想、模拟、分析和推理等。其中实物观察和动手操作是发展空间观念的必备环节。

以被动听讲和练习为主的方式，是难以形成空间观念的，培养学生的空间观念需要大量的实践活动。在空间与图形的教学中，要尽量设计并向学生提供充分而大量的实践活动，让每个学生有充分的自主探索、合作交流的机会，为学生提供更多的学习空间和更大的自由度，促使学生主动探索构建数学知识。

学习数学知识的目的在于应用。问题的提出、探索，最终是为了解决问题。知识的应用过程，既是抽象的数学知识与学生的生活实际相联系的过程，也是丰富学生数学经验的过程。在应用中，老师应为学生创设生活化、有挑战性的问题情境，使学生运用知识，解决问题。

（1）课型设计出发点

① 课程标准下的教学要求

《数学课程标准》指出："空间与图形知识涉及现实世界中的物体、几何体和平面图形的形状、大小位置关系及其变换，它是人们更好地认识和描述空间生活并进行交流的重要工具。"

在认识数学与现实世界的密切联系方面，空间与图形的作用是不可替代的；在构建直观的、形象化的数学模型方面，空间与图形也有其独特作用。图形的直观，不仅为学生感受、理解抽象的观念提供了有力的支撑，有助于学生获得相应的知识和技能；而且为学生自主探索图形的性质提供了方便，有助于培养学生合情推理和演绎推理的能力。空间与图形不仅包括推理论证和相关的计算等内容，而且包括直观感知、操作确认及由此发展起来的几何直觉、学习情感等。空间与图形的教学，不仅能有效地发展学生的推理能力，而且能引导学生感受数学的思想方法，体验数学学习的乐趣，逐步积累数学活动经验，体验数学推理的力量和证明的意义，发展空间观念和自主创新的意识。

空间与图形的教学，应该给学生呈现"现实的、有意义的、富有挑战性的"材料，提供充分的数学活动和交流的机会，引导他们在自主探索的过程中获得知识和技能，掌握基本的数学思想和方法。

② 关于学生的认知情况

空间与图形知识和现实生活有着密切的联系，小学生的思维又是以形象思维为主，动手操作不仅符合"空间与图形"知识的特点，又能满足学生的认知需求，同时也体现了基础教育课程改革的思想。让学生通过实践操作理解空间与图形知识，运用空间与图形解决实际问题，对于培养学生的数学学习兴趣，发展学生创新和实践能力具有十分重要的意义。

本部分内容在课程实施中，应注重从学生熟悉的生活实例出发，让学生在观察、操作等实践活动中进一步认识图形。这不仅是认识几何形体的需要，而且也有助于学生切实地感受到"身边的数学"，进而体验和认识到数学对于了解周围世界和解决实际问题的价值。与其他数学内容相比，空间与图形的教学更容易激起学生对数学的情感体验。由于不同的学生常常表现出不同的数学学习倾向，探究活动的过程和结果也不尽相同，教学中应当充分满足学生多样化的学习需求。

（2）课型实施流程

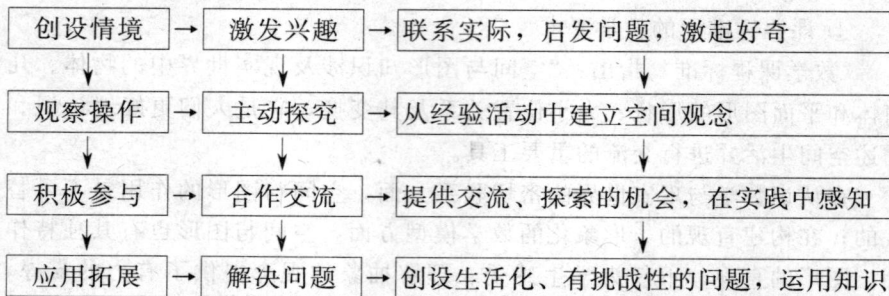

创设情境 →	激发兴趣 →	联系实际，启发问题，激起好奇
观察操作 →	主动探究 →	从经验活动中建立空间观念
积极参与 →	合作交流 →	提供交流、探索的机会，在实践中感知
应用拓展 →	解决问题 →	创设生活化、有挑战性的问题，运用知识

（3）课型实施的关键

① 注重在教学中发展学生的思维能力

数学是"思维的体操"，空间图形教学是关于培养空间思维的教学，目的是为了启迪学生思维，培养学生的思维能力，改良学生思维的品质。要想获得广泛的数学活动经验，数学教学应从学习者的生活经验和已有的知识背景出发，提供给学生充分进行数学实践活动和交流的机会，才能使他们真正理解和掌握数学知识、思想和方法。

a. 充分感知形成空间表象

研究证明：视觉、触觉、听觉等多种感官共同参与几何材料的操作，有利于空间观念的形成和巩固。学生的空间观念是他们在生活经历中与客观环境不断接触时逐步形成和发展起来的。因此，在实际教学过程中，教师要从具体事物的感知出发，获得清晰、深刻的表象，再逐步抽象出几何形体的特征，以形成正确的概念。注意让学生在看一看、摸一摸、比一比、量一量、想一想、折一折、剪一剪、摆一摆等实践活动中，把知识内容与空间形式统一起来。建立几何概念，促使学生形成空间表象。

b. 引导参与体验空间

小学几何知识属于直观实验几何，学生对图形的认识，主要依赖于直觉观察。在教学活动过程中，要培养学生按照一定的目的，有顺序、有重点地去观察，在反复细致观察的基础上，通过比较，找出事物的不同特征，逐步形成空间观念。

c. 从生活中丰富空间与图形的经验

学生的空间知识来自丰富的现实原型，与现实生活关系非常密切，这是他们理解和发展空间的宝贵资源。培养空间观念要将视野拓宽到生活空间，充分利用学生生活中的事物，引导学生探索图形的特征，丰富空间与图形的经验，建立初步的空间观念。

教学中，我们一定要关注学生的现实世界，依据学生的认知规律，采用多种教学手段和教学方法，结合各种感知活动，在几何知识运用与实践活动中，促使学生对几何形体有深刻的认识，更好地培养学生的空间观念。

② 组织有效的小组合作学习

课程标准中指出，动手实践、自主探索与合作交流是学习数学的重要方式。由于学生所处的文化环境、家庭背景和自身的思维方式不同，开展小组间的合作学习，能够实现优势互补，促进知识的建构。培养学生的合作意识，给每一名学生创造主动参与学习过程的机会，促进学生的个性发展。

如何使小组合作学习不流于形式，真正起到促进学生发展的作用呢？

a. 动态分组

一个合作学习小组以 4—6 人为宜。在保证组内优、中、差搭配，不同性别和不同性格兼顾，"组内异质，组际同质"的基础上，定期对小组成员流动，实行动态编排。这样不仅使学生有新鲜感，更重要的是使学生不断地有机会了解更多同学的观点，也可以打破组内长期形成的——有的学生在组内起控制作用，有的学生处于从属地位的状况，让学生有在新组内重新树立形象的机会，给每个学生提供发展的机会。

b. 优选内容

要选择值得合作讨论、探究的学习内容组织开展合作学习。有些内容学生个人能够完成，就没有必要让学生分小组进行合作学习。因为这样的合作学习不仅不能使全体学生主动参与，反而会让多数学生失去独立思考和自主学习的机会。要把握安排合作学习的时机，一节课不宜过多地采用合作学习。小组讨论是在需要的时候进行，探究的问题要具有思考讨论的价值。一般来说，学习新知识，需要新能力时，可以让学生进行合作学习、讨论和探究。不能为了合作而合作，应该追求形式与效果的和谐统一。

c. 及时指导

在小组活动期间，教师要进行巡视，对活动中出现的问题及时指导，如有的学生参与不够积极，有的学生合作不够友好，有的学生发言时声音太大影响到了其他组的同学，还有的学生遇到和自己不同的观点就和别人争吵。这时应给以具体指导，教他们如何与别人沟通。

d. 交流评价

在小组合作学习的基础上进行集体交流是非常重要的一环，必须紧紧抓住。交流要以小组为单位，牢固确立"组荣我荣，组耻我耻"的观念，提高小组凝聚力，培养学生的团队精神。教师评价不仅要关注合作结果，更应关注合作过程，要对小组合作学习情况作出客观公正的评价，对学生加以激励。

小组合作学习已成为课堂教学中较为普遍的学习活动形式，它激发了学生的奇思妙想，课堂里出现了很多的精彩发言。但是流于形式的小组学习、无效的小组学习、热闹型的小组学习、瞬间型的小组学习等也常常出现。要杜绝这些所谓的"小组讨论"，主要靠教师转变观念，学会指导学生的"小组讨论"，让每个学生会讨论、会发现、会倾听、会提问、会思考、会学习。

2. 测量

在空间与图形的教学中，测量这部分内容主要包括：认识长度单位、面积单位、体积单位，了解周长、面积、体积和容积的含义，掌握长方形、正方形、圆形的周长、面积计算和平行四边形、三角形、梯形的面积计算，掌握长方体、正方体、圆柱体的表面积和体积计算，圆锥的体积计算。

测量教学的课型可以是：创设情境，生成问题—探索交流，解决问题—拓展应用，巩固提高—回顾知识，总结反思。

数学情境是学生掌握知识、形成能力、发展心理品质的重要源泉，是沟通现实生活与数学学习，具体问题与抽象概念之间的桥梁。因此教学中的主要任务是精心创设数学情境，激发学生学习兴趣，引发学生思考，生成数学问题，培养学生的创新思维能力。

探索交流，解决问题是课堂教学的中心环节，其主要任务是针对要解决的问题，引起学生的数学思考，对已经掌握的数学知识进行组织，找出解决当前问题适用的对策，问题一旦解决，学生的思维能力会随之发生变化，对学生学习能力的提高和思维品质的发展具有促进作用。

这一环节可以遵循以下思路：自主探索、合作交流，解决问题。

实施中要注意：交流的过程是师生之间、生生之间交往互动与共同发展的过程，教师要参与到交流中去，积极"捕捉"学生真实的思维状况，以便对自己的教学预设作出适当的调整；要培养学生良好的倾听习惯，在倾听中思考，在思考中质疑；要鼓励学生发表不同的观点，为学生的交流创造一个良好的心理环境（包括情感环境、思考环境、人际关系环境等）；要引导学生投入到探索交流中去，调动学生的学习积极性，激发学生的学习动机；当学生遇到困难时，教师应当成为一个鼓励者和启发者；当学生取得进步时，教师应充分肯定学生的成绩，树立其学习的自信心。

拓展应用的主要任务是应用知识解决问题，在应用的过程中巩固知识，形成技能，产生策略，提高认识，发展思路，形成新的认知结构。

回顾知识，总结反思的主要任务是对课堂学习进行全面地回顾总结。在回顾知识的同时，还要对情感态度和学习策略进行回顾总结。

（1）课型设计出发点

① 课程标准下的教学要求

《数学课程标准》提出要重视量和测量的教学，要求把测量与学生的实践活动紧密联系在一起，强调引导学生在测量过程中根据现实问题，选择适合的测量方法和工具，以及利用测量进行数学探究活动。这是进一步强调学习空间与几何时要注重它的实践性，要让学生走出课堂，在实践活动中学习空间与几何，这是今后空间与几何学与教的一个改革方向。

② 关于学生的认知情况

小学生在入学前就接触过各种形状的物体。生活中也到处是这些形状的物体。教学中，学生通过大量的操作和观察比较，能比较容易地发现各种形状物体的大致特点，并将他们已有的感性经验进行抽象，这对学生形成初步的观察能力和空间观念非常重要。

必须充分相信学生，从学生的经验出发进行教学。学生操作时，要引导学生经历去粗取精、去伪存真、由表及里、层层逼近的过程，进行深度信息加工。

（2）课型实施流程

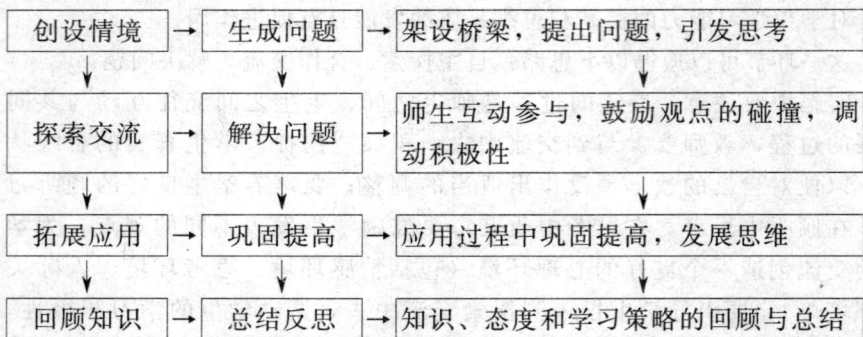

```
┌─────────┐    ┌─────────┐    ┌──────────────────────────┐
│ 创设情境 │ →  │ 生成问题 │ →  │ 架设桥梁，提出问题，引发思考 │
└─────────┘    └─────────┘    └──────────────────────────┘
     ↓              ↓                        ↓
┌─────────┐    ┌─────────┐    ┌──────────────────────────┐
│ 探索交流 │ →  │ 解决问题 │ →  │ 师生互动参与，鼓励观点的碰撞，调 │
└─────────┘    └─────────┘    │ 动积极性                  │
     ↓              ↓         └──────────────────────────┘
┌─────────┐    ┌─────────┐    ┌──────────────────────────┐
│ 拓展应用 │ →  │ 巩固提高 │ →  │ 应用过程中巩固提高，发展思维  │
└─────────┘    └─────────┘    └──────────────────────────┘
     ↓              ↓                        ↓
┌─────────┐    ┌─────────┐    ┌──────────────────────────┐
│ 回顾知识 │ →  │ 总结反思 │ →  │ 知识、态度和学习策略的回顾与总结 │
└─────────┘    └─────────┘    └──────────────────────────┘
```

（3）课型实施的关键

① 注重体现"人人学有价值的数学"，解决实际问题

学生数学学习的内容应当是现实的、有意义的、有价值的、富有挑战性的，有利于学生主动进行观察、实验、猜测、验证、推理与交流等数学活动。从学生已有的生活经验出发，恰当地创设课堂情境，让学生亲身经历将实际问题抽象为数学模型并进行解释与应用的过程，可使学生获得数学学习的自信心和兴趣，体会数学与自然、社会、人类生活的联系，让学生在自主探索中构建有价值的数学知识，获得情感、能力、知识的全面发展，这样才能做到"人人学有价值的数学"。在教学中展现学习内容的现实背景，联系学生的生活经验与活动经验，让学生在经历"数学化"和再创造的过程中培养能力，发展空间观念。

a. 联系生活实际创设学习情境

呈现知识贴近学生的生活环境。在学生生活的周围环境中，蕴涵着丰富的数学信息。教学时，要贴近学生的生活实际，使学生在生动、具体的数学实践活动中，理解和认识数学知识，感受数学与日常生活的密切联系。

创设恰当的生活情境。在学习新的数学知识时，可以通过多种方法尝试创设学生熟悉的生活情境，来展开教学。选取的生活情境容量要大，要从不同的角度思考，看出多个数学问题，用不同的方法来解决。这样可以培养学生的创新意识和创新思维能力，让人人都有所收获，不同的人有不同的发展。

b. 运用数学知识解决实际问题

针对学生虽然学习了"空间与图形"的知识，但并不会运用数学知识解决实际问题的状况，教师应通过多种途径，创设各种机会引导学生。当碰到实际问题时，能主动尝试从数学的角度运用所学的知识和方法寻求解决的策略。

② 注重活动教学的效果

加大活动力度，让学生在活动中体验、探究、发现、归纳。学习知识的最佳途径是让学生自己去发现、归纳、总结。因为学生通过自己发现、归纳，他们的理解最深刻，也最容易掌握其中的内在规律、性质和联系。让学生最大限度地参与到实践活动中，观察、操作、思考、探究，有效地帮助学生主动地获得知识，获得发展，提高课堂效率。

a. 通过活动促进发展

在教学活动中，依据具体—抽象—具体的路线，安排学生的操作、探究、发现的过程，帮助学生更好地获取知识，形成探求知识的兴趣和能力。

b. 在活动中巩固

针对教学的重点、难点，让学生参与到形式多样、新颖有趣的操作与具有数学意义的活动中，收到了事半功倍的学习效果。

c. 在活动中加强应用

数学源于现实并用于现实，让学生运用所学的知识解决简单的实际问题是数学学习的重要目的，而有意识地结合知识内容及学生的生活背景创设问题情境，促使学生灵活地、创造地运用所学知识解答一些实际问题，较好地培养学生的能力。

d. 加强学生操作的规范性与准确性

学生在操作活动中，测量的规范性与准确性不是很高。教师教学中应注重学生操作的规范性与准确性，并要有针对性的指导，从而提高学生的活动与学习能力。

3. 图形与变换

图形与变换是空间与图形的主要内容之一，它包括图形的平移与旋转、认识轴对称图形。

图形与变换这一内容的教学中，一般可以采用下面的课型教学：

教学情境的创设在教学、学习中有重要的作用。情境创设不仅有助于反映新旧知识的联系，便于学生对知识进行重组与改造，而且易帮助学生进行知识的同化与顺应，有助于促进学生进行思维联想。情境创设运用得好，能提高教学效果与学习效率。

教师通过创设情境，使学生有了参与意识之后，应及时地引导学生参与教学活动过程。在知识的呈现上，必须具有顺序性的知识，而不仅是结论性的知识。顺序性知识不仅可以使学生知道结果，而且使学生了解得出结果与结论的过程和先决条件，同时还可以引导学生最大限度地参与教学过程，促使学生利用原有的知识结构来学会新知识。教师要给学生以足够的时间和空间，让每名学生围绕探究的问题，自己决定探究的方向，用自己的思维方式自由地、开放地探究数学知识的产生和发展的过程，倡导探究、发现学习的方法，并在理解知识的同时提出问题，或由教师根据教学中的重点、难点或知识的关键点，自我设疑挑战学生，充分发挥学生自主学习的积极性、主动性。

现实生活是学生学习数学的归宿。在教学图形与变换这一内容时，教师应注意为学生提供更多的实践机会，引导学生用数学的眼光去观察和认识周围的事物，指导学生用所学的数学知识去解决实际问题，使学生体会数学在实际生活中的作用和数学知识与实际生活的联系。

（1）课型设计出发点

① 课程标准下的教学要求

图形与变换第一学段从感知实际生活中的图形变换现象开始，学习特殊方向的平移，以及直观地认识轴对称图形。第二学段对平移、旋转、轴对称要求略有提高。主要是增加了90°的旋转，确定轴对称图形的对称轴，并能运用所学知识设计图案，同时还要求初步体会图形的相似。这部分内容中的平移和旋转是本次课程改革中小学数学新增加的内容，对于教师的教和学生的学都是一个挑战。教师应通过学生熟悉的事和物，并通过"看"、"说"、"做"等教学方式，让学生在"看"熟悉的事和物中感受"平移和旋转"的规律，在"说"熟悉的事和物中领略"平移和旋转"的一些现象，在"做"中让学生加深对"平移和旋转"的理解。

在第一学段，为使学生初步认识对称现象和轴对称图形，从而能以新的视角去观察物体、研究图形，体验它们的对称美，教材给出了各种生活中常见的对称物体，让学生观察，引导学生从对称的视角去重新认识平时经常看到的物体，然后再通过折纸、剪纸等活动，引出轴对称图形。第二学段关于轴对称图形的初步认识的主要内容，一是从折纸或观察入手，找到并画出一个图形的对称轴，二是借助方格纸观察并发现轴对称图形的特征，如对应点到对称轴的距离相等。进而根据这个特征，学习在方格纸上画出轴对称图形的另一半。也就是先根据对应点到对称轴的距离，确定图形另一半的顶点，再把轴对称图形画完整。

②　关于学生的认知情况

图形与变换的教学是学生在认识了图形特征的基础上进行的学习。图形的概念仍是学习的一个重要知识储备，因而有必要在复习阶段利用直观教具通过切、摸等活动，帮助学生理解透彻。

学生对平移和旋转的现象，在生活中已经有了一些感性的认识，但不能真正体会平移和旋转的特点。由于学生正处在直观形象思维阶段，他们观察图形的平移常常会被表面现象所迷惑。大部分学生会把两幅图之间的距离看做平移的距离。

因此，教学要注意联系实际，加强应用，注重引导学生真正体会平移和旋转的特点。

（2）课程实施流程

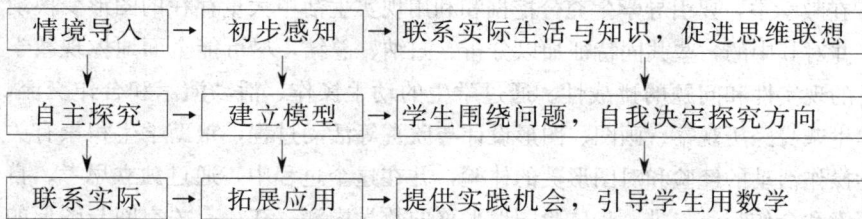

情境导入	→	初步感知	→	联系实际生活与知识，促进思维联想
↓		↓		↓
自主探究	→	建立模型	→	学生围绕问题，自我决定探究方向
↓		↓		↓
联系实际	→	拓展应用	→	提供实践机会，引导学生用数学

（3）课程实施的关键

在教学中，教师要引导学生广泛应用空间与图形的变换。这一教学目标可通过以下方式实施：

①　掌握基础知识，感知空间图形变换

a. 把握教材。把握教材的目的不是单纯地教教材，而是驾驭教材，用教材教。教师掌握"双基"、明确目标，从实际出发，确定重点和难点，注意发展学生的数学思维，解决问题，把握情感与态度。空间与图形教学内容的教学重点是感知平移、旋转现象，能在方格纸上画出一个简单图形沿水平方向或竖直方向平移后的图形。教学难点显然是后者以及后者的基础，即判断一个图形平移的距离。

b. 把握教法。这里要着重提醒的是有些物体的运动（如火车前进），只要学生说出该物体原来的位置和现在的位置之间的关系是平移就可以了，教师不必作过多的理性分析和阐述，更不要去区分和深究该物体哪部分是平移、哪部分是旋转。因为教材编入这些学生能实际接触、观察到的具体现象，仅为感知平移和旋转的现象，引出平移、旋转而已。在义务教育阶段，从数学的角度讲，真正要学生掌握的是平面图形的变换。

② 通过实践活动，体验空间图形变换

在教师的引导下，充分调动学生学习的自主性，让学生在动手实践、合作交流中自主探索，体验图形的变换，发现图形变换的规律。

a. 在观察中体验。如教师引导学生观察风车每个叶片是什么颜色的。小组合作旋转叶片，观察旋转时风车叶片的颜色变化，感受旋转带来的神奇效果。这样，通过观察，同学们就会亲身体验到空间与图形的变换。

b. 在游戏中体验。鼓励学生试着用自己的肢体语言来表示平移和旋转这两种现象，可先在小组内自由尝试，再派代表在全班表演。

③ 结合实际生活，运用空间图形变换

在教学中，要引导学生充分挖掘和利用现实生活中大量存在的图形变换现象，并对其中的一些共同特征加以分析、归纳、总结，尽可能全面地体现教学素材的现实性和问题的挑战性。通过学生的动手操作、活动演示和合作交流，让学生亲身经历观察、画图、图形设计与欣赏等活动过程，帮助学生积累有关数学操作活动的经验和对图形美的体验，并在这个过程中，通过独立思考、自主探索和合作交流，进一步体验图形平移的数学内涵，获得有关空间与图形的知识和一定的成功经历，形成有关的简单技能，体会学习的乐趣，发展思维，学会学习。同时，现代信息技术要致力于改变学生的学习方式，使学生乐意并有更多的精力投入到现实的、探索性的活动中去。现代信息技术为学生营造了一个新的数学学习环境，学生都有一种探索、研究的本能。只要我们能为他们搭建一个自主的平台，就会使他们更大的潜能得到发挥。

4. 图形与位置

图形与位置这一内容主要包括：认识上、下、左、右、前、后以及东、南、西、北等八个方位，认识比例尺。

图形与位置的教学，可以遵循创设情境，巧妙引导—化静为动，亲历过程—拓展应用，感受成功这一思路进行。

创设生动有趣的学习情境，可以激发学生的学习热情。好的开头是成功的一半。一堂课往往重在引入环节，先声夺人，在3—5分钟内，引导学生以极高的兴趣投入到数学学习中去，为成功学习打下良好的基础。

化静为动，亲历过程，这个环节是一节课的重点。首先要求教师大胆放手，给学生广阔的独立思考和动手操作、相互交流的空间，让学生在思考、操作、交流中得到新的启示和感悟。

数学只有回到生活中，才会显示其价值和魅力；学生回到生活中运用数学，才能真实地显现其数学水平。学以致用是数学教学的一个基本原则。《数学课程标准》明确指出："教师应该充分利用学生已有的生活经验，引导学生把所学的数学知识应用到现实中去，以体会数学在现实生活中的应用价值。"因此，我们在数学生活化的学习过程中，教师要注重引导学生领悟数学"源于生活，又用于生活"的道理，有些数学知识完全可以让学生在生活实践中感知，学会从生活实践中解决数学问题。

（1）课型设计出发点

① 课程标准下的教学要求

学数学，用数学，让学生在应用中巩固所学知识，是数学教学的主要目的。学生在教师以及"兴趣"的引导下，容易体验成功的喜悦，必然又促进数学"源于生活，又用于生活"。随着学生生活经验的不断丰富和认知水平的逐步提高，他们特别希望了解自己的生活。在教材中，有许多知识的学习均含有丰富的实践活动因素，教师必须充分利用这些因素，让学生从生活中寻觅数学。

② 关于学生的认知情况

对于小学生来说，空间概念的掌握还是比较抽象的，他们需要大量的感性支柱和丰富的表象积累。因此，教学中要注意联系生活，亲历过程，让所有的学生都参与到活动中来，鼓励学生自主探索，独立思考，勇于发表自己的意见，并能与同伴交流自己的想法。要根据学生的年龄特点和生活经验，创设既符合这一阶段学生认知特点又便于操作的活动情境，使学生一方面亲身体验方位的知识；另一方面又体会到方位知识与日常生活的密切联系。例如，可以设计让学生到操场上辨认东、南、西、北等四个方向的活动情境，让学生在熟悉的环境中，在观察、描述和交流的过程中体验到方位的知识。

（2）课型实施流程

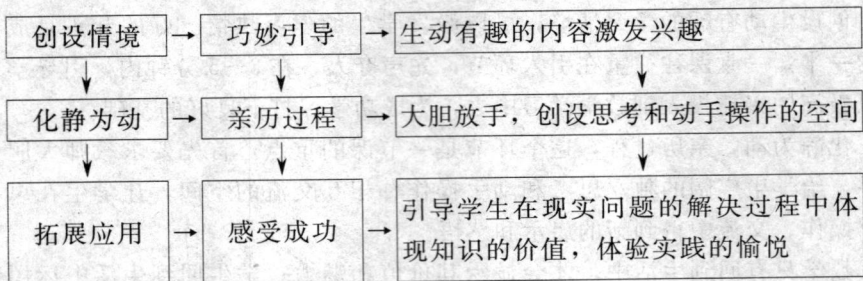

```
┌──────────┐    ┌──────────┐    ┌────────────────────────┐
│ 创设情境 │──→ │ 巧妙引导 │──→ │ 生动有趣的内容激发兴趣  │
└──────────┘    └──────────┘    └────────────────────────┘
     │                                          │
     ↓                                          ↓
┌──────────┐    ┌──────────┐    ┌────────────────────────┐
│ 化静为动 │──→ │ 亲历过程 │──→ │ 大胆放手，创设思考和动手操作的空间 │
└──────────┘    └──────────┘    └────────────────────────┘
     │                                          │
     ↓                                          ↓
┌──────────┐    ┌──────────┐    ┌────────────────────────┐
│ 拓展应用 │──→ │ 感受成功 │──→ │ 引导学生在现实问题的解决过程中体 │
└──────────┘    └──────────┘    │ 现知识的价值，体验实践的愉悦    │
                                 └────────────────────────┘
```

（3）课型实施的关键

① 注重在教学中训练学生的数学语言

数学与其他学科不同的是数学表达。数学交流的载体是数学语言，因此发展学生的数学语言是提高学生交流能力的根本。在教学中，可以进行"说数学"的练习，这种练习，可以在学生和教师之间进行，也可以在学生和学生之间进行。

a. 引导学生学会阅读

阅读是了解和学习数学的一种常见方法，也是培养学生数学交流能力的一种基本策略。值得注意的是，阅读材料并不仅仅限于数学课本，学生自己写的作业、材料、数学史话和故事等都应成为他们的阅读内容。通过这种有序和广泛的阅读交流，使他们有更多的机会从不同的角度和关系中了解和学习数学，学习他人思考问题的方法，分享同伴的解题策略。这既给学生的学习拓展了一个自然、亲切而有价值的空间，又能有效地培养和提高学生数学思维的灵活性，形成良好的数学观点。

b. 引导学生学会倾听

只有倾听，才有交流，因此教师要指导学生学会倾听，听的时候要抓住这样几点：一听表达的大致过程，从总体上把握别人发言的要点；二听别人解答问题的思维策略，采用的思考方法；三听别人表达的思想有没有不严密的地方，自己准备随时进行质疑或补充。

c. 引导学生规范语言

在倾听别人发言时，经过自己的思考后，还要学会对话，通过对话，把交流引向深入。可以用这样一些方法进行对话提问：一是质疑型提问，例如："你讲的我不太明白，能不能说得更清楚些？"二是反驳型提问，例如："如果是这样，用你的方法怎样解决这个问题呢？"三是补充型提问，例如："前面我想的跟你差不多，但是后面我是这样想的……"

d. 引导学生学会评价

交流的过程中，我们要让学生尊重和欣赏、倾听别人的发言。要引导学生学会合理地评价别人的观点和想法，学会接受别人的优点，学会从别人的发言中捕捉闪光点，并要从中受到启发，取人之长，补己之短，让交流的过程成为大家共同发展的过程。

e. 引导学生学会"写数学"

课堂交流的大多数时间是以语言进行交流。这样，教师可以创设更多的机会让学生"写数学"，就是引导学生把他们学习数学的观察发现、心得体会、反思和研究结果用文字的形式表达出来，并进行交流。这样，可以培养学生的数学交流能力，并且提高学生的数学学习水平与探索研究能力。

② 注重培养学生的空间观念

a. 在宽松的环境中培养空间观念

对于空间图形的理解，学生总感觉十分抽象而兴趣不高，但对于现实中可接触到的客观事物他们却总是表现出浓厚的兴趣。因此，在教学中，教师要能根据教材特点和学生心理特点，创设宽松的教学环境。例如，创设生活情境、实物情境、游戏情境等，激发学生的学习兴趣，让学生在学习活动中获得良好的空间认知经验，从而建立并发展空间观念。

b. 在认真的观察中培养空间观念

数学是一门具有较强思维性质的学科，观察是进行思维活动的一个窗口，是接触现实世界的触角，是学生认识事物最直接的一种方法，也是形成和发现数学知识的基本方法之一。教师要引导学生围绕目标有序、认真、多角度、全方位地进行观察。在低年级教学中，教师可通过让学生观察实物，形成直观的印象，观察变化，寻找发现问题的方法，引导学生用直观认识来表达和交流观察到的信息，从而在头脑中形成鲜明的直观形象，建立空间观念，发展空间观念。

c. 在操作活动中培养空间观念

动手操作是学生直接获取经验知识的最好的途径，它可以启发学生积极参与思考，激发学生对数学产生兴趣与探索欲望。学生的动手操作过程其实是学生手、眼、脑等多种器官协同合作的过程。它可以调动学生的多种感官参与学习过程。通过操作活动，可以帮助学生准确地想象出几何图形形成现实空间、图形的形象，能准确地描述实物或几何图形的运动和变化。这样，学生能进一步在大脑中留下空间图形的形象，从而建立空间观念，发展空间观念。

d. 在解决问题中培养空间观念

现实生活中蕴涵着大量的数学信息，学数学是为了让学生能在现实世界中广泛地应用数学知识解决实际问题。在解决现实空间和图形问题过程中，学生总能主动尝试着运用所学数学知识和技能寻求解决问题的策略，在大脑中有意识地反映已有的空间图形的表象，从而进一步发展空间观念。

（三）统计与概率的题型

统计与概率主要研究现实生活中的数据和客观世界中的随机现象，通过数据收集、整理、描述和分析以及对事件发生可能性的刻画，帮助人们作出合理的决策，形成数学分析的意识，提高解决问题的能力。

1. 数据统计活动初步及过程

统计在日常生活中，有着极其广泛的应用。数据处理、预测风险已经成为信息社会中每个公民必备的基本素质，很贴近学生的生活。在教学中为学生提供有趣、丰富的情境，能唤起学生的统计意识，为学生创设掌握知识、形成能力、发展心理品质的环境，架起现实生活与数学学习、具体问题之间的桥梁。从而诱发学生思维的积极性，调动起学生内部逐步形成的知识、经验、策略、感受和兴趣，甚至是冲动，使学生感到数学就在自己身边，体会学习数学的乐趣和数学的价值。

新课标新理念倡导数学学习活动是一个生动活泼的、主动的和富有个性的过程，在这个过程中充满了观察、实验、猜想。在统计教学中，针对一个个鲜活的生活素材，学生作为一种活生生的力量，无一不摩拳擦掌，带着自己的知识、经验、思考、灵感、兴致，参与到活动中。统计教学要让学生以原有的知识经验为基础，自己找同伴合作，亲自参与收集、整理数据的过程。这一环节是核心，要精心设计，做到以下几点：合理分组、自主探究、师生平等、融洽感情，既有分工、又有协作，深化参与、有所感悟。

学生在活动之后，要进行交流，展示自己的思维过程。交流是在独立思考的基础上，通过师生之间、生生之间的讨论，互相理解，丰富自己的思路，完善或修正自己的思维，即学会听取别人的意见，发现别人的长处，学会表达自己、完善自我，在参与中求发展，在交流中体会合作的力量。当学生统计完数据后，通过对数据的分析，综合考虑，作出简单的决策和预测。

应用拓展是一个人学习的主要动机，是教学追求的目标。应用拓展不仅是指所建立的数学模型在数学内部应用，更主要的是指将数学模型及其建立过程中的数学知识、思想和方法应用于实际生活，用以解释或解决具体问题。我们把"身边的数学"引入课堂，再把"数学知识"引入"身边的生活"，能使学生在不知不觉中感悟数学的真谛，学会用数学的思维方式观察、分析现实社会，去解决日常生活中的问题，促进日常思维向科学思维发展，从而体会数学的价值。

（1）课型设计出发点

① 课程标准下的教学要求

《数学课程标准》在总目标中提出："让小学生经历运用数据描述信息，作出推断的过程，以发展学生的空间观念。"这说明统计与人们的日常工作和社会生活有着密切的联系。在以信息技术为基础的现代社会里，需要在不确定的情境中，根据收集的大量数据，进行整理和分析，为人们作出决策提供依据和建议。因此，义务教育阶段数学课程应培养学生具有从纷繁复杂的情况中收集、处理数据，并作出恰当的选择和判断的能力。

② 关于学生的认知情况

通过思维训练，学生思维活跃，具备一定的自主探究、动手操作、猜想验证、交流讨论、合作学习的经验。学生在以往的学习过程中，在生活的实践体悟中，也掌握了一定的整理信息、分析问题和解决问题的思想方法。在教学上要特别注重学生能力的培养。

（2）课型实施流程

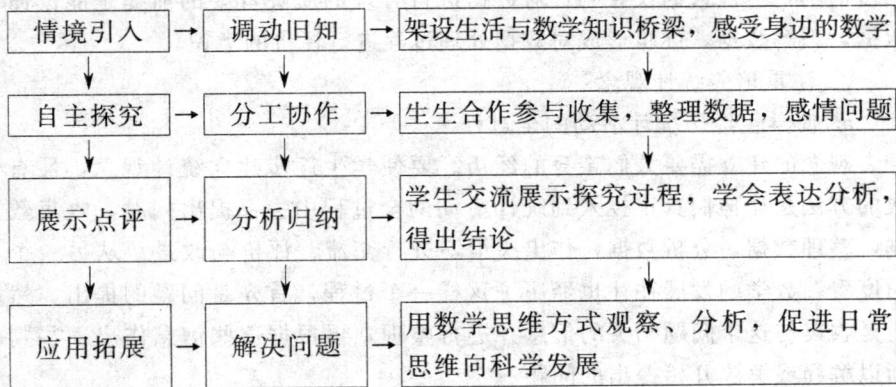

情境引入 →	调动旧知 →	架设生活与数学知识桥梁，感受身边的数学
自主探究 →	分工协作 →	生生合作参与收集，整理数据，感情问题
展示点评 →	分析归纳 →	学生交流展示探究过程，学会表达分析，得出结论
应用拓展 →	解决问题 →	用数学思维方式观察、分析，促进日常思维向科学发展

（3）课型实施的关键

① 明确发展学生统计观念的要求

小学数学教学不但要使学生理解统计的知识，掌握一些统计的方法，而且要使学生在学习统计的过程中发展自己的"统计理念"。

a. 认识统计对决策的作用，从统计的角度思考与数据有关的问题

培养学生有意识地从统计的角度思考有关问题，也就是当遇到有关问题时能想到去收集数据和分析数据。

学生的生活经验中，潜在地存在统计意识。例如在选择春游目的地时，学生会自发地进行投票表决。所以在教学中要发扬民主，关注学生的问题意识，培养学生利用统计知识解决问题的意识。

b. 通过收集数据、描述数据、分析数据的过程，作出合理的决策

学生要亲自收集、描述和分析数据，重点是积累经验，并最终将经验转化为观念。

要根据数据作出大胆而合理的判断，这是数学提供的一个普遍适用而又强有力的思考方式。例如，有食堂的学校可以请同学们作"关于对食堂菜肴口味的调查"，经历对菜肴口味调查的数据收集、整理过程，并作出分析，作出合理判断，从而改进食堂菜谱或菜肴的烹制方法。

c. 对数据的来源、收集和描述数据的方法、由数据得到的结论进行合理的质疑

在生活中，报纸、电视、广播、因特网等许多媒体都会提供大量的数据，似乎人们只要学会根据数据分析就可以了，但需要注意的是：这些数据可信吗？会被数据误导吗？对数据进行合理的质疑首要的前提是能读懂数据，理解数据，逐步形成对数据处理过程进行评价的意识。

② 注重培养统计观念

a. 使学生经历统计活动的全过程

观念的建立需要人们亲身的经历。要使学生逐步建立统计观念，最有效的方法是让他们真正投入到统计活动的全过程中去：提出问题，收集数据，整理数据，分析数据，作出决策，进行交流、评价与改进。从另一个角度看，数学的发展往往也经历了这样一个过程，首先是问题的提出，然后是收集与这个问题相关的信息并进行整理，再根据这些信息作出一些判断以解释或解决开始提出的问题。

b. 使学生在现实情境中体会统计对决策的影响

要培养学生从统计的角度思考问题的意识，重要的途径就是要在教学中结合生活事例展示统计的广泛应用，使学生在亲身经历解决实际问题的过程中体会统计对决策的作用。

c. 了解统计的多种功能

多了解统计的作用，引发类比思想，产生解决问题的导向机制。统计可以对相关事件作出决策、对随机事件作出预测、对相关观点作出说明、对出现的现象作出分析。

2. 不确定现象及可能性

不确定现象及可能性是义务教育阶段唯一培养学生从不确定的角度来观察世界的数学内容，不确定性思维与确定性思维是有差别的，它是不确定的，也就是随机的思想。

为了给学生营造有效的学习情境，让学生对知识的学习产生强烈的好奇，然后去探索、去质疑、去寻找答案，先让学生对不确定现象进行猜测。

根据学生的智慧出自于指尖上的特点，积极倡导"做中学"，让学生在活动情境中触摸数学。在这一过程中，学生具有一定的自主性，他们在活动中学知识、学方法、学思考、学合作、学记录、学习克服困难的毅力。让每名学生围绕猜测的结果，亲自动手实验和思考，自己决定自己的探索方向，选择自己的方法，也就是说用自己的思维方式自由地、开放地去探索。基本方法是：有目的地观察、操作；在观察或操作中思考、交流；接受教师提示，将思维进行整理；记录过程或结论。

学生在个体自主探索的基础上，互通独立的见解，展示个性思维的方法与过程，小组相互讨论、分析与交流，在交流中反思，使自己的理解更加丰富与全面，最后形成共识。

可以设计"超市式"练习，就是面向全体，练习题有层次性。让学生在各个层次的练习中选择符合自己的或自己喜欢的，学生在练习时，会更主动积极。而这样的练习形式，也更能体现对学生的人文关怀，使课堂更富有生活气息。

"纸上得来终觉浅，绝知此事要躬行"，设计些实践性练习，让学生在体验中感悟不确定性和可能性，在实践中对简单事件发生的可能性作出预测，运用知识、盘活知识，通过实践使之再学习、再探索、再提高，这不失之为一种好的练习方法。

设计富有挑战性的开放题，使学生有机会运用一系列思考策略进行活动，以巩固和实践相应的知识和技能，发展数学思维能力和创新能力。

（1）课型设计出发点

① 课程标准下的教学要求

小学阶段增加了不确定现象及可能性教学内容。增加这部分内容的一个重要理由，就是为学生打开了一扇窗，让他们感觉到除了我们天天学习的确定性之外，数学里也有不确定的东西，而且这个不确定性的东西不是因为数学造成的，而是因为生活中确实有很多这样的现象，就像在扔一个硬币之前谁也没有办法知道扔出以后会得到正面还是反面。有人说这种思维你不用教，到大学就自然知道了，但是我们会有这种感觉，一旦什么东西根深蒂固，就很难改变了。所以，随机的思维需要从小通过适当的活动使学生体会。这样有助于学生形成尊重事实、用数据说话的态度；使学生体会用数据进行推断的思维方式；使学生提高综合运用知识解决问题以及实践的能力；有助于学生形成对数学的积极的情感体验，体会数学的作用。

② 关于学生的认知情况

学习随机现象必须进行大量的观察和试验，但对于低年级学生来讲，首先是激发他们的学习热情，这就需要用学生喜闻乐见的形式来吸引他们参与学习。因此，教师可以通过游戏导入、寓言故事、音乐渲染、语言描绘等途径，让学生经历"猜一猜"、"说一说"、"想一想"、"摸一摸"等实践活动，在活动中学习数学，在学习中体验数学，在体验中加深理解。

（2）课型实施流程

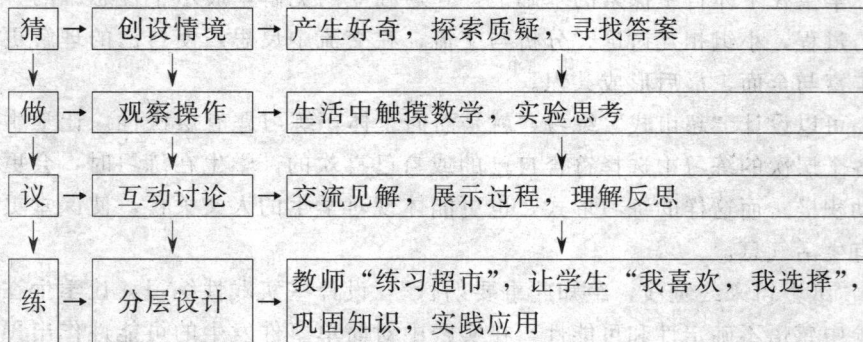

猜 →	创设情境 →	产生好奇，探索质疑，寻找答案
做 →	观察操作 →	生活中触摸数学，实验思考
议 →	互动讨论 →	交流见解，展示过程，理解反思
练 →	分层设计 →	教师"练习超市"，让学生"我喜欢，我选择"，巩固知识，实践应用

（3）课型实施的关键

① 教学中的重点

a. 注重学生在现实情境中，体验有些事件发生的不确定性

现实生活中，可以通过多种渠道提供实际例子，挖掘适合学生学习的材料。既可以从报纸杂志、电视广播、网络等许多方面寻找素材。在教学中要鼓励学生使用"可能"或"不可能"、"一定"这样的词语来进行描述和表达。有意识地寻找一些带有感情色彩的事件让学生来判断其发生的可能性，让学生认识到对某一客观事件来说，其发生的可能性与个人的愿望无关。

b. 注重学生对事件发生的可能性的描述，体验事件发生的可能性有大有小

数学是一门严谨的科学，数学语言表述一定要规范。描述事件发生的可能性，常用"一定"、"经常"、"偶尔"、"不可能"、"可能"等词。例如：有 3 个袋子，甲袋中有 8 个红球，乙袋中有 7 个红球、1 个绿球，丙袋中有 4 个红球、4 个绿球。学生应该这样描述：从甲袋中摸出的一定是红球，不可能是绿球；从乙袋中经常摸到红球，偶尔摸到绿球；丙袋中可能摸出红球，也可能摸出绿球。

教学中，不但要求学生会用语言描述事件发生的可能性，而且要体验发生可能性的大小。在上述例子中，学生在亲历摸球的过程中会体验到乙袋中摸出红球的可能性大些。另外，也能从实验记录的数据中，判断事件发生可能性的大小。

c. 注重学生经历"猜测—实验—分析"的过程，体验事件发生的可能性和游戏规则的公平性

从知道事件发生的可能性有大小之分到等可能性，是对事件发生的可能性从定性到定量的一个非常重要的过渡。对事件发生的可能性理解的好坏，在一定程度上直接关系到对事件发生的随机性的理解。因此，教学时，要通过大量的例子和活动让学生亲自经历对随机现象的探索过程，引导学生亲自动手进行实验，收集实验数据，分析实验结果，并将所得的结果与自己的猜测进行比较，体会事件发生的可能性，丰富对等可能性的理解。

d. 注重让学生掌握一些求简单事件发生的可能性的方法，享受设计符合指定要求方案的快乐

要求学生能计算一些简单事件发生的概率，是对可能性的研究从定性

化到定量化的飞跃。教学中，要让学生在实验中发现规律，在观察中思考方法，掌握计算的窍门。

设计一个方案，符合指定的要求，是对可能性的定性与定量的一种逆向思维。即知道某种事件发生的可能性，要求学生根据这个条件构造一个概率模型，使之满足这个条件。教学时，要给学生充足的思考时间和合作交流的机会，使学生在交流的过程中发展自己的思维，这有助于培养学生的创新思维，有助于体验成功的喜悦。

② 培养学生的数学直觉思维

直觉思维是不经过复杂智力理解操作的逻辑过程而直接、迅速地认知事物的思维。其特点是以熟悉的知识经验及其结构为基础，使思维跃进、越级，迅速对问题的答案作出合理的猜测或设想，从而快速地解决问题。数学直觉就是人脑对数学问题的某种直接的领悟和洞察。

怎样才能有效地培养和发展小学生的数学直觉思维能力呢？可以从以下几点做起：

a. 重视学生的感悟作用

传统的数学教学中，教师讲，学生听；教师问，学生答。学生学的多、练的多，体会感受的却很少。因此，课程标准将让学生在学习活动中感受数学作为目标之一。"感受"从某种角度讲就是"悟"，"悟"是学生主动探究知识的一种心理活动，是外在知识内化的重要途径。学生只有用心去感悟，才能自己发现知识的内在规律，做到融会贯通，达到"真懂"或"彻悟"的境界，提高数学直觉能力。

b. 培养学生的猜想意识

猜测具有快速、直接、跳跃的特点，是学生有方向的猜想和判断，是创造性思维的重要形式和表现。正如课程标准所要求的那样，在教学中培养学生的猜测意识，引导学生进行大胆猜想，正是培养学生直觉思维的重要方式。

转变观念，使学生敢于猜想。在大多数数学教师的观念中只有"说得清、道得明"、步步为营、层层推进的逻辑思维才是唯一合理的数学思维。在这种狭隘的数学思维观下，直觉色彩很强的猜想活动就不可能得到教师的肯定和尊重，时间一长，学生的思维极有可能被限定，不敢大胆猜想，不敢越雷池半步，从而丧失直觉、丧失灵感。可见，转变教师狭隘的数学思维观，是培养学生猜想能力的前提。

　　在强调培养学生直觉思维的重要性的同时，还必须注意逻辑思维与直觉思维的互补关系。因为数学直觉思维的逻辑推理成分极少，因此这种直觉的认识最终必须用逻辑推理加以验证。可见在数学教学中，既应加强逻辑思维的训练，努力提高学生抽象思维的能力，又应注意培养学生的数学直觉能力。只有这样，学生的数学素质才能获得全面的提高。

　　（四）实践与综合应用

　　"实践与综合应用"可以分为实践活动与综合应用两部分。实践活动主要是针对第一学段的学生进行的，让学生经历观察、操作、实验、调查、推理等实践活动，在合作与交流的过程中，获得良好的情感体验，同时获得一些初步的数学实践活动经验，能够应用所学的知识和方法解决简单问题，感受数学在日常生活中的应用。

　　1. 实践活动

　　"实践与综合应用"是一门与各学科课程有着本质区别的新的课程，是基于学生的直接经验，密切联系学生自身生活与社会生活，体现对知识的综合运用的课程形态，同时也是一种以学生的经验与生活为核心的实践性课程。

　　"实践与综合应用"不像"数与代数"、"空间与图形"、"统计与概率"有着自己固有的逻辑系统和预选的知识点。它有着独特的知识体系，素材取自于学生的生活，材料是学生们所熟悉并感兴趣的。凡是可以引发学生数学思考或能够使学生运用数学知识的问题，都可以作为实践与综合应用的学习内容。

　　教师要给学生创设一个生活环境，激起学生强烈的探究欲望。

　　教师要给学生留足探究的时间与空间，让学生独立去探索所学的知识。此时教师应积极地旁观，及时在脑中储存学生掌握知识情况的信息，以便于及时调控课堂。在合作中，学生不仅自己要努力学习，还有责任关心帮助他人，以小组都要学好为目标。这样，不仅满足了学生自身的心理需要，而且促进了学生情感发展，增进了友谊和集体荣誉感，这对改善目前学生中大多数独生子女的自私、孤僻等性格特征有着积极的意义。特别是大班的合作学习，更是为每个学生创造了动手、动脑、动口的机会，教师的帮助、同组的互助、组间的竞争可以极大地吸引每个学生的注意力，激发学习的兴趣，让每个孩子都真正喜欢数学课。

在交流中学生达到资源共享，丰富了自己的思想，常常能找到更好的方法。

教师应掌握不同学生水平的差异，分层练习，因人评价，有的放矢，使全体学生通过作业练习在原有的基础上各有收获。

课堂上，通过分层次的练习，让优等生"吃得饱"，中等生"跳一跳，够得着"，后进生"消化得了"，使全体学生各有所获。平时学生的作业还可分为必做题和选做题。必做题面向全体学生，重在巩固基础知识；选做题面向优等生，重在培养创新能力。给学生自由选择的权利，作业不再是苦差事了，效果自然理想。

好的拓展练习题，可以提高课堂效率，优化课堂结构，更重要的是可以培养学生的思维能力，提高学生的数学素养。

（1）课型设计的出发点

① 课程标准下的教学要求

实践活动主要是针对第一学段的学生进行的，是让学生经历观察、操作、实验、调查、推理等实践活动，在合作与交流的过程中，获得良好的情感体验。同时获得一些初步的数学实践活动经验，能够运用所学的知识和方法解决简单问题，感受数学在日常生活中的作用。

考虑到学生的心智发展水平和生活经验，密切联系学生的日常生活、能够亲身实践、生动有趣是实践活动的主要特征。学生通过实践活动，将初步把数学与自己的生活联系起来，了解数学在日常生活中的简单应用；将初步尝试运用数学方法解决简单的实际问题，获得一些数学活动的经验；将初步学会与他人合作交流，获得积极的数学学习情感。

② 让学生体会解决实际问题的要求

由于解决实际问题的教学在第一学段不再是单独作为一个专题进行系统的教学，主要是分布在计算教学、计量教学等单元之中，作为某类知识产生的实际背景，让学生体会这类知识的应用价值。在解决实际问题的教学中，要注意：第一，让学生学会在具体情境中搜集信息、整理信息；第二，激发学生利用已有知识经验，构思解决问题的设想；第三，鼓励学生确定合适的方法，独立解决问题；第四，引导学生反思解决问题的过程，构建新的知识经验结构。把反思和交流结合起来，通过交流，学生间相互了解、评价解决问题的方法，不仅体会到方法的多样性，而且锻炼了学生的思辨能力。

（2）课程实施流程

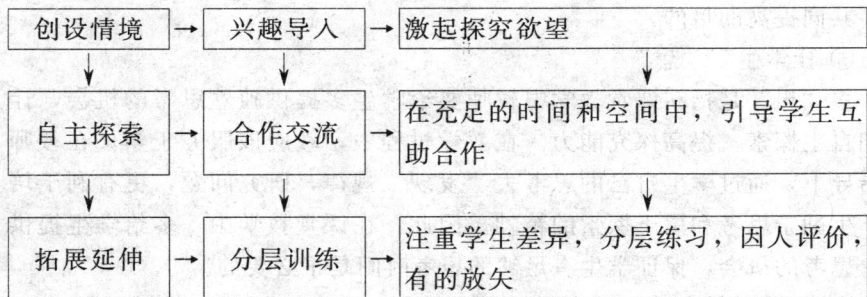

```
┌──────────┐    ┌──────────┐    ┌─────────────────────────┐
│ 创设情境 │ →  │ 兴趣导入 │ →  │ 激起探究欲望             │
└──────────┘    └──────────┘    └─────────────────────────┘
     ↓               ↓                     ↓
┌──────────┐    ┌──────────┐    ┌─────────────────────────┐
│ 自主探索 │ →  │ 合作交流 │ →  │ 在充足的时间和空间中,引导学生互 │
└──────────┘    └──────────┘    │ 助合作                   │
     ↓               ↓          └─────────────────────────┘
                                          ↓
┌──────────┐    ┌──────────┐    ┌─────────────────────────┐
│ 拓展延伸 │ →  │ 分层训练 │ →  │ 注重学生差异,分层练习,因人评价, │
└──────────┘    └──────────┘    │ 有的放矢                 │
                                └─────────────────────────┘
```

（3）课型实施的关键

低年级数学课堂教学中,存在着忽视活动主体的主动性、忽视活动主体的体验性、忽视活动内容的探索性、忽视活动过程的开放性等问题,使得探究活动材料被限制、探究活动步骤被包办,课堂上学生问题意识不强烈、探究思维不活跃、个体体验不丰富,创新精神得不到充分展现,个体生命力得不到充分焕发。那么,小学数学实践活动教学应如何进行呢?

① 让学生多"动"

多"动"是指在课堂教学中要多给学生提供动手操作的机会,让学生的多种感官参与知识的探究发现,提高独立获取知识的能力。小学数学教学内容具有很强的逻辑性和抽象性,而小学生受知识、经验的限制,其思维能力往往停留在具体形象的水平上。一位教育家说过:"儿童的智慧就在他的手指尖上。"让学生动手实践操作有助于他们对概念理解得更深刻,有助于发展学生的空间观念,有助于建立起形和数之间的关系。因此,要多安排学生动手画画、剪剪、拼拼、量量、摸摸、数数,让他们通过摆弄和操作获取知识、理解知识,从而发展思维能力,培养数学智慧。

② 让学生多"说"

多"说"是指在课堂中要给学生多提供表达自己思想、观点、看法的机会,帮助学生提高口头表达能力。教学实践表明,只有学生的数学语言得到发展,才能逐步摆脱动作和表象的束缚,从动作思维和具体形象思维向抽象思维过渡。因此,在低年级数学教学中,加强学生"说"的训练十分重要。教师可以根据不同的教学内容,确定说的内容和说的形式,如采用听后学说、个别说、集体说、同桌说、邻座小议等。教师要让每一名学生都有"说"的机会，都能表达自己的想法。通过这种交流，达到相互启发、共同提高的目的。

③ 让学生多"想"

多"想"是指在课堂教学中教师要给学生多提供独立思考的机会，让他们自主探索，提高探究能力。在教学过程中，教应该服务于学。在教师的指导下，通过学生自己的思考去"发现"规律，研究问题，更有利于培养学生勤于思考和勇于探索的精神。因此，在课堂教学中，多给学生提供独立思考的机会，保证学生有足够的思考时间是很必要的。

④ 让学生多"看"

让学生多"看"，并不是让学生当观众，看老师如何表演，而是在老师的引导下，让学生通过观察，自己得出结论，主动地构建知识，提高观察能力。在教学中多提供观察的机会，教给学生一些观察方法，让他们通过观察找出知识之间存在着的内在联系以及规律性的东西，主动参与到知识的形成过程中去。

⑤ 让学生多"表现"

低年级学生年龄小，特别在意来自于老师的奖励和同学们的认可，在课堂教学中，教师要根据他们活泼爱动、好胜心强、喜欢表现自己的特点，适当地创设一些让学生表现自己才能的机会。如上台演示、板演、当小老师、当小小售货员。通过有趣的数学游戏活动，激起他们强烈的求知欲望，唤起他们学习的自信心，满足学生心理上的成就感。

⑥ 教师少"包办代替"

在课堂教学中，教师应充分发挥主导作用，但这种主导并不是"包办代替"。不要用教师的演示代替学生动手操作；以教师的讲解代替学生的合作交流；用现成的结论来代替学生的探索活动。只有这样才不会抑制学生的主动发展，学生的动手能力、观察能力、口头表达能力、探索能力、思维能力才能得到提高。

2. 综合应用

综合应用就是综合应用所学的知识来解决问题。其内容包括：综合数学各部分的知识（数与代数、空间与图形、统计与概率等）、综合数学知识与其他学科知识的联系、综合数学与学生生活经验的联系，更好地应用知识解决实际问题。小学阶段的综合应用课主要是解决问题的教学。

综合应用课课堂的导入，应该从学生的生活经验出发，"选择学生身边的、感兴趣的事物，提出有关的数学问题"；应该紧密联系生活实际，努力为学生创设一个贴近生活实际的"生活化"问题情境，引导学生在生动具体的现实情境中开始数学学习，体验和理解数学。

教学中，教师要让学生在具体的操作活动中进行独立思考，鼓励学生发表自己的意见，并与同伴进行交流。实践活动是培养学生有效学习、合作学习、相互交流的有效方式。新课程下的教学就是要改变以往学生被动地接受知识的陈旧的学习方式，让学生自主学习、自主探索、自主感悟、自主解决问题。整堂课上，教师要自始至终地引导学生自主学习、自主探索、自主感悟、自主解决问题。教师不再是知识的灌输者，教师的作用只是学生"学习的组织者、引导者与合作者"；学生也不再是接受知识的容器，而是知识的探索者、发现者。

在数学课堂教学中，让学生围绕中心议题展开合作交流，能充分展示学生的主体地位，使学生从"学会"向"会学"转化，促使学生主动地、开放地学习。同时它能充分发扬民主，吸引学生参与，激活思维火花，开启智慧闸门，给学生以发展个性、展示才华的机会，使学生的探索能力得到提高与发展，另外还能培养学生的团结协作能力和社会交往能力。

当学生交流完毕后，可以组织学生进行练习。练习时要注意有层次，使各个层次的学生都有所获。练习的设计要紧紧围绕生活中的实际情境展开，不是单纯地为了练习而练习，而是每一道题的设计都是为了体现知识点。教师通过检查这个知识点的掌握情况，就可以清楚地了解学生学习的程度，以便调控教学过程。

拓展延伸侧重于分析归纳和尝试探索。通过这一系列较高层次的思维活动，既可以保证所学的新知识融会贯通，又可以让学生"举一反三"，从而达到扩展知识领域的作用。

（1）课型设计出发点

① 课程标准下的教学要求

综合应用有两方面的含义：第一，数学各部分知识与表达方式之间的综合，如数学广角与解决问题等；第二，数学学科与其他学科的综合，如研究性学习等。

《数学课程标准》提出了有关解决问题教学的详细目标，在第二学段中，学生将通过数学活动了解数学与生活的广泛联系，学会综合运用所学的知识和方法解决简单的实际问题，加深对所学知识的理解，获得运用数学解决问题的思考方法，并能与他人进行合作交流。

教师要为学生提供自主提出问题、自主进行探索、自主解决问题的机会，要尽量为不同学生提供展现他们创造的舞台。同时，实践与综合应用活动也是展示教师创造的舞台，为教师施展自己的才能、开展教学研究提供了广阔的天地。

② 关于学生的认知情况

通过让学生观察，发挥想象，自编、自说，能使大部分的学生积极地思考，少数的学生也会自觉地投入到情境学习中，只是文字表达上略有欠缺。情境的创设，不仅符合学生年龄的特征，还能够大大提高他学习的兴趣，体现在情境中学习数学的新课改的理念。

（2）课型实施流程

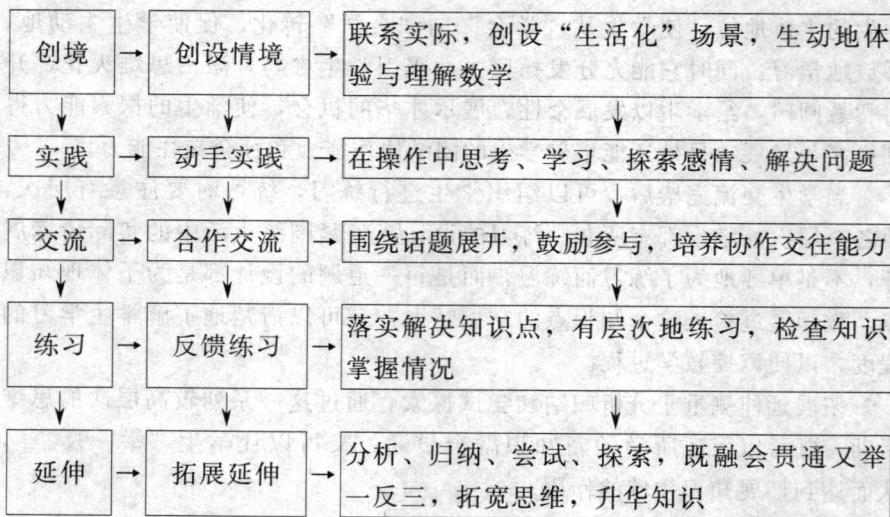

创境 →	创设情境 →	联系实际，创设"生活化"场景，生动地体验与理解数学
实践 →	动手实践 →	在操作中思考、学习、探索感情、解决问题
交流 →	合作交流 →	围绕话题展开，鼓励参与，培养协作交往能力
练习 →	反馈练习 →	落实解决知识点，有层次地练习，检查知识掌握情况
延伸 →	拓展延伸 →	分析、归纳、尝试、探索，既融会贯通又举一反三，拓宽思维，升华知识

（3）课型实施的关键

① 明确小学数学实践活动的特点

a. 参与主体性

小学数学实践活动教学的内容和形式给全体学生提供了一个参与学习、讨论、探索和研究的舞台，这种参与包括行为上的参与、认知上的参与，让每一名学生通过活动在原有的基础上得到发展。

b. 形式多样性

小学数学实践活动的形式可以是制作操作、实习作业、小专题、小课题、数学讲座以及模拟现实等。无论何种形式，它都以培养学生的应用意识和实践能力为目的，以研究性学习为主要方式。

c. 时空开放性

数学实践活动不仅要改进和丰富活动的内容和形式，而且要注重活动范围的拓展。它不应局限在课堂内，而应课内课外、校内校外相结合。设计实践活动时，要注意充分利用社会教育、家庭教育的资源和优势，使学生广泛接触社会，联系生活和生产实际，从中获得知识和教育。数学实践活动的教学时间可以是一课时，也可以是更多时间，信息的采集有时可以延伸到课外的一天或几天，收集方式可以通过当堂实验获得，也可以通过实地调查、网上查询。

d. 过程实践性

小学数学实践活动强调数学知识与社会生活的整合，强调学生的学习不应只是解题，而应紧密联系生活实际。强调通过实践，让学生在"做"中学，在"玩"中学，将所学知识加以运用，通过亲身体验，获得直接经验，丰富感性认识，并在这个过程中培养分析问题和解决问题的实际能力，这对学生来说是终身受益的。

e. 成果创新性

小学数学实践活动重在培养和发展学生的创新意识和创新能力。创新是指学生用已有的知识和智慧，灵活主动地认识一个对别人来说早已知道的，而对他们来说却是首次发现的"新规律"、"新性质"或获得一个"新本领"，取得一项"新成果"。小学阶段的数学实践活动大多通过活动获得某个规律或结论，每一个"新成果"的揭示，便是学生享受成功之际，其创新意识和创新能力在不知不觉之中逐步形成和发展。

② 小学阶段常用的实践活动

a. 操作与制作实践活动

操作与制作实践活动就是把学生手的动作和脑的思维结合起来，以活动促思维，调动学生各种感官参与学习活动。这类实践活动在小学数学教学中应用较为普遍。

b. 游戏竞赛实践活动

有一定主题和角色的社会化游戏是低年级学生比较喜欢的。开展竞赛，是激发学生学习积极性的有效手段，小学生在竞赛条件下比在平时正常条件下往往能更加努力学习。如"谁算得快又对"、"看谁的解法多"、"比谁方法更巧妙"等，都能使学生"大显身手"。

比赛形式还可以多种多样，可以全班比赛；可以分男、女同学比赛；可以分小组比赛；还可以将学生按能力分组比赛，使每名学生在各个层面上获胜的机会增加，激励的作用将会更大，参与的热情就会更高。

c. 实际测量实践活动

这类实践活动主要针对数学教学中"量与量的计量"。在教学"克、千克、吨"的认识时，根据以往的经验，学生一般都能正确地进行单位换算和简单的计算，但在实际运用这些单位时，如妈妈体重 52（克），一个苹果重 100（千克）等，往往会闹出一些笑话。这说明学生对这些单位建立的表象是模糊的。老师可以设计一节实践活动课，让学生实际称一称生活中常见的物品重量、同学的体重等，帮助同学进一步建立重量单位的表象。

d. 观察、调查实践活动

现实生活、生产中处处蕴涵着数学问题，教师应创设条件，让学生走出校门、走向社会。了解数学在工农业生产、生活中的应用，体验数学的价值，树立学好数学的信心。

e. 小课题研究实践活动

21 世纪是信息时代，学会收集、分析、处理信息显得愈来愈重要，教师要善于引导学生把发生在自己身边的一些问题抽象出来，转换成数学问题，设计实践活动课。针对学生"零花钱过多，乱花零花钱"的现象，设计一节"手中的零花钱"实践活动课，让学生调查零花钱的来源、支出情况，分析零花钱的利弊，最后提出"培养勤俭节约，不乱花钱"的倡议和可行性方案。

第三节　其他教学课型

（一）习题课教学的课型

1. 数与代数

小学数学中的练习课占了整个小学数学教学时间的很大比例。数学练习课是以学生独立练习为主要内容的课型，它是新授课的补充和延续。

引导指向，诱导参与。主要通过教师创设一种练习情境，造成学生认知上的冲突，使学生产生强烈的参与解决问题的心理需求，形成积极的学习动因和探究欲望。

课堂上教师要想方设法创设情境，给学生提供获取成功的机会，学生一旦体验到成功的愉悦时，自然会产生获得更大、更多成功的欲望，就会诱发更为主动地探究、更为积极地思维，从而使自主探究意识成为一种持久的、强烈的意识，最终形成自我学习的内在机制。

练习课上，学生不应是专项训练的机器，而应是认知过程的探索者，是学习活动的主体。学生对于新学的知识要在老师的指导下通过动口、动手、动脑、自主的探索，实现从已知到新知的转化，最终形成解决问题的策略。

通过巩固练习，学生对知识已有了较清晰的理解，对知识的运用能力已达到了一定的程度。此时，教师可根据学生和教材的需要设计一些拓展题和相关的实践活动，让他们跳起来摘"果子"，在摘"果子"的过程中领悟方法，形成特色。这样既可以拓宽学生思路，提高课堂教学效率，又能培养学生良好的思维品质，使所学知识得到延伸和升华。

（1）课型设计出发点

① 课程标准下的教学要求

小学数学练习课是小学数学课堂教学的主要课型之一，它是以巩固数学基础知识，形成解题技能、技巧和培养学生运用所学知识解决实际问题为主要任务的课型，在小学数学教学中占有十分重要地位。同时，数学基础知识的巩固和掌握，数学技能、技巧的形成，初步的逻辑思维能力的培养，空间观念的建立，以及进行思想品德教育和良好的学习习惯的培养等都离不开练习课。

② 关于学生的认知情况

心理学认为，一个正确认识的获得，总要经过由实践到认识、由认识到实践的多次反复。反映在教学规律上，学生要获得知识和能力，也要经过一个多次反复的过程。练习是学习者对学习任务的重复接触或重复反应，是学生心智技能和动作技能形成的基本途径。学习数学不进行一定量的练习，就难以牢固地掌握知识，形成熟练的技能、技巧。

（2）课型实施流程

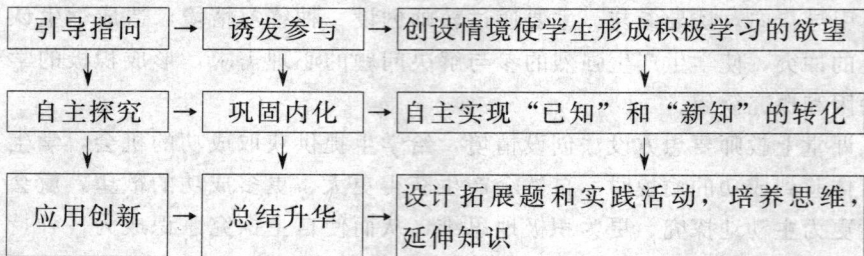

引导指向	→	诱发参与	→	创设情境使学生形成积极学习的欲望
自主探究	→	巩固内化	→	自主实现"已知"和"新知"的转化
应用创新	→	总结升华	→	设计拓展题和实践活动，培养思维，延伸知识

（3）课型实施的关键

① 怎样设计有效的练习课

认真做好练习课的备课。备课要做到以下几点：

a. 分析

即对教材内容和学生学习情况进行全面而客观的分析。首先要对教材内容进行认真分析，准确确定练习目标，并对练习内容进行合理的整合；其次要全面分析学生情况，学生在本章节知识学习中存在什么问题，哪些内容是学生掌握得比较好的，哪些内容是学生学习的难点，还没有突破的，老师要做到心中有数，有的放矢。

b. 抓"点"

这里的"点"即练习重点及难点。一节课要很好地实现练习目标，就必须抓住重点，围绕难点展开，对易混的概念、计算时容易出现的错误等在设计时要充分考虑到。范例的选择要典型、新颖、有代表性。既有利于巩固所学知识，又能帮助学生解决学习中存在的问题，实现一箭双雕。

c. 授法

在练习中要加强数学思想方法的渗透与指导，因为数学思想方法是数学学习的灵魂。帮助并引导学生在实际练习中不断归纳解题方法，掌握解题技能，从而提高解决问题的能力。

d. 保量

练习不仅要重数量，更要重质量。既要有量的积累，也要有质的要求。要在"精"字上下工夫，精选练习内容，体现层次性。防止毫无目的地机械重复练习，挫伤学生学习的积极性。

e. 拓展

一道好的练习题能够激发学生的学习兴趣，激活思维，展开联想，回味无穷。在练习中，一要注意体现综合性，培养学生综合运用所学知识解决有一定思考价值的问题；二要注意拓展到课外，与学生生活紧密结合，用所学的知识解决学生生活中的实际问题，体现数学学习的价值。只有这样，才能满足不同层次学生的学习需求，激发他们的探索精神，培养学生良好的思维品质。

f. 激趣

兴趣是最好的老师，练习课尤其是要关注学生的学习兴趣。兴趣的激发主要在两个方面下工夫：一是练习内容要鲜活，内容的选择紧密联系学生生活实际，是学生可感知的、熟悉的内容，增加亲近感；二是呈现方式要灵活，趣味性要强；三是课前准备要充分，多采用卡片、挂图、基本的教具、小黑板等，切忌形式单一。

② 练习课的课堂教学在具体操作中应注意的几点

a. 由于前一课型的不同，练习课大致可分为新授课后的练习课和新旧知识的综合练习课两大课型。教学时，要视情况区别对待，各有侧重。

新授课后的练习课旨在巩固和加深新知，是新授课的补充和延续。这类课的练习，除了要继承新授课的要求外，还要从巩固和应用知识以及提高解决实际问题的能力来设计训练。

新旧知识综合练习课一般安排在复习课后或讲评课后，是为弄清知识之间的区别、沟通新旧知识之间的联系、形成知识网络、发展学生能力的练习课。此课型除了应用巩固新知识的基本练习外，还应注意易混知识的对比练习、相关知识的综合沟通练习等。

b. 作为巩固阶段，可在基本训练的基础上揭示课题，也可先揭示课题，明确练习目标后，再展开训练。

c. 练习课的三个阶段各有侧重，教师教学时要抓住不同练习阶段的特点，有针对性地进行讲评。

d. 上好练习课的关键在于训练题的设计，训练要有针对性、层次性、趣味性，注重解决现实生活中的问题。

e. 整个练习过程要以学生为主体，引导学生参与学习目标的制定、训练题的解答与评析、知识的整理和总结，发挥学生的主体性、主动性，提高练习效果。

f. 练习课的结构多种多样，可根据教学实际情况灵活掌握。

2. 空间与图形

空间与图形课的练习要求比较单一，可以在新授课之后，针对教材的某一个重点或难点安排练习；也可以针对某一个容易混淆的概念安排练习，以提高学生辨别的能力；还可以在平时作业或试卷解答中，发现问题和错误，为了及时纠正和补漏，一般采用针对性练习。

练习的目的是使学生更深刻地理解和掌握空间的内在联系和本质规律，拓展学生的解题思路，提高学生分析问题和解决问题的能力。综合练习课安排的习题必须由易到难、由简单到复杂，教师应根据学生实际，设计有一定难度，但通过学生的努力又能做得出的练习题。练习题的深度、难度比单项练习课的要求要高。综合练习课中的习题设计，要利于归纳和梳理解题思路。练习题的安排层次要清楚，由浅入深、逐步提高。内容间要衔接，达到知识的沟通。

解决问题教学既是发展学生数学思维的过程，又是培养学生应用意识、创新意识的重要途径。解决问题教学在小学数学教学中有着重要的作用，要贯穿于数学课程的全部内容中。解决问题教学不能仅仅局限于让学生获得一般的解题知识和技能，应让学生能用数学的眼光去观察、审视现实生活，能主动尝试从数学的角度运用所学的知识和方法寻求解决问题的策略。将学生置于广阔的社会生活时空中去体验数学，理解数学，认识数学，学习数学，运用数学，最大限度地发挥学生学习数学的自主性、主动性和创造性，尤其要使学生运用数学知识解决数学问题的思想、方法和策略得到最大限度的发展。

练习的设计要围绕问题解决而设计。问题解决与常规练习的主要区别之一是：练习着重寻求答案，而问题解决着重解决问题的过程，着重如何寻找创造性的方法。多一些问题解决，少一些机械操作。

(1) 课型设计出发点

① 课程标准下的教学要求

心理学认为，练习是学习者对学习任务的重复接触或重复反应，是学生心智技能和动作技能形成的基本途径。练习是学生在教师指导下独立运用知识、解决问题、发展智能的教学活动，是学生在学习过程中的重要实践活动，具有"巩固技能、反馈评价、形成策略、解决问题、拓展思维"的功能。练习课的练习不是教师给出题后不问不管，而是通过有效手段及时掌握信息，及时加以辅导。

② 学生认识心理况状的要求

小学生的注意力不稳定、不持久，且常与兴趣密切相关。生动、具体、新颖的事物，较易引起他们的兴趣和注意。为此，练习课也要创设情境，激发兴趣。习题的单调或者说习题的模仿与套用等，学生学习起来容易产生消极情绪和疲劳等。富有创意，形成新颖、内容联系实际并有一定趣味的练习，一定能让学生乐此不疲，促进学生积极思考，从而体验到寻觅真知和增长才干的成功乐趣。

练习设计要遵循学生的认识规律。练习课要根据知识的结构特征和学生的认识规律及课程标准要求精心设计练习，做到由浅入深，有层次，有坡度，环环相扣，教学节奏明显。通过多层次的练习，学生在简单运用、综合运用、问题解决、扩展创新的过程中理解和掌握知识的能力得到发展。

（2）课型实施流程

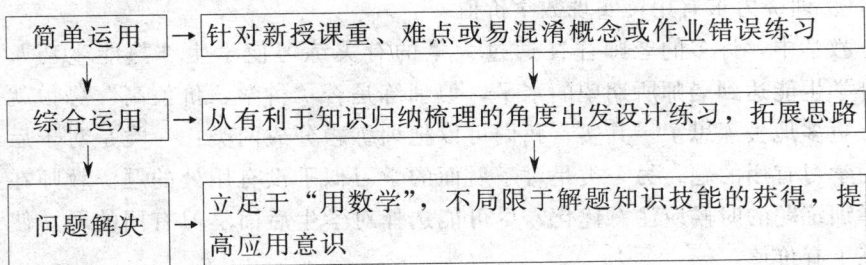

简单运用	→	针对新授课重、难点或易混淆概念或作业错误练习
综合运用	→	从有利于知识归纳梳理的角度出发设计练习，拓展思路
问题解决	→	立足于"用数学"，不局限于解题知识技能的获得，提高应用意识

（3）课型实施的关键

① 练习设计的注意事项

a. 练习课课堂教学要有明确的教学目标。做到突出重点，突破难点。在设计练习课教学的过程中，要根据教学内容和目的要求，按照循序渐进的原则确定练习内容，并对练习进行科学的设计。这样的练习可以沟通新知与其他知识的纵横联系，促进知识网络的形成，培养学生综合运用知识的能力。

b. 范例选择要典型、新颖、有层次。练习课的课堂设计要合理地选择范例和练习题。一是典型；二是难度要适当。多层次练习能促进学生巩固所学的知识，并促进技能转化，从而达到"传授知识—开发智力—培养能力"的目的。

c. 练习设计应与教材习题紧密结合，做到以"课本习题为主，课外习题为辅"。在综合性练习当中，可以适当提高教材习题的难度，进行综合训练。当教材习题太少，或者已经处理完了，根据学生反馈的信息与教学实际，需要加大练习量，这时可适当补充习题。对教材的二度开发也是很有意义的，教师要培养学生的创新意识，首先教师自身就要具有创新意识。

d. 要合理安排练习的数量和练习时间。练习的数量要根据教学内容的要求和难易程度而定，要能保证基础知识得以巩固和基本技能得以形成，又要减轻学生的负担，特别要避免机械重复练习，降低学生的学习兴趣。

e. 练习要有针对性。既要面向全体学生，又要加强分类指导。

f. 练习设计要与学生的反馈相结合。练习课的练习设计，要注意针对新课后学生出现的主要问题，组织反馈练习，同时加强课堂巡视，搜集信息，及时"调节"。每次练习，都必须严格要求，练习课结束前要求学生根据练习内容进行总结、归纳。

② 训练力求有用，实现数学价值

教学中，许多的老师往往通过大量的有关练习使学生"熟能生巧"。也许学生能达到老师所期望的水平，但训练是否"科学、价值高"恐怕就没有更多地去深思了。其实，我们可以把训练题分成两类：一类是对于后面的学习有用的题；另一类是对于后面的学习似乎没有用处的题。教师在选择训练题的时候应注意优化，尽可能选择对学生后面学习有用的题，使训练更有价值。

有价值的数学是指相对的价值数学。我们所研究的数学不可能截然地分为有价值和没有价值两类。尽管从某个角度来说，希望尽可能区分数学的"有价值"和"没有价值"，以便指导我们的教学。数学价值的体现不在于数学本身，而在于教师如何组织数学材料，如何针对不同的学生展现数学的不同价值。

3. 统计与概率

统计与概率课可以通过组织活动的方式进行，提出问题后，让学生选择用自己喜欢的方法，收集整理或猜测推理或组织游戏等，根据自己已有的经验，有规则地进行活动。可以独立完成，也可以小组合作。教师要注意在合作学习中进行及时指导。合作学习要取得成功，教师的引导和参与是必不可少的。

学生通过展示自己活动的成果，可以介绍收集数据的方法和分类的标准，交流如何整理数据以及怎样对事件发生的可能性有一个多角度的认识，也可以汇报怎样一步一步证明猜测，还可以说一说做游戏的规则等，把自己活动的成果呈现给大家，从而拓宽学生的思路，提高思维的灵活性。

学生对别人的成果进行评价，可以发表自己的不同见解，可以提出自己的创新想法，还可以有新发现。在交流中，对自己的想法不断完善，取别人所长，补自己之短，使自己对知识有新的感悟，不断提升自己的认识，实现知识的升华。评价时，除了对学生进行知识技能的评价外，更要关注学生在数学活动中的表现。比如，寻找分类标准时思维的新颖性，参与统计过程的主动性，小组讨论中的积极性等。

活动后可以设计一组连锁题组，这组题在知识上环环紧扣，让学生牵一发而动全身。学生可以选择自己喜爱的题去做，也可以由老师分组去做。先自己钻研，独立思考。然后分组讲解，实现共同提高。也可以设计拓展型练习题，也叫链接题，以某一类知识为起点，把与其有联系的相关知识也纳入进来，目的明确，层次清楚，从易到难，由浅入深，其目的就是拓宽学生的知识面，加深学生对某一类知识的了解，发展创新思维。

（1）课型设计出发点

① 在练习中巩固方法

统计首先是问题的提出，然后是收集与这个问题相关的信息并进行整理。在这个过程中，让学生用已有的方法独立组织进行，然后再根据这些信息，依据自己积累的经验，作出一些判断以解释或解决开始提出的问题。活动中，要留给学生足够的动手实践和独立思考的时间，鼓励学生积极投入到统计活动中，并在此基础上加强对统计方法的掌握。

② 练习中体会用统计思考问题的意识

练习时，我们要充分挖掘适合学生的学习材料。把天天玩的游戏变成数学中的活素材，把生活中的点点滴滴变成统计的内容。创设大量的现实情境，使学生在解决问题中认识到统计的作用，逐步树立从统计的角度思考问题的意识。

③ 练习中关注学生的情感体验

统计与概率这一领域的内容对学生来说是充满趣味和吸引力的。动手收集与呈现数据是一个活动性很强并且充满挑战和乐趣的过程，做概率游戏本身就是思维的一种挑战，也是一个非常有趣的过程。但在练习课上，这些活动可能会变成抽象的推理、观察和猜测。因此，练习时要关注学生的情感态度，要让学生在活动中感受到数学的乐趣，获得成功的喜悦。

④ 练习设计要遵循学生的认知规律

练习课要根据知识的结构特征和学生的认识规律及新课程标准的要求精心设计练习，做到由浅入深，有层次有坡度，环环相扣，教学节奏明快。练习课的课堂设计要合理地选择范例和练习题。

（2）课型实施流程

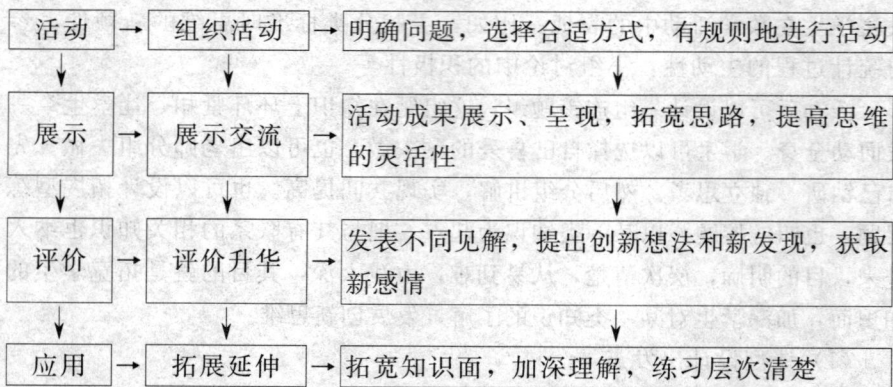

活动 → 组织活动 → 明确问题，选择合适方式，有规则地进行活动

展示 → 展示交流 → 活动成果展示、呈现，拓宽思路，提高思维的灵活性

评价 → 评价升华 → 发表不同见解，提出创新想法和新发现，获取新感情

应用 → 拓展延伸 → 拓宽知识面，加深理解，练习层次清楚

（3）课型实施的关键

① 确保小组合作学习的有效性

合作学习是新课程大力倡导的一种学习方式。有专家认为，合作学习是小组或团队为了完成共同的任务，有明确的责任分工的互助性学习，是学生以小组为单位的学习方式。它不仅是认知的需要，而且有着更广泛、更深刻的意义。在研究课、示范课、比赛课上，合作学习经常在我们的课堂上出现。

在教学中如何进行合作学习？怎样才能更有效地进行合作学习呢？要增强"小组合作学习"的实效性，应采取以下有效策略：

a. 选准合作学习的内容

并不是所有的教学内容都适合合作学习，教师对合作学习的内容应选择一些解决问题方法多样、有一些争议、依靠个人力量难以完成的问题。同时要根据学生的年龄特点，选择学生感兴趣、探究欲望强烈的内容，问题的呈现方式应尽可能趣味化、科学化，充满思考性和探索性。教师备课时要深入研究教材，明确所要体现的新理念，要设计好什么内容需要合作学习，合作学习的时间是多少，等等。

b. 科学组建合作学习小组

学习小组的组建是合作学习活动顺利开展的前提。教师要对学生的分组进行认真研究设计，使各个小组总体水平基本一致，以保证各小组公平竞争。小组一般遵循"组内异质，组间同质"的原则进行，由4—6人组成。分组时不仅要求从学生的年龄特点和思维特点出发，而且在构成上要求小组成员在性别、个性特征、才能倾向、学习水平、家庭背景、社会背景等方面存在合理差异，以便学习时发挥各自的特长和优势。

c. 留给学生足够的独立思考时间

在合作学习之前要让学生先独立思考问题，每名学生有了初步想法后再进行探究、交流，共同解决问题。这样做给不爱动脑思考或学习有一定困难的学生提供了进步的机会，对提高这部分学生的学习能力是有帮助的。

d. 合作学习应正确处理好组内学优生和学困生的关系

小组合作学习的目的是要让人人参与学习过程，人人尝试成功的喜悦，但是如果处理不好学优生与学困生的关系，非但达不到目的，相反会加剧两极分化，从而使优生更优，差生更差。为此，教师可采取以下处理方式：

首先，要做好学困生的思想工作，鼓励他们积极动手，大胆发言，勇于说出自己的意见，即使说错了也没关系；

其次，在组内安排他们优先发言，让学困生先说出最容易想到的解题策略，使他们体验成功的快乐；

再次，要求他们认真听取别人意见，听完再动手操作，细致分析一下过程；

最后，教师应重点指导学困生学习操作活动，了解他们的学习思维状况，帮助他们解决操作困难。

② 反思小结是练习课的升华

荷兰当代著名数学教育家费赖登塔尔指出："反思是数学活动的核心

和动力。"练习课上，教师要调动学生的主动性、积极性，引导学生自主探究。学生通过自己的艰苦努力探索，会得到多种结果。这些结果虽然凝结着学生的努力，但却有对有错。因此，教师应及时引导学生进行反思与小结。对于正确的、合乎逻辑的结果予以充分的肯定，并及时提炼上升到数学思想的高度，要让学生始终对自己充满信心。引导学生反思，可以从以下几方面着手：

a. 解决这个问题你是如何入手的？关键是哪一步？

b. 解决这个问题有哪几种思路？你是如何想到这种思路的？哪种思路最好？

c. 通过本题的求解，你得到哪些经验教训？

d. 从本题求解的结果，你是否能得出一般性的结论？

4. 实践与综合应用

实践与综合应用练习课教学中，要根据学生的实际情况和教学内容，精选习题。精选的习题要具有"典型性"、"代表性"，使学生通过对这些问题的分析，掌握分析和解决同类问题的思路和方法，能举一反三；同时还要"难易适度"（太简单，不利于培养学生的解题能力；太难，不利于调动学生的学习积极性）。这一环节中，教师要十分明确，今天做的习题是要巩固哪些基本知识和基本方法，然后针对性地出一些题，这些题一定是典型性的或者是学生易错易混的题。

练习时可以将独立练习、同桌合作、四人小组合作、自找小伙伴合作等多种形式合理、交替使用，以有效吸引全体学生参与到练习活动中来，同时也增强学生的同伴合作、互助意识。一般来说，把练习题分到小组中，每个小组一道，让学生独立完成，将任务分解。表面看来似乎练习的题少了点，可是在交流时，学生都要将这几种类型的题听解一次，这样大大节约了时间，达到省时高效的目的。每节课上我们都可以采用这样的方法来进行分组练习。

当学生独立完成各自的任务后，教师可以组织学生交流，每人在黑板上板演一道典型的题，然后由做题人讲解这道题，要讲清这道题的解题方法，涉及的知识点，解题的关键是什么，容易出现什么问题，等等。

学生交流完之后，进行评价，主要是生生评价。评价哪些是优点，我们应该学习什么，哪些地方不足，要引起重视。既要评价学习方面的，还要评价习惯方面的。达到共同进步、共同提高的目的。

（1）课型设计出发点

① 课程标准下的教学要求

"实践与综合应用"领域沟通了生活中的数学与课堂上的数学的联系，使得"数与代数"、"空间与图形"、"统计与概率"的内容有可能以交织在一起的形式出现，有利于发展学生的综合应用知识的能力。改变学生的学习方式，让学生在学习的过程中接触到一些有研究和探索价值的题材，帮助学生全面地认识数学、了解数学，使数学在学生未来的职业和生活中发挥作用。实践与综合应用的过程充满着操作、尝试、研究和争论，是学生亲自参与的丰富、生动的活动。教师要为学生提供自主提出问题、自主探索、自主解决问题的机会，要尽量为不同学生提供展现他们创造力的舞台。同时，实践与综合应用活动也是展示教师创造力的舞台，为教师施展自己的才能、开展教学研究提供了广阔的天地。

② 关于学生的认知情况

学生对所研究解决的数学问题，在以往的学习过程中，在生活的实践体悟中，有一定的整理信息、分析问题和解决问题的思想方法经验。

由于课堂教学改革，学生学习数学的热情比较高，甚至会有一部分学生喜欢发表自己的见解，借以带动同学的学习，教学中的情境创设，可促进学生自主学习，通过操作、交流突破难点。

（2）课型实施流程

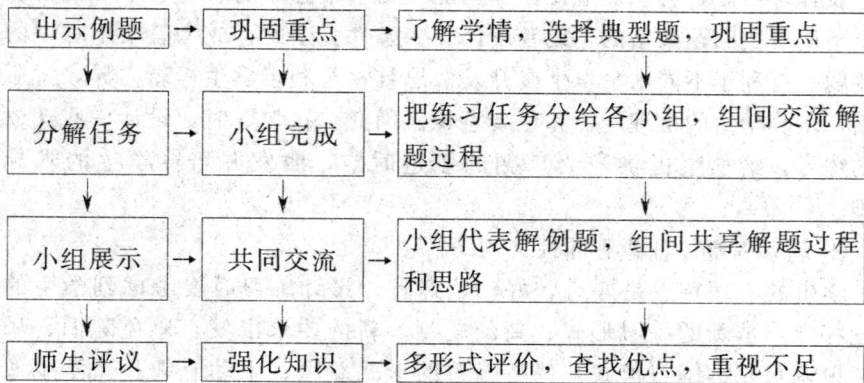

出示例题	→	巩固重点	→	了解学情，选择典型题，巩固重点
分解任务	→	小组完成	→	把练习任务分给各小组，组间交流解题过程
小组展示	→	共同交流	→	小组代表解例题，组间共享解题过程和思路
师生评议	→	强化知识	→	多形式评价，查找优点，重视不足

（3）课型实施的关键

① 循序渐进，注意层次性

新课程的基本理念指出："数学教育要面向全体学生……不同的人在

数学上得到不同的发展。"这表明在使所有学生获得共同的数学教育的同时，还要让更多的学生有机会接触、了解或是钻研自己感兴趣的数学问题，最大限度地满足每一名学生的数学需要。所以，我们所有的练习设计都应充分体现因材施教、因人施教、分层施教的原则，应该从教材和学生的实际出发，根据教学内容的要求和学生的心理特点，有针对性地设计练习，要充分考虑到学生的差异，机动控制练习数量和质量，使练习具有层次性，可以满足各层次学生的需要。同时要认清每名学生的优势，开发其潜能，使不同的学生的数学能力得到展示。

② 动手操作，注意实践性

喜爱活动是学生的天性。要从学生的生活经验和已有的知识出发，给学生提供实践活动的机会，使他们真正理解和掌握数学知识。学习数学的重要目的也在于用数学知识解决日常生活、学习、工作中的实际问题。数学教学如果脱离实际，那数学学习就成了"无本之木，无源之水"，更谈不上学生有意义地学习数学和获得有意义的数学知识的目的。"纸上得来终觉浅，绝知此事要躬行"，为此倡导数学练习设计的实践性，引导学生在体验中学习知识，在实践中运用知识、盘活知识，通过实践使之再学习、再探索、再提高。

③ 训练思维，注意开放性

设计练习时，有意识地设计一些能开拓学生思路的，有利于学生自主探索不同解决问题策略的，或者设计一些条件多余的，或者答案不唯一的开放题。有利于不同水平学生展开发散思维，有利于学生标新立异，大胆创新，培养学生的推理能力和创新意识。因此，在教学时，设计一些开放性的练习，给学生提供较为广阔的创造时空，激发并培养学生的求异思维。

④ 新颖有趣，注意趣味性

学生的心理特点是好奇、好动、好玩。设计练习时要考虑到学生的心理特点，从新的练习形式、新的题型、新的要求出发，避免陈旧、呆板、单调重复的练习模式，保持练习的形式新颖、生动有趣。让学生做练习的主人，设计改错题，让学生当"医生"；设计判断题，让学生当"法官"；设计操作实验题，调动学生各个感官参与练习。也可以根据学生年龄和心理特点，从学生的生活经验出发，设计生动有趣、直观形象的数学练习，如运用猜谜语、讲故事、摘取智慧星、做游戏、直观演示、模拟表演、各类小竞赛等。这种游戏性、趣味性、竞赛性的练习，既能激发学生的求知欲望，培养学生做练习的兴趣，又能取得满意的练习效果；使学生在轻松、愉快的氛围中完成练习，在生动具体的情境中理解和认识数学知识。

⑤ 加强联系，注意综合性

数学是一门学科，更是一种文化。培养学生综合运用知识的能力，不仅仅指的是让学生对学科内各知识点之间的综合运用，还应该包括利用学科与学科之间的知识运用来解决实际问题，真正体现数学的价值。因此数学练习设计要走出数学学科，让学生去领略其他学科的精彩。设计时要综合学生所学科目，以学科知识为基础，以情境主题为背景，适时穿插其他学科知识，丰富发展数学内涵；让学生学习数学学科以外的知识，从而领略数学的精彩。

综合性练习通过相关学科的整合，能促进学生认识的整体性发展并形成把握和解决问题的全面的视野与方法，有利于学生综合能力的提高。

（二）整理与复习课教学的课型

1. 数与代数

数与代数的每个单元都有其相应的知识点，随着时间的推移，学生很容易遗忘，所以必须对旧知识进行回顾和再现。复习时应优化复习内容，确定复习的重、难点，并通过创设情境激发学生复习的兴趣，让学生产生新鲜感，从而以一种积极的心态主动参与复习。

教师引导学生将分散的知识进行系统整理、归纳，并将那些有内在联系的知识点在分析、比较的基础上"串"在一起，做到学一点懂一片，学一片懂一面，形成良好的网络知识结构，力求使每一名学生在原有的基础上都学有所获。复习过程中必须注意两点：一是学生选择所要整理、沟通的知识内容的切入点时一定要做到细而精；二是学生对知识内容进行整理时，教师要适当地给予一些帮助。学生的整理尽管不完整或粗糙，教师也应充分肯定。结合学生的整理，取其精华，概括出比较合理的知识网络图。

通过整理和复习，学生将自己的思维过程暴露出来，再经过教师的点拨、引导，学生不仅对所学知识有了更深层次的理解，而且能"温故"而

"知新"。

在学生运用知识解决问题时，教师应善于从学生的解答中发现错误，及时做好查漏补缺工作，力求保证全体学生，特别是后进生在这个阶段上的同步发展。

教师要善于策划、精选例题，发挥例题的"以点带面"作用。并在讲解例题的基础上进行扩充引申，挖掘出数学问题的内涵和外延，使学生的转换与迁移能力、分析与解决问题的能力得到提升，实现数学的再发现和再创造。

复习课上，教师应精选习题，重视练习的层次性。首先应以基础练习为主，然后在巩固的基础上再适当增加发展性练习。发展性练习包括变式题型、解决实际问题的题型等，具有一定的思维难度。

教师要营造民主、平等、和谐、宽松的复习氛围，创设生动的情境，使学生积极主动地投入到复习中。在整理和复习的过程中，教师要给学生留有足够探索的时间与空间，使复习有创新。在复习中，教师的评价要多样化，以鼓励评价为主。对于复习中学生闪现的智慧火花，教师要善于发现，及时抓住，激励表扬。教师要善待复习中学生出现的错误，鼓励学生勇于克服困难，树立自信心。

(1) 课型设计出发点

整理复习是知识的巩固、迁移与运用不可缺少的重要环节，它不是对所学知识进行简单的重复学习，而是一种更高层次的再学习，使学生对所学知识达到深入理解，融会贯通，牢固掌握，更是学生认知策略的习得、数学思想方法的获得及解决实际问题能力提高的极好时机。整理与复习课是以巩固所学知识和提高运用知识解决实际问题的能力为主要任务的一种课型。其基本含义有两点：一是整理，是指把学过的知识进行系统归类、对比梳理，将零散的知识系统化，将容易模糊的知识清晰化；二是复习，是指重新学习，但绝不是简单的重复，而是在学生已有的数学知识基础上对原先学习过的数学知识内容进行高层次上的再学习，它更多的是一个加深数学知识理解，扩大数学知识联系，进一步提高数学知识掌握水平，提高数学知识应用能力和技能的过程。

（2）课程实施流程

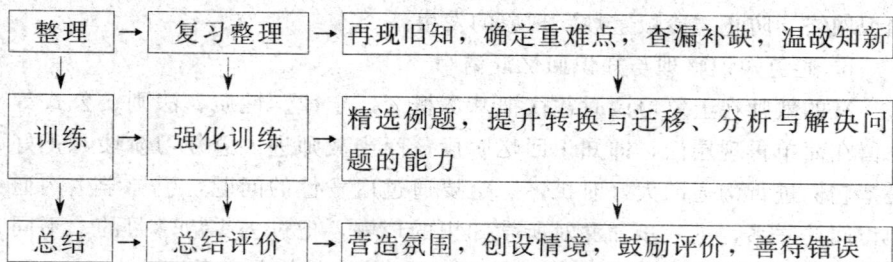

（3）课程实施的关键

① 明晰复习整理课的三种类型

复习整理课主要可以分为三种类型：先理后练型、边理边练型和以练代理型。

a. "先理后练"型

"先理后练"型整理与复习课是指在教师的指导下，首先放手让学生整理知识，由学生个体或学习小组通过阅读课本，回忆、再现所要复习的主要内容；通过讨论交流，捕捉知识间的联系与区别，并利用文字、图表等表现形式，将所学过的知识进行梳理沟通，形成网络。其次，引导学生介绍各自的整理意图、表现形式、整理内容。再次，通过师生之间、生生之间相互质疑、相互补充、相互评价，完成知识网络的建构。最后通过梳理得以系统化、网络化后，再进行有针对性的训练。

b. "边理边练"型

"边理边练"型的整理与复习课是指知识的整理与练习交替进行，以求夯实基础。这样，通过边理边练，梳理知识，巩固所学内容，提高复习效果。

c. "以练带理"型

"以练带理"型的整理与复习课是指通过练习来带动复习整理，在练习的过程中，引导学生逐步比较总结，归纳和提炼思考的方法，解题的规律等。

② 复习课要避免的问题

a. 避免复习与练习混淆

有的教师总喜欢把复习课教学与练习课教学等同起来，其实不然。练习课教学通过练习重视提高学生的熟练程度，是针对某一内容而言；而复习课教学除了一定量的练习以外，更要加强揭示知识间的内在联系，形成知识网络，防止"冷饭重炒"现象的发生。

b. 避免知识整理与知识回忆混淆

有的教师在上复习课时往往把基本概念、定律、性质、法则、公式等停留在简单再现层面，即知识回忆阶段；而当教师进入总复习阶段，正好是把它们进行沟通的大好时机，一定要通过启发性的问题，引导学生沟通知识间的联系，进一步加深对所学知识的理解，把过去零散学习的、不同时段学习的知识从纵横两个方面沟通起来，使之结构化和系统化。

c. 避免全体学生与部分学生混淆

在复习课教学中，有的教师常常看到提问的学生总是某些积极举手发言的学生，而这些学生往往绝大多数是优秀学生。他们的学习状况自然代表了全班的学习状况，优等生能正确理解，教师就以为全班同学都理解了；优等生提出问题，教师就当成全班同学的问题来解决。这种习惯非常普遍，也正是因为这种小范围的师生互动，促使中下等生越来越多。如果学困生在每一节课中都得不到关注，长久下去缺漏的知识越积越多，问题也就越来越难以解决了。

③ 应做好复习课的准备工作

a. 要收集、整理好与本节复习课有关的信息、资料、教具、学具等。教师和学生都要去收集，收集和处理信息、资料也是一种学习，要让学生从小养成收集和处理信息资料的好习惯。

b. 要了解学生对本单元、本册和整个小学数学知识内容的掌握情况。学生已经掌握了哪些内容，哪些内容学生还没有掌握，是多数学生没有掌握，还是少数学生没有掌握，掌握的程度如何，是否形成了能力等。

c. 要认真设计好教案。根据收集和了解的情况结合本节课的内容设计出符合学生学习的教学方案，一是如何将本节要复习的内容整理成块，给学生以整体的意识；二是精选例题，复习内容的组织可以理解为例题的选择和练习题设计。备课时，一要在情境的创设中引入基础知识的复习；二要通过基础内容的发展，呈现复习例题，让学生根据例题能举一反三的学习其他内容；三要精选学生的习题，杜绝"炒冷饭"或打题海战术。

d. 要设计好教学课件。要根据复习内容设计必要的课件，使课件在复习的过程中为知识的整理、夯实、巩固、提高服务。

2. 空间与图形

空间与图形复习课要让学生回忆所学的主要内容，并让学生进行讨论、口述。回忆是学生将过去学过的旧知识不断提取而再现的过程，是复习课不可缺少的环节，教师要有意识地引导学生看课题回忆所学的知识，看课本目录回忆单元知识。

复习开始时，先向学生说明复习的内容和要求，然后引导学生回忆。回忆时，可先粗后细，并让学生进行充分讨论，在此基础上引导学生进行口述，或出示有关复习提纲，引导学生进行系统的回忆。

引导学生对所学的知识进行梳理、总结、归纳，帮助学生理清知识线，分清解题思路，弄清各种解题方法联系的过程。要根据学生的回忆，进行从"点—线—面"的总结，做到以一点或一题串一线、联一面，特别是要注意知识间纵横向联系和比较，构建知识网络。要教会学生归纳、总结的方法。在帮助学生理清知识脉络时，可以根据复习内容、教学信息容量的多少，分项、分步进行整理。

对单元中的重点内容和学生提出的疑难作进一步的分析，帮助学生解决重点、难点和疑点，从而使学生全面、准确地掌握教材内容，加深理解。这一环节重在设疑、答疑和析疑上。如内容较多时，可以分类、分专项进行分析、对比。

选择有针对性、典型性、启发性和系统性问题，引导学生进行练习。通过练习，提高学生运用知识解决实际问题的能力，发展学生的思维能力。练习时，可通过题组的形式呈现练习内容。要注意算理、规律和知识技能的纵横联系，抓一题多解或一题多变，做到举一反三，使学生通过练习不断受到启发，在练习中进一步形成知识结构。在练习设计中，可通过典型多样的练习，帮助系统整理；设计对比练习，帮助比较与辨析；设计综合发展练习，提高学生的解题能力。

让学生对复习的结果进行评价与反馈。教育心理学十分重视教学评价与反馈，认为通过教学评价给予学生一种成功的体验或紧迫感，从而强化或激励学生好好学习，并进行及时的反馈和调控，改进学习方法。复习完成时，可选取数量适当的题目进行当堂检测。

（1）课型设计出发点

① 课程标准下的教学要求

涉及"空间与图形"的一共有两部分内容：角的度量，平行四边形和梯形。其中，角的度量是基础，两条直线在同一个平面上的关系只有相交和平行两种，垂直是相交的一种特殊情况，要判断两条直线是否垂直，就要有角的度量知识；而平行的概念又是学习平行四边形和梯形的基础。这些几何概念紧密相扣，很难脱离其他概念来单独认识某个概念。因此，教材上把这两部分内容集中复习，目的就是为了让学生理解它们相互之间的关系，理解这些几何概念的本质。

② 关于学生的认知情况

学生在学习了简单图形基本特征后，已掌握部分空间与图形知识，已经具备了初步的观察、分析能力。在此基础上，要建立知识与生活的密切联系，使学生在快乐、充实的复习中得到一定层次的提高；更好地培养和提高学生分析和解答应用题的能力，发展学生思维概括的能力，把学生解应用题过程中的思维水平提高一步。

（2）课型实施流程

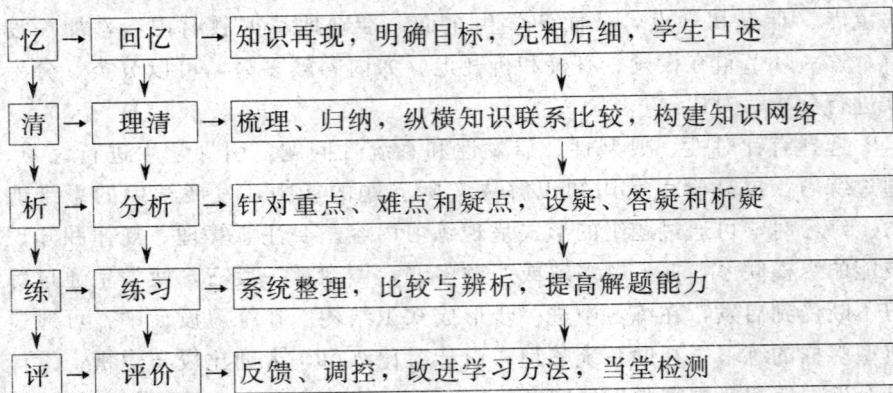

忆	→	回忆	→	知识再现，明确目标，先粗后细，学生口述
清	→	理清	→	梳理、归纳，纵横知识联系比较，构建知识网络
析	→	分析	→	针对重点、难点和疑点，设疑、答疑和析疑
练	→	练习	→	系统整理，比较与辨析，提高解题能力
评	→	评价	→	反馈、调控，改进学习方法，当堂检测

（3）课型实施的关键

① 梳理知识，构建网格

梳理就是将已学过的知识点按一定的标准分类，实质就是将知识条理化、系统化的思维过程。复习课应根据复习知识的重点、学习的难点和学生的薄弱环节，引导学生把已学的知识进行梳理、分类、整合，弄清它们的来龙去脉，沟通其纵横联系，从整体上把握知识结构。这一过程教师要充分发挥学生的主体作用，通过引导点拨来达到促使学生相对完善知识，逐步趋于系统化。

②　主体参与，质疑问难，提高能力

丰富的情感体验是学生自主学习的动力因素，积极的情感体验能够诱导学生的求知欲望，激活学生已有的知识经验，积极参与认知活动，使学生在积极情感的支持下，自主地、能动地搜索已经学过的知识。

在复习教学中，教师要保证学生有充裕的活动时间与思维空间，给学生提问题及质疑问难的时间与机会，使他们在复习中动手、动口、动脑、多实践、多思考。引导学生质疑问难，使学生成为真正的学习主体。

③　总结知识，揭示规律

在复习中，教师经常会总结以往的数学知识，使学生集中温习，集中理解，应用知识，解决问题。教师加强学生知识的概括、分析、综合、比较，揭示解题规律和思考方向，使学生能举一反三，触类旁通。例如，在应用题复习中，要善于让学生揭示解题思路，积累和总结解答经验与方法。另外，复习课的功能应该着眼于"提高解决问题能力"之上，所以复习课的练习应体现综合性、灵活性和发展性，有利于培养学生的实践能力和创新意识，让不同层次的学生都有不同方面的提高。

④　把握尺度，分层发展

在复习过程中，要体现"不同的人学不同的数学"的基本理念，使不同的学生得到不同的发展。使每名学生，特别是中下等生都能达到《数学课程标准》提出的基本要求。教师要从"以学生发展为本"的基本理念出发，鼓励和引导学生自查、自纠、自补。查和补的内容不仅是知识和技能方面，还应包括数学的思想、方法和自主学习能力等。还要根据不同学生之间的差异，组织不同层次的练习，提出不同层次的发展要求，使不同的学生得到不同的发展。

3. 统计与概率

统计与概率复习课中学生通过品读本单元的内容，进行提炼和浓缩，通过思考和交流使学生对知识进行有效的整理，将本单元的新知识构建入学生原有的知识体系。

设计综合性练习题。这组题应囊括本单元的主要知识点，采取一定的形式（独立练习、同桌合作、四人小组合作或自找小伙伴合作）组织学生对统计中提供的数据进行分析，或对可能性的大小作出预测，或对提出的数学问题用所学的新知识来解决，或对游戏中存在的问题发表见解，在练习中交流，在交流中练习。

学生在自主学习过程中，教师要及时捕捉存在的问题，设计有针对性的问题情境，对学困生予以帮助。让每个学生在复习课上都有所收获，有所提高，在练习中感悟和升华知识结构。

（1）课型设计出发点

① 课程标准下的教学要求

"统计"在教材中的主要内容是复式条形统计图。复习的重点是让学生体会这种统计图的特殊作用。在绘制复式条形统计图的过程中，既要看出每组样本中不同类数据的差异，也要看出不同组样本的数据差异，同时还要看出数据变化的整体趋势。除此之外，让学生学会分析统计图中的数据，根据统计图中的信息，开放性地提出问题，使学生的统计知识和统计观念得到进一步提升。

② 关于学生的认知情况

学生在学习新课时，经历了把两个单式统计表合并成一个复式统计表的过程。因此，复习时学生在已有知识和经验的基础上，需自己整理复式条形统计图的绘制方法，讨论和交流复式条形统计图与单式条形统计图有什么联系和区别，进而从更高更宽的角度对统计图有新的认识，进一步建立统计观念。在复习课的设计中，以突出统计活动的全过程为教学主线，让学生在作统计的过程中真切感受统计、理解统计、运用统计。

（2）课程实施流程

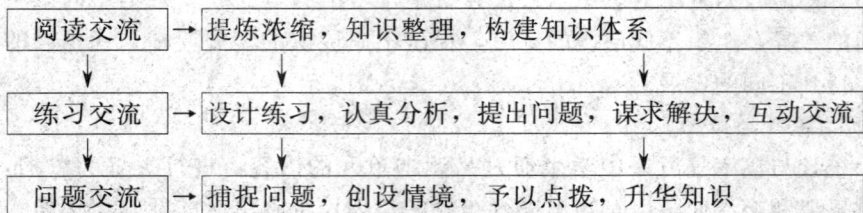

阅读交流	→	提炼浓缩，知识整理，构建知识体系
练习交流	→	设计练习，认真分析，提出问题，谋求解决，互动交流
问题交流	→	捕捉问题，创设情境，予以点拨，升华知识

（3）课程实施的关键

在小学数学的"整理与复习课"中主要指教师要引导学生对所学的知

识进行有序的分类、综合，加以梳理，并运用知识解决实际问题，从而提高学生的思维能力和学习能力，培养学生的创新意识和实践能力。

① 揭示目标

教学目标具有导教导学的作用。在确定一节复习课的复习目标时，既要考虑目标的全面、准确、有度，也要考虑出示复习目标的艺术，掌握目标出示的时机。出示复习目标视需要而定，可直接用小黑板挂出，也可以师生认标或学生之间认标。揭示目标时，教师要引导学生用简洁、明了的目标去复习，这样的目标，就可以发挥航标灯的作用。

② 再现知识

复习课的主体是知识的再现、提取的过程。教师要通过合理的方法，设置恰当的问题与习题，通过小组讨论、交流以唤起学生的回忆。基础训练要针对学生平时学习时多发病而编拟，以求引导学生辩论，消除模糊的或错误的认识，进一步认清知识的本质。根据学生个体发展的差异性，在基础训练中可采用小组学习的方法进行，应尽最大可能让学生独立完成，教师根据反馈信息，及时引导矫正，力求保持整体学习在这个阶段的同步发展。

③ 梳理沟通

梳理是将已学过的知识点按一定的标准分类，将知识条理化、系统化。沟通是引导学生把那些有内在联系的知识点在分析、比较的基础上串联在一起，也就是所谓的知识泛化，达到学一点懂一片、学一片会一面的目标，这是复习课的一个显著特征。在这一过程中，教师要充分发挥学生的主体作用，通过引导点拨来达到促使学生相对完善知识，逐步趋于系统化。

4. 实践与综合运用

实践与综合运用的复习课要创设良好的学习氛围，激发学生的学习兴趣，提高学生的认知内驱力，是引导学生开展主题式复习的前提。

教师要充分发挥自己的主导作用与学生主体的积极作用，创设良好的教育教学情境，呈现复习主题，激发学习兴趣，提高学习内驱力。学生通过对教师或同学呈示的材料进行认真的阅读、观察和分析，把生活原型和现实问题转化为数学问题，发现复习的主题，为开展主题式复习奠定良好的基础。

　　为了提高全体学生的素质，在教学中必须充分调动学生学习的积极性，培养学生的创新精神，锻炼他们动手操作的能力。在交流研讨中，学习的方法就这样自然而然地孕育生成了。事实证明，这是一种适合时代发展潮流并且深受广大学生喜爱的新的学习方式。

　　新课程标准提倡在交流研讨中学习，是我们培养未来合作型人才的好方法。课堂上交流研讨具有特殊作用：可发挥学生民主性，各抒己见，培养学生灵活思维。学生在交流研讨中总结出学习方法：形式多样，体现交流研讨的团结精神。

　　学生的思维离不开实践活动。小学数学教学中重视动手操作，是积极实施素质教育，发展学生思维，培养学生数学能力最有效的途径之一。实践出真知，小学数学教学中的动手操作过程，把学生带进了一片全新的天地。它不但能培养学生具体的操作技能技巧，而且对于学生认识能力、思维能力、创造才能的发展以及情感的培养、意志的锻炼都存着重要意义。

　　教学中，能够让学生进行实验操作的内容有很多，教师要设计好方案，把握好时机，尽量让学生的多种感官参与学习活动，这对提高学生学习兴趣，培养学生的学习能力、实践能力和创新精神是有百利而无一弊的。

　　动手操作，要注意学生主动探索，发现规律；要注意培养学生的创新意识；要注意激发学生的学习兴趣；要注意发挥学生的语言功能；要注意操作方法的恰当性；要注意操作过程的有序性；要注意调动学生的各种感官。

　　除此之外，动手操作实践活动还要做到适时，在学生想知而不知、似懂而非懂时进行，操作活动可以起到化难为易、化抽象为具体的作用。

　　教师要善于激发学生的求知欲，使学生乐于尝试、探索，要善于发挥学生的能动性，让学生勇于质疑、悟理，学生就能自始至终以高涨的情绪从事学习和思考，在探索中意识到自己的智慧力量，体验到创造的快乐，从而为今后学习打下良好的基础。

　　无论是同桌的双向探讨、研究，还是小组探讨、研究，及至班集体内的大研究，都是人与人之间的一种交互合作行为，这种合作性，提升了课堂教学的探究氛围。

　　通过研究，学生之间、学生与教师之间可以交流思想，交换意见，实现课堂内的互动，为课堂教学带来了动态发展的特质；课堂探讨、研究有利于思维的碰撞，新观点的生成，也有利于个体在研究中反思自己的行为和观点，加以更正；在研究过程中，每个学生都是主人，都有责任发表见解，能够最大限度地调动每一个学生参与的积极性。上述特征决定了课堂教学中探讨、研究的应用空间和价值，也进一步使探讨、研究成为一个值得长期关注的话题。

实现课堂研究有效性需要做到五点：

① 关注学生的认知特征，以决定怎样运用研究，根据不同年龄、不同知识储备和能力储备的学生，选择、实施不同的研究方式。

② 练习课学生有决定研究伙伴的权力。在自主选择的学习伙伴面前，学生的学习心态更为放松，责任感却更强，这样就促使学生在研究过程中竭尽全力。

③ 研究方式的多样性。

④ 研究目标的动态与开放性。教师只有将学生的研究置于自由开放的目标领域，才能让学生真正在研究中有所生成，产生可贵的教学资源。

⑤ 教师的合理角色定位。教师在充分放权的前提下，要平衡在研究过程中发表观点的权力，教师的参与在于引导和平衡学生参与研究的差异，真正让研究成为每一个学生的"研究"，而不仅仅是一部分优秀学生的专利。

学习数学的主要目的在于用数学知识解决生活中的实际问题，让数学走进现实生活中，使学生体会数学的应用价值，进一步培养学生应用数学的意识和综合应用数学知识解决问题的能力。

学生们根据自己的经验及以往的数学知识交流讨论，教师从学生熟悉的生活情境出发，选择学生身边的、生动有趣的、有利于主动探索的事物，创设鲜明的问题情境，让学生应用数学思想、方法或数学知识来拓展低年级学生主动解决问题的能力。

体会数学与自然及人类社会的密切联系，增强数学的价值观，增进对数学的理解和学好数学的信心；学会运用数学的思维方式去观察、分析现实社会，解决日常生活中和其他学科学习中的问题，增强应用数学的意识；树立创新精神，重视实践操作，使情感态度和一般能力方面都能得到充分发展；获得适应未来社会生活和进一步发展所必需的重要数学知识（包括数学事实、数学活动经验）以及基本的数学思想方法和必要的应用技能。

（1）课型设计出发点

① 课程标准下的教学要求

整理与复习不是简单的知识再现，不是一味地做练习题。整理与复习课是指让学生在教师的组织引导下按照一定的标准对所学的知识进行有序的分类、综合，加以归纳整理，并能灵活运用所学知识去解决实际问题，从而提高思维品质和各种能力。

② 关于学生的认知情况

学生已有了一定的数学知识，在实践与综合应用中学习是将原先学习过的数学知识内容进行高层次上的再学习，它更多的是一个加深数学知识理解，扩大数学知识联系，进一步提高数学知识掌握水平，提高数学知识应用能力和技能的过程。

（2）课型实施流程

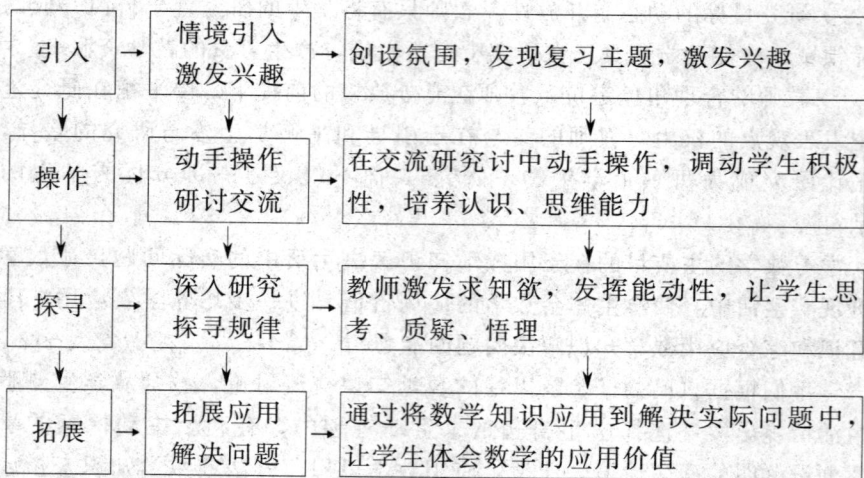

引入	→	情境引入激发兴趣	→	创设氛围，发现复习主题，激发兴趣
操作	→	动手操作研讨交流	→	在交流研讨中动手操作，调动学生积极性，培养认识、思维能力
探寻	→	深入研究探寻规律	→	教师激发求知欲，发挥能动性，让学生思考、质疑、悟理
拓展	→	拓展应用解决问题	→	通过将数学知识应用到解决实际问题中，让学生体会数学的应用价值

（3）课型实施的关键

本课型教学要注意例题设计。例题设计要体现以下几点：

① 例题设计要有利于抓准基础知识。小学数学知识点多、面广，基本概念、法则、性质、公式等知识分散在各章节中。复习中的例题，就必须围绕和涵盖这些知识点来精心设计，做到数量少、覆盖面广、启发性强，否则就会顾此失彼。

② 例题设计要有利于进行题目的变化，加深对知识的认识。

③ 例题设计有利于纵横比较。复习教学，只有通过前后知识之间的纵向比较和邻近知识之间的横向比较，才能引导学生加深对各部分知识的理解程度，才能使学生体会完整的结构。因此，复习选例要兼顾知识之间的纵横比较，以收到触类旁通的效果。

（三）讲评课教学的课型

1. 试卷反思

教师分析试卷，了解学生对知识的掌握情况；学生自行改错，完成未做题目，思考别的解法。

教学中，教师可以通过设计表格让学生先纠错并查找错因，然后分组讨论题型归类及分析疑难问题的解法。学生试卷中的错误主要为如下几类：

（1）知识性错误。主要表现为概念理解错误，公式、定理和法则记忆不准等。

（2）逻辑性错误。主要表现为思维混乱、推理不严、表述不清等。

（3）策略性错误。主要表现为不仔细审题，解了半天，才发现看错了题的条件或漏掉了条件；拿到试卷，不整体看试卷中哪些题熟悉，哪些容易，不分难易，依次解答；遇到难的题，花时过多，导致后面能做的题没有时间做；等等。

（4）心理性错误。主要表现为缺乏坚强的意志和信心，遇到计算较复杂的问题，就心烦意乱，没有毅力坚持完成；见到综合性较强的试题和应用性试题，就产生畏惧心理，完全放弃，使本来可以得到的分数丢失；焦虑过度，在考场上过于紧张，使本来能做的题由于心理紧张而不能完成等。

在分清了错误类型后，就可以有针对性地进行剖析。

2. 分类讲评

按知识或思想方法讲评。把学生极易混淆的题目放在一起辨析，呈现错解，暴露思维过程，进行矫正、补救等善后工作。设计一题多变、一题多问的题组展示学生一题多解的成果，择优而取。

（1）评价总体

评价总体，即通过分析和处理试卷反映出的信息，对全班学生某个单元或某个阶段的学习与目标实现的程度作出价值的判断与评估。评价总体还包括对课堂上学生这一阶段的表现情况进行总结性的评价。

（2）评价个体

评价个体，即通过分析和处理试卷反映出的信息，对学生个体某个单元或某个阶段的学习与目标实现的程度作出价值的判断与评估。评价个体还包括对课堂上个体较为典型的行为表征进行评价。通过对个体学习状况满足学习目标与教育目标的程度、存在的问题及其原因的分析、评估，帮助学生了解自己学习目标的达成度，对自己的学习情况心中有数，有针对性地制定改进的措施。因此，在对学生个体进行评价时，要以质性评价为主，评价的重点放在纵向评价，放在对个体过去与现在的比较和学生的发展变化与素质的增值，而不是简单的分等排队，等等。

（3）评价考查方式

评价考查方式是指对试卷考查了哪些内容，以什么方式考查，用哪些题型考查，各种题型的功能与作用，考查的目的以及考查到哪种程度等进行分析、评估。通过对试卷考查方式的评价，以帮助学生了解对所学知识与能力的要求，以便学生改进并调节自己的学习方式和学习的目标。

（4）评价典型问题

评价典型问题主要是对试卷中的典型错误和典型解法的分析、评价。

对典型错误的评价，重点还应放在对错因的深入剖析上。为了能对典型错误进行深入剖析，就必须分清错误的类型。通过对错因的深入剖析，引发学生对头脑中的错误产生内在的"观念冲突"，进行"自我否定"，从而打破原有错误的"认知平衡"，建立新的、正确的"认知平衡"。

对典型解法的评价重点还应放在对典型解法的展示和比较上。通过对典型解法的展示，可让学生得到成功的满足，激发学生的成就动机。通过对典型解法的比较，提高学生的聚合思维能力和思维的批判性，提高对数学思想方法的理解与体验，对数学解题规律的理解与掌握，从而进一步提高学习、研究数学的积极性和探究热情。

3. 补救提高

按知识或方法设计一组巩固提高练习题，使学生对所学知识进一步强化。

题组练习要分为三个层面：第一层面是巩固当堂知识内容的；第二层面是体现能力方面的；第三层面是联系实际的。因此，题组练习，一组巩固练习；二组提升拔高；三组拓展延伸（也就是联系到实际生活中）。

4. 课型设计出发点

评讲课是复习课的延续，通过对学生问题的暴露、疑难的解析，对症下药才能治标治本。由于评讲课受时间的限制，决定了一节课的处理不可能面面俱到，而应针对试题的内容、功能进行挖掘，针对学生存在的问题或薄弱环节进行补救或提高。

心理学研究表明：学生的学习心理动机常表现为希望得到好的分数，不能落后于同伴，希望经常受到教师的赞扬，等等。即具有荣耀性等心理倾向。数学讲评应保持和强化这些心理动机。因此，表扬激励应贯穿于整个讲评始终。

学生最想了解到的是：各分数段的人数和试卷中存在的主要问题，以便确定自己在班中的位次和答题中的主要失误所在。教师切忌不分轻重，面面俱到。因为大多数问题均可以做到自行解决，甚至有些问题刚考完就已经发现并解决了，其中以同学间相互讨论帮助最多，只是对一些难度较大的题目要等到讲评课上去弄清楚。另外，有些题目虽然解对了，但还是特别想了解还有没有其他更简捷、更巧妙、更优秀的解法。最好的形式是教师把问题摆出来，让学生独立思考或通过同学间的相互讨论而获得解决，这样做学生的印象会更深刻，不易忘记。某个问题出错，可能是与该题相关的双基掌握不扎实，或能力不够有关。可能这个问题当时懂了，但是换个角度可能还是不会或出错，教师应当围绕该问题再出一些变式练习，以求巩固。

5. 课型实施流程

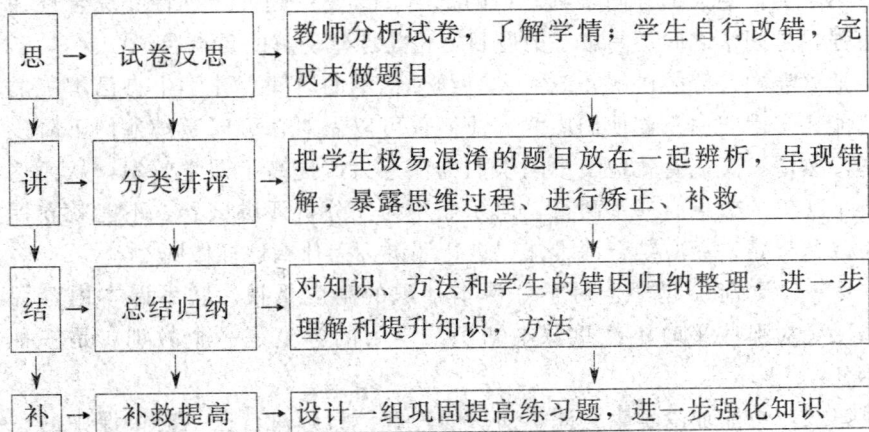

思 →	试卷反思 →	教师分析试卷，了解学情；学生自行改错，完成未做题目
讲 →	分类讲评 →	把学生极易混淆的题目放在一起辨析，呈现错解，暴露思维过程、进行矫正、补救
结 →	总结归纳 →	对知识、方法和学生的错因归纳整理，进一步理解和提升知识，方法
补 →	补救提高 →	设计一组巩固提高练习题，进一步强化知识

6. 课型实施的关键

试卷评讲效果的好坏，不仅关系到学生基础知识的巩固与否，而且会直接影响到学生今后考试的成败。《数学课程标准》在评价建议中指出：评价的目的不仅是为了考查学生实现课程目标的程度，更重要的是为了检验和改进学生的学习和教师的教学，改善课程设计，完善教学过程，从而有效地促进学生的发展，不应过分强调甄别和选拔功能。

（1）讲评内容的取舍

一张试卷分析下来，基本上每题都有学生错。因此，在试卷讲评的时候，很多老师会选择逐题讲解，他们觉得这样讲起来比较方便，同时学生了解得比较全面，学生掌握起来也比较容易。其实不然，一张试卷事无巨细地讲下来，教学方式比较呆板不说，很多学生因为没有错就没有听的需求和激情。这样，当他们到自己错的题目的时候也会因为精神放松而不能迅速集中注意力，影响了听课的效果。通常情况下，可以把试卷中的内容分为三类：

第一类，无错或者很少出差错的试题。这类题目大多是基础题，学生可以查阅答案。教师通常不讲评，而是下课后让学生自己进行检查订正，实在解决不了的题目，再请教同桌或者课代表。

第二类，部分学生有差错的试题。这部分题目大多是由课本知识衍生而来，教师视情况定政策，是同学间交叉讲解、小组讨论，还是课内解决，具体问题具体解决。

第三类，绝大部分同学有差错的试题。这类试题的迷惑性、综合性往往很强，是同学之间不易解决的题目，也是课堂讲解的重点。

把试卷题目分类讲解，既大大节约了学生的时间，让学生自己解决的题目能让学生明白只要他们愿意，他们也可以做对，可以激励他们下阶段的学习热情，又能有效地集中同学们的注意力，提高了课堂效率，从而达到事半功倍的效果。一举两得，何乐而不为？分析评讲试卷，不能就卷评卷，以题析题，而应结合课本知识进行评讲，为什么这样做呢？

第一，更能引起学生对学好课本知识的高度重视。联系课本内容评讲，无疑对那些平时不注重课本知识的学习的学生是一个教训，是一种警示。

第二，更能加深学生对课本知识的理解。教师对自己平时讲课中的一些未从理论上加以阐释的知识，可借评讲试卷深入讲解。

（2）试卷讲评课可以采用的有效方式

① 考试小结。小结内容包括本次考试的准备情况，答题情况，得分情况，出错的主要原因，等等。反思"错在哪儿了"，是基础不扎实还是审题不细心，是解题表述不规范还是隐含条件的意义不清，是思想不重视还是心理紧张过度，是实力分还是运气分。要找准病根以对症下药，以求收到实效。

② 订正试卷。对照答案写出对题意的理解、解答过程等。老师做好个别辅导和答疑工作。

③ 迁移练习。选择适量的有针对性的作业，让学生有巩固和练习的机会，同时检验一下"这回"是否真的明白了，若又错了仍需继续找原因。学生的正确概念是在不断地同错误概念进行斗争，不断地从失败到成功的过程中逐渐形成的。

（3）讲评课教学要注意的问题

① 及时性，及时将考试的结果和答案反馈给学生是取得较好讲评效果的一个重要因素

要趁热打铁。如果第一天考完，第二天能够把知识部分讲评，效果会很好，学生的关注程度很高。反之，把试卷发放和讲评安排搁置的时间太长，学生解题时产生的思维火花早已消失殆尽，能够刺激学生的也就只剩下分数了。

② 有针对性，选题要典型

一份试卷批改下来，通过统计分析，总有一些错误是共性的，这类错误题才是讲评的重点。不能面面俱到，要选择新颖独到的题，学生出错较多的题。每次试卷讲评都应根据教学进度和学生答题的实际情况确定一两个重点，采用专题式的讲评模式，宜精讲不宜多讲。

③ 延展性，要借题发挥

讲评过程中，老师要帮助学生理清系统知识结构，使学生在头脑中形成一个经纬交织、融会贯通的知识网络。在讲解时，可以展现对某题的各种解法，着重分析各种解法的思路，让学生分析比较各种解法的优缺点，从中寻找出最佳的方法和一般的规律。一般是列举错误类型，分析存在的问题，指出答题思路。

④ 激励性，增强信心

只要考试，学生成绩肯定有好、中、差之分。学生的学习心理动机常常表现为希望得到好的分数，不甘心落后于同学，取得成绩后希望得到教师的表扬。在试卷讲评课上，教师应最大力度挖掘学生的闪光点，然后予以肯定，给他们阳光，使他们下阶段学习之路更加灿烂。成绩好的学生是不用说了：答对率高、解题规范、卷面清晰、思路敏捷、有独创之处等，俯拾皆是。对于其他学生，教师要尽可能地肯定他们在某一方面的知识、能力，激发他们的学习兴奋度和积极性，以有激励性的话语，肯定他们的创新，保护他们的创新意识。

⑤ 互动性，再现情境

只有理解的东西，才能被学生消化吸收，而讨论则是打开学生思维闸门的一把钥匙，同时也是促进理解的重要途径，能够充分调动学生的学习热情和发挥学生的潜能。教师要多给学生提供表达自己思维过程的机会，让他们通过质疑、提问、讲解，再忆考试时的思路，再现考场情景。考试试卷虽然相同，但学生分数参差不齐，解题思路各有差异，知识缺陷和错误情况也不尽相同。每次讲评安排几道题目由学生来介绍解题思路，既能调动学生的积极性，也使讲评更贴近学生的心理。

对于一些较难的、小组里不能解决的题目，教师就要有意识地请同学上讲台来讲评。目的是呈现多种信息，哪怕是错误的。让同学在多种信息面前分析比较，自己找到问题的答案。由于问题来自于学生，他们解决起来也会更主动，所学的知识就要比以往掌握得更牢固了。

第三章　小学数学课堂创新

第一节　自主型课堂

　　教育作为文化—心理过程，所关注的是理想个体的生成与发展，它有这样两个对立统一的基本点：价值引导与自主建构。教育的终极目标在于使学生"学会学习"、"学会研究"、"学会关心"、"学会生存"，不断提高能力，不断提升精神境界，成为适应现代社会需求的、身心健康的、幸福的人。学生是有自由意志和人格尊严的现实的人，学生的精神世界是自主生成、建构的，而不是外部力量塑造的，因为任何学习都是一个积极主动的建构过程。

　　《数学课程标准》强调改革学习方式，促进学生发展，就是要转变单一的、被动的学习方式，提倡和实践多样化的学习方式，特别是要提倡自主、探究与合作的学习方式，让学生真正成为学习的主人。

　　新课程所强调的"自主学习"，是就学习的内在品质而言的，是学习化社会终身学习观念的体现，相对的是"被动学习"、"机械学习"和"他主学习"。这是建立在现代学习科学基础上的一种全新的学习模式，是教学条件下的学生的高品质的学习，是为学生的自主持续发展打好基础的学习。

　　关于自主学习，国内外已经进行了大量的研究。行为主义心理学家认为：自主学习包括三个子过程：自我监控、自我指导、自我强化。自我监控是指学生针对自己的学习过程所进行的一种观察、审视和评价；自我指导是指学生采取哪些致使学习趋向学习结果的行为，包括制定学习计划、选择适当的学习方法、组织学习环境等；自我强化是指学生根据学习结果对自己作出奖赏或惩罚，以利于积极的学习得以维持或促进的过程。而认知建构主义学派认为，自主学习实际上是由认知监控的学习，是学习者根据自己的学习能力、学习任务的要求，积极主动地调整自己的学习策略和努力程度的过程。自主学习要求个体对为什么学习、能否学习、学习什么、如何学习等问题有自觉的意识和反应。

学者认为，如果学生在学习活动之前自己能够确定学习目标、制订学习计划、作好具体的学习准备，在学习活动中能够对学习进展、学习方法作出自我监控、自我反馈和自我调节，在学习活动后能够对学习结果进行自我检查、自我总结、自我评价和自我补救，那么他的学习就是自主的。他还将自主学习概括为：建立在自我意识发展基础上的"能学"，建立在学生具有内在学习动机基础上的"想学"，建立在学生掌握了一定的学习策略基础上的"会学"，建立在意志努力基础上的"坚持学"。

根据国内外学者的研究成果，我们可以将"自主学习"的特征概括为以下几个方面：

其一，学习目标自主确定。

学习者参与确定对自己有意义的学习目标的提出，自己制定学习进度，参与设计评价指标。

其二，学习策略自主选择。

学生的认知风格往往是不同的，有的喜欢独立思考，有的则更喜欢与他人交流。教师应尊重学生的这些差异，鼓励学生自主选择、积极发展各种思考策略和学习策略，在解决问题中学习。

其三，学习过程自主调适。

在学习过程中对认知活动能够进行自我监控，并作出相应的调适。

其四，学习情况自主反思。

在学习过程中要注意自我反馈、自我反思，要有内在动力的支持，注意自我鼓励，努力从学习中获得积极的情感体验。

自主学习强调学生在反复实践中自主完成学习任务，小学生一般可按以下步骤来进行：

第一，自学生疑。这是自主学习的第一步，学生通过自学发现自己不能解决的问题。

第二，合作质疑。在小组合作学习中，提出各自的疑难问题，简单的立即解决，重要的和困难的，经过小组选择、合并、修正后交全班研究讨论。

第三，探讨归纳。自主学习提倡学生对学习内容进行深入探讨，了解来龙去脉，悟出它们的内在联系。同时，还要对学习过程进行认真反思，归纳、改进学习策略，不断提高学习的效率。

第四，巩固拓展。巩固是对学习内容的尝试记忆，尝试不仅有练习这一种形式，更重要的是在实践中运用，在反思中调适，并结合现实情况深化发展。

自主的课堂是为自主学习服务的，而小学生的自主学习能力处于萌芽、形成阶段。那么，教师应该怎样构建适合小学生特点的自主学习的课堂教学环境呢？

第一，培养学习兴趣，增强自主意识。教师要从内心尊重学生，认识到学生是有独立人格的、有不同于成人的独特的生活经验和知识基础的人，学生是学习的主人。要使学生的数学学习成为一个主动的过程，就必须努力激发学生学习数学的兴趣，这是直接推动学生自主学习的心理动机。教师要学会"蹲下来"走进学生的心灵，理解学生看问题的方式和方法；要针对小学生的特点，注意运用各种教学手段，培养学生的学习兴趣；要巧设问题情境，促使学生产生探究的兴趣；要给学生提供合适的实践机会，让学生体验到应用数学解决问题的乐趣；要引导、帮助不同的学生在数学学习上取得成功，使他们体验到数学学习成功的乐趣，树立学好数学的自信心。

第二，内容难度适中，适合自主学习。小学生自主学习的能力处于开始形成阶段，数学内容又有自身的特点，并不是每个内容都适合学生自主学习，所以要慎重确定学习内容。确定学习内容时，要充分考虑学生是否具备自主解决该课题或学习该内容的生活经验、知识基础和实际能力，不能过易或过难。

第三，明确学习目标，引导自主学习。教师应把引导学生制定课堂自主学习的目标作为创建自主课堂的一项重要策略。没有目标的学习将是低效的，目标不适合的学习也不会是高效的。

第四，给足学习时间，保障自主学习。在课堂教学中，时间是最宝贵的教学资源。一个教师对课堂教学时间如何分配，直接反映了他的教学观。培养学生的自主学习能力必须有充分的自主学习时间，否则就是一句空话。苏霍姆林斯基曾经说过"自由支配的时间是学生个性发展的必要条件"，课堂上的自由支配时间，实际就是学生自主学习的时间。

第五，注重策略方法，指导自主学习。"最有价值的知识是关于方法的知识"，"授之以鱼，不如授之以渔"。要使学生能坚持不断地自主学习，关键是学生要能学会，而这就必须让学生掌握学习的方法和策略。为此，教学中要加强情境创设和直观操作，指导学生学习抽象概括的思维方法，要逐步训练学生的语言表达能力，指导学生学会有条理地思维、正确地表达自己的思维过程，等等。另一方面，学生的认知风格有不同，学习习惯和方式有差异。每个学生都有自己偏爱的、较稳定的学习方式和习惯，我们不应该强求一律，应该允许学生选择自己喜欢的学习方式和解决问题的方式。当然，教师还应该注意培养学生的策略意识，引导学生对学习策略和方法经常进行反思和小结，以便使学生不断改进学习策略，提高学习效率。

最后，总结学习成果，享受自主学习。在过去的数学教学中，一节课的总结基本上都是由教师来做。其实，这种总结不应该只是复述一节课的主要内容，也不应该成为教师的专利，而应该成为学生自我反思的极好机会。指导学生通过不同的方式自我反馈的结果，也是一个关于学习内容和方法的总结与提高的过程，从而也是享受自主学习成果、提高自主学习能力的过程。

学生在自我反思中感受到了计算方法的优越性，体会到了用旧知识解决新问题的思想方法，体验到了学习数学的快乐，这种体验性的东西别人无法代替，教师也无法传授给学生。

同时，学生在学习数学过程中的这种积极的情感体验，对于进一步激发起学生数学学习的动机和兴趣，并逐渐形成学生终身学习的爱好和良好的学习习惯，都是十分有益的。

一、让学生说说自己的想法

《数学课程标准》告诉我们：促进学生全面、持续、和谐的发展，是义务教育阶段数学课程的基本出发点。这一理念包含三个要点：关注发展，关注每一个学生的发展，关注每一个学生全面、持续、和谐的发展。然而，教学并不等同于发展，要求教学促进每个学生的发展是一回事，实际的教学是否促进了每一个学生的发展却是另一回事。不仅如此，教学不但不等同于发展，而且教学也并不是总对发展起促进作用。更直白地说，教学可能促进学生的发展，也可能妨碍和阻滞学生的发展，成为泯灭、压抑、摧残学生发展的力量。实际上，只有那些能激发学生强烈的学习需要与兴趣的教学，只有那些能给学生足够的自主空间和活动机会的教学，只有那些能引导学生展开深刻的思维活动的教学，只有那些能使学生获得积极的、深层次的体验的教学，才能真正有效地促进学生的发展。

从创设自主的课堂这一角度，我们就可以想到以下几点：

第一，要创建自主学习的课堂，必须营造平等、民主、宽松、和谐的课堂氛围。

我们看到的是教师的高高在上，是教师的话语霸权，是教师对课堂的主宰。教师应当认识到学生是数学学习的主人，是有着独特的生活经验和知识基础的学习者，是数学知识的自主建构者，而教师是数学学习的组织者、引导者和合作者，数学教学活动应该让学生充分进行思考和交流。

第二，自主的课堂应该是鼓励独立思考的课堂。自主学习的核心是独立思考，没有独立思考的学习不是自主学习，甚至不是真正的学习。

不知起于何时，我们的许多学生变得异常乖巧懂事。他们总是那么谨小慎微，总是悄悄地看着老师的脸色，生怕说错了什么话，触犯老师的尊严，惹老师生气。久而久之，学生的个性在揣测中逐渐消磨，思维在禁锢中逐渐僵化，灵性在拘束中逐渐消失，这不能不说是我们教育的一种悲哀。

第三，学生的独立思考能够提供鲜活的、宝贵的、难以替代的教学资源，是使自主的课堂有效运行的关键因素。自主的课堂是能让学生自主学习的课堂，是能让学生独立思考的课堂。一个班几十名学生，如果人人喜欢独立思考，个个善于独立思考，那我们的课堂必然是精彩纷呈的，学生在课堂上收获将会是丰盈的、全方位的。

二、让学生通过自己的思维学习数学

数学规则反映的是几个数学概念之间的关系，因此数学规则的学习层次和复杂程度都高于概念学习。规则作为一种智慧技能，其学习的实质是能用大量的例证来说明规则所反映的关系，以及能在规则适用的情境中运用规则来解决问题。简单地说就是对规则既要理解，又要会用。规则学习有两种基本方式：规则的接受学习和规则的发现学习。

（一）让学生运用自己的思维学习数学

我国小学数学教育专家指出，数学学习的本质是学生获取数学知识，形成数学技能和能力的一种思维过程。"思考"是学生学习数学过程中的本质特点。学生的数学思维是对自身活动的反思，是对已有经验的反思。学生的数学学习取决于他自己做了些什么、说了些什么、想了些什么，而不是老师做了些什么、说了些什么、想了些什么。

富有挑战性的问题，激发了学生思考、参与的积极性，在小组活动的基础上，全班范围的交流又为大家提供了更为丰富的思维材料。多种多样的例证，学生自己的语言解释，有效地拓展了学生思维的广度和深度，激活了相关的旧知识，从而为学生发现、理解、解决问题奠定了坚实的基础。数学学习是学生自主建构的过程，是学生"再创造"数学的过程，这一过程必须由学生亲自完成，教师只能帮助学生完成，而不能代替学生完成，所以要改变教师用一连串暗示性的填空式的小问题牵着学生走的现象，在学习中为学生留出充分的思维空间和时间，让学生在自己已有生活经验和认知结构的基础上，亲自动脑、动手、动口，将新的学习内容与原有的相关知识建立起实质性的联系，使他们不仅学会当前要学的内容，同时使数学思维能力得到充分的发展。

（二）让学生通过自己的探索学习数学

有效的、真正的学习都是自主学习，而自主探索是自主学习的核心，它是让每个学生根据自己的已有知识和经验，用自己的思维方式，自由、开放地去探索，去"再发现"、"再创造"数学的过程。教师要注意换位思考，多站在学生的角度想一想，对于重要的、关键的、易混的内容，要通过富有挑战性的、开放性的问题情境，激发学生积极参与，积极思考。要注意让新的信息与学生的认知结构亲密接触，让学生暴露自己的真实想法，让学生真正成为学习的主人。

应该先让学生自己动手、动脑来解决，而不是教师和盘托出答案；要求学生探索的问题，应该富有挑战性，对学生具有真正的探索价值，从而使学生的成功是经过努力后的真实的成功，而不是唾手可得的廉价的成功。别人硬塞给学生的成功是伪成功，学生自己努力争取来的成功才是他们最珍视的真成功！

我们知道，自主学习就是建立在自我意识发展基础上的"能学"，建立在学生具有内在学习动机基础上的"想学"，建立在学生掌握了一定的学习策略基础上的"会学"，建立在意志努力基础上的"坚持学"。要使学生逐步达到自主学习，在日常的教学中教师既要注意建立民主、平等、和谐的师生关系，更要多给学生提供思考的机会，使学生通过自己的思维学习数学，通过自己的探索学习数学。

三、自主建构与学习的条件

著名教育心理学家加涅认为，有效学习需要一定的条件。这些学习条件包括内部和外部两个方面。学习的内部条件，是指先前的学习结果从学习者的记忆中恢复起来的状态。

理论研究和实践经验都告诉我们，学生的生活经历、知识基础、思维方式存在着很大的差异，作为学生数学学习活动的组织者、引导者和合作者的教师应该正视这种差异，关注每个学生头脑中的"数学现实"，关注学生学习的内部条件。

学习的内部条件可分为两种：一种叫基本先决条件（必要条件），指的是学习者在完成一项学习任务时必须具备的某些特定知识、技能。这些知识、技能将成为新的学习组成部分，缺乏这些知识、技能，新的学习将不能出现。

教师的教是为学生的学服务的，是为学生的发展服务的，教师一方面不能超越学生的数学现实，想当然地增加教学内容的数量，提高其难度；另一方面也不能落在学生的数学现实的后面，只图轻松顺利，而不管学生的真实收获。

怎样的课算是一节好课？不少教师把"教学过程顺利，学生表现出色"作为评价的标准，但却往往忽视了现象背后的深层追求，即学生通过这节课到底有多少收获，学生的思维是否得到了有效的提升，因而在目标定位时也常常是仅满足于最基本的要求，停留在较低的层次上，加之在课堂上没有根据现场情况进行适时调整，从而就出现了表面一切顺利，但教学落在了学生的数学现实后面的情况，降低了教学效益，延缓了学生的发展。为了改变这种情况，教师既要研究各部分教学内容的学习条件，为学生的自主顺利建构打好基础，同时要认真研究学生的数学现实，特别是研究随着教学的进展，学生的数学现实所发生的变化，以便使得自己的教学既立足于学生的数学现实，又能有效促进学生的发展，特别是有效促进学生思维的发展。

这无疑会提升学生的思维层次，使学生进行更多的有价值的思考，增加学生对数学积极的情感体验，同时也使学生能进一步认识各种知识的特征，为后续学习奠定坚实的基础。

四、善待学生数学学习中的错误

教是为学服务的，学生在学习的过程中必然会出错，这是毫无疑义的。正因为如此，才需要教师的帮助和引导。如果学生学习中不会出错，教师也就没有存在的必要了。我们要培养学生的自主学习意识和能力，就必须善待学生学习过程中的错误。这里的"善待"有两层含义：一是要宽容，要善良地对待学生学习中的错误；二是要研究，善于对待学生学习中的错误。

首先，对学生数学学习中的错误，教师要学会宽容。

在学习中出错，是学习者的权力，是学生的权力，更是小学生的权力。教师、成人在学习中尚且会出错，那么对于认知发展水平还较低的小学生来说，在学习中出错就更是正常现象了。另一方面，每个学生都有自己的生活背景、家庭环境、特定的生活与社会文化氛围，这导致了不同的学生有着不同的经历、不同的思维方式、不同的兴趣爱好、不同的发展潜能。不同学生之间的差异是永远存在的，在学习数学方面差异往往更为明显（加德纳的多元智能理论就证实了这一点）。正因为如此，在学习同一个数学内容时，学生既有在复杂处出错的可能，也有在简单处出错的可能；既有一次出错的可能，也有多次出错的可能。张三在此处不出错，李四有可能在此处出错；多数人在此处不出错，少数人有可能在此处出错。要允许不同的学生用不同的速度、不同的方式学习数学，允许不同的学生在数学方面得到不同的发展。新课程力图最大限度地满足每一个学生的数学需要，最大限度地发展每一个学生的潜能，其中很重要的一点就是特别关注在数学学习上能力不足或暂时有困难的学生，要让所有学生都达到基本要求。要实现这一点，教师就要宽容对待学生的错误，当学生出现错误时，不要大声呵斥，不要漠然置之，不要让大红的叉和讥讽的语言扑灭他们心头想学好数学的希望之火，而应该以平等、信任的心态尊重他们，小心翼翼地呵护他们的情感，热情地鼓励他们树立学习信心。

宽容对待学生数学学习中的错误，有利于创造民主、平等、和谐的数学学习氛围，学生在宽容、理解、安全的心理环境下，数学思维会更活跃，学习效率会更高，更容易形成良好的数学学习体验，也利于培养起学习数学的自信心。反过来，冷漠、苛刻地对待学生学习中的错误，会抑制学生学习数学的兴趣，使他们对数学学习产生不良的情绪，降低他们学习数学的效率，进一步造成他们学习数学的困难。

其次，对学生数学学习中的错误，教师要学会研究，善于对待。学生在数学学习中出现的错误，都不是空穴来风，必然有其原因。错误和原因之间的关系是复杂的，原因或浅或深，或明或暗，或内或外，可能多个原因导致了一个错误，也可能一个原因导致了多个错误，正所谓"正确的思路也许相似，错误的思路则各有各的不同"。因此，教师对学生数学学中出现的错误要认真研究，研究错误产生的原因，研究引导学生纠正错误的方法，做到善于对待学生数学学习中的错误。

"错误是一朵美丽的浪花"，数学课堂上教师要善于捕捉这类美丽的浪花，把它们当作宝贵的课程资源，在弄清错误产生原因的基础上，耐心、细心地引导学生纠正错误，力争使错误的价值达到最大化。

有时对于学生出现的错误，教师不必直截了当地去纠正，可以将错就错，不动声色地给学生提供"自我反省"、"自我否定"的机会，使学生在不知不觉中发现错误、改正错误。

善于引导学生纠正数学学习错误的教师，常常能收到"纠错一个，受益一片"的奇效。

总之，为了在数学教学中有效促进每一个学生的发展，为了培养学生自主学习的意识和能力，教师要能宽容、善良地对待学生数学学习中的错误，要认真研究、善于利用学生的错误，真诚、不露痕迹地帮助学生改正错误，让每一名学生真正体验到学习数学的快乐！

五、如何培养小学生学习数学的兴趣

学习是学生的主要任务。如果学习完全来自外在的要求，那么学习就会成为学生的一种负担、压力，学生的体验就是无奈的、痛苦的，而苦学是一种不能持续的学习行为。如果学习来自内在的需要，它就会成为一种欢快的、愉悦的活动，学生的体验就是幸福的、快乐的，乐学才是一种可持续性的学习行为。让学习成为学生的一种精神需要，而不是一种外在压力，改变学生的学习状态和学习体验，使学生从"受逼"学习的状态中解脱出来，让学生变得爱读书、爱学习，是课程改革的头等大事和教学改革的首要任务。

研究表明，小学生的数学学习兴趣具有如下特点：从对数学学习过程或活动本身感兴趣，逐渐转向对学习的内容或需要独立思考的学习作业感兴趣，即从直接兴趣逐步转向间接兴趣；小学生对具体事物和经验具有浓厚的兴趣，同时对抽象的因果关系的兴趣也在逐步发展；小学低年级学生对通过游戏方法了解数学学习很感兴趣，但中年级以后，游戏对数学学习兴趣的激发作用逐渐降低。

《数学课程标准》指出：学生数学学习的内容应该是现实的、有意义的、富有挑战性的，这些内容要有利于学生主动地进行观察、实验、猜测、验证、推理与交流等数学活动。教材中画角的步骤是静态陈述的一种结论，怎样激活教材，使教学过程呈现生动、多样、富有生命活力的形态，成功案例中的教师采用了创设认知冲突情境、开放探索时空、激发学生学习兴趣的方法。

认知冲突往往会使人处于一种内部失调状态，而这种内部失调是促使人们解决问题的重要动力。学生在学习过程中一旦陷入矛盾、冲突的认知情境中，求知欲便会大大增强，学习兴趣也会大为提高。

苏霍姆林斯基曾说："在每个学生的心灵深处，都有一种根深蒂固的愿望，即想成为一个探索者、研究者。"美国数学教育家波利亚指出："学习任何知识的最佳途径，都是由自己去发挥、探索、研究，因为这样理解才更深刻。"探索改变了机械操作的局面，给课堂开创了新的天地，学生享受到了自主感悟、发现、创造的成功与快乐，教师也因学生的智慧、创新而惊喜，教学过程因而充满生命的活力。

第二节 合作型课堂

合作学习是针对教学条件下学习的组织形式而言的，相对的是"个体学习"。有学者指出："从本质上讲，合作学习是一种教学形式，它要求学生们在一些由4—6人组成的异质小组中一起从事学习活动，共同完成教师分配的学习任务。在每个小组中，学生们通常从事于各种需要合作和相互支持的学习活动。"

合作学习的基本要素是：积极地相互支持、配合，特别是面对面地促进的互动；积极承担共同任务中的个人责任；成员之间进行有效的沟通，建立并维护成员之间的相互信任；对于个人完成的任务进行小组加工；对共同活动的成效进行评估，寻求提高其有效性的途径。在这里，合作的动机和责任是合作学习取得良好效果的关键。

合作学习是新课程所倡导的一种有效的学习方式。在以班级授课制为主的教学组织形式下，采用小组合作学习的形式，首先可以大大增加学生参与数学学习活动的机会，提高学生参与数学学习活动的程度。因为小组内有分工、有责任，大家都必须发言。在这种全员参与中，每个人都可以得到锻炼，同时也活跃了气氛，提高了学生的学习兴趣，促使学生成为学习的真正主人。其次可以改善传统的师生单向交流的方式，促进学生之间多向互动的交流，使得每个学生都有表达自己观点和了解他人想法的机会。由于同一年龄阶段的学生思维水平、认知能力等各方面都比较接近，因此合作学习可以促进学生对问题的理解，有助于因材施教，弥补一个教师面向有差异的众多学生进行教学的不足，从而有利于实现使每个学生都得到发展的目标。同时，个体间的差异在合作学习中是一种重要的教学资源，学优生得到了锻炼，因为他们的意见多数被肯定，而学困生也在互补、纠错、完善中得到了提高，因为他们许多虽然不对但真实的想法被暴露后，可以得到同伴和老师的具体帮助，学习的实效比过去更好，所以有效的合作学习可以达到集思广益、取长补短、共同进步、协同发展的目的。第三，当今社会，既充满竞争，很多工作又需要团队协作方能完成，而合作学习既有组内的合作，又有组际间的竞争，因此有助于培养学生的合作精神和竞争意识。最后，由于合作学习中有学习者的有效参与、高密度的交互作用和积极的自我概念，因而合作学习过程不仅是一个认知过程，同时也是一个交往与审美的过程。

合作学习的一般操作程序可分为四步：第一，教学前的决策，包括明确具体的目标，划分小组，指派角色，准备学习材料等。第二，讲解任务与合作关系，包括讲解学习任务，确立积极互助关系，确保人人尽责等。第三，督促与干预。第四，评估。

虽然合作学习是一种有效的学习方式，但在现实的课堂实践中，还存在着许多不容忽视的问题：有合作学习的形式，没有合作学习的实质，表面热热闹闹，实际高耗低效；问题选择不当，或者难度太小，答案现成，人人都会；或者难度太大，苦思冥想，谁也不会；或者宽泛无边，雾里看花，无法捉摸。合作前独立思考不够，合作交流时间不足，一节课合作次数过多；组内成员平等意识不够，参与程度不平衡；等等。

为了有效地组织学生开展合作学习，教师在教学中应该注意以下几点：

其一，组建结构合理的合作学习小组。

合作学习小组成员的组成应遵循"组内异质，组间同质"的原则。"组内异质"就是将男生和女生，学习较好的和有一定困难的，性格外向的和性格内向的分到一起，使得小组成员具有差异性和多样性，这为合作学习提供了基础，便于合作；"组间同质"就是使各个小组的整体水平基本平衡，以有利于组间的公平竞争。每个小组的人数为2—8人不等，小组里边可以套更小的小组，每次合作具体应用几人小组，应该根据当时合作学习的需要来确定。学习小组的成员应相对稳定，并有适当分工。如由谁组织，谁记录，谁代表小组发言，代表发言时其他成员干什么。每个小组成员必须明确各自承担的角色，明确所承担角色的责任。当然，角色还应经常轮换，以便让各个成员都有机会担任不同的角色，明白各个角色的责任和义务。要让学生明确，在全班交流中，只有中心发言人，没有小组长，而且中心发言人应该轮流担任。这样做的目的是为了在合作学习中消除权威，体现地位平等与机会均等，培养学生平等合作的意识。中心发言人的发言代表的是小组而不是个人，师生对中心发言人发言的评价不是对其个人的评价，而是对该小组的评价。合作学习必须给予足够的时间，以保证每个学生在小组中的充分交流和表现。如果时间太短，就不会有实质性的合作学习。比如问题提出后，只给了1分钟的合作学习时间，一个小组的6个学生无论如何不可能都有交流的机会。总之，教师应该通过切实的指导和训练，让学生掌握合作学习的操作常规，使学习小组成为一个利益共同体，各成员形成凝聚力，为小组的共同利益而努力，促进各成员的共同发展。

其二，选择恰当的合作学习任务，把握适当的合作学习时机。

合作学习不是为了合作而合作，合作学习要取得实效、高效，必须从具体学习内容的需要出发，必须从本班学生的实际需要出发。因此教师要在教学设计时，通过对学习内容的任务分析和学生实际的研究，预设具有一定挑战性、开放性、探索性的问题作为合作学习的问题，然后在课堂教学中，通过观察学生的实际表现，把握合作学习的时机，适时提出恰当的合作学习问题。例如：学生个人独立操作时间不足或难以完成；多数学生独立思考会出现较大困难；学生的看法、解题思路等会出现争议；多数学生不能独立全面解决问题等。只有大家对合作学习的任务很明确，多数学生感到需要合作时，合作学习才可能是高效的。

其三，引导学生有效地开展合作学习。

在合作学习的过程中，教师不应是旁观者，更不应是局外人，教师要积极发挥组织者、引导者、合作者的作用，深入到每个小组，认真观察各个小组的表现，倾听大家的发言，适时地与小组成员进行交流。具体说来应注意以下几点：

第一，要在合作之前让学生有足够的时间独立思考，形成自己的想法。合作学习离不开交流，而交流的基础是小组成员有各自独特的想法，而这就需要独立思考。如果大家的想法都一样，那么交流就失去了意义，学生也没有参与的积极性。不以学生的独立思考为基础的合作学习往往是低效甚至无效的。

第二，要营造宽松民主的学习氛围，鼓励学生大胆说出自己的想法。说不完整不要紧，可以再补充，说错了也没有关系，可以再修改。

第三，注意引导学生学会表述自己的想法，要教给学生一些基本的启动、推进、终止交流的说话方法。例如："我的想法是这样的"，"我对你的想法有一点补充"，"我有一个问题想听听大家的意见"，"我的看法就是这些"，等等。

第四，要引导学生学会倾听。就目前的实际情况来看，这一点显得特别重要。教师应在小组合作学习之前和进行的过程中适时提示学生，别人说的与自己想的一样吗？如果有不同，不同在哪里？自己有什么补充吗？他的意见自己同意吗？能用自己的话复述吗？同时可以经常用"谁听懂了他的意思"，"谁愿意解释一下他的发言"，"谁对他的发言还有补充"等问题引导学生注意倾听，感受倾听的重要。

第五，要引导学生学会讨论。讨论是合作解决问题的关键，对于要共同解决的问题，小组内要集思广益，互相补充，逐步完善。在这个过程中，要学会有序发言，保证每个成员都能表达意见，都能听清别人的发言。当彼此观点冲突时，既要善于倾听不同的声音，又要能对发现的问题提出质疑；当别人对自己的观点有疑问时，要耐心地作出解释。

第六，积极融入，适度引导。合作交流的过程是学生思维碰撞的过程，时常会有思维的火花闪现。这种火花可能是一种独具特色的解法，也可能是一个富有创意的想法，或者是一句富有哲理的话。它们都是转瞬即逝的宝贵的教学资源，教师要在观察和倾听中努力去感受和捕捉，并加以利用。同样地，在合作学习的过程中，也时常会出现思维受阻的情形，这时就需要教师适度点拨，帮助学生排除障碍，把思维导向深入。

第七，注重合作学习的评价，提高合作学习的效率。评价时要把过程评价与结果评价相结合，侧重过程评价；要把对小组的集体评价与对小组成员的个人评价相结合，侧重集体评价。没有合作学习的过程，合作学习的结果就失去了基础，所以侧重过程评价可以引导学生更加关注合作学习的过程，更加积极地投入到合作学习的过程中，进而提高合作学习的实效。没有合作学习小组这一集体，合作学习也就不存在了，所以侧重集体评价有利于小组成员认识到小组是一个学习共同体，激励各成员参与的积极性。当然在对集体评价的同时也要对个人有适当的评价，避免少数人形成依赖思想。评价时既要注意从正面评价，多鼓励，多表扬，也要对发现的问题及时干预。例如，如果发现有的人不能认真参与交流，做与合作学习无关的事情，或者个别小组交流应付差事时，教师就要及时加以引导和纠正，提出明确的改进要求，以确保合作学习的有效开展。

一、如何确定合作学习的问题

合作学习离不开交流，但交流应该是必要的、有效的。

这种交流，学生的参与度似乎很高，课堂也显得活跃热闹，但仔细分析学生的发言，不难发现"热闹"之下掩盖着做作的成分，充满浓浓的迎合教师的味道，学生的真正收获并不多。

教是为学服务的，教师是为学生服务的。没有学，教就不可能存在；没有学生，教师就失去了意义，所以教师应该从促进学生的发展这一根本目标出发，精心选择、确定开展合作学习的问题。一般来说，有以下几类适宜作为合作学习的问题：

（一）学生个人独立操作时间不足或难以完成的问题

限于小学生的认知发展水平，学生个人作出的判断与预测很需要在交流中进行修正、补充、提升，所以这种情况下就有必要开展小组合作学习。通过合作学习既能保证教学任务的完成，更能使学生在较短的时间内获得大量信息，大大提高学习效率，同时能让学生真正体会到合作学习的意义。

（二）多数学生独立思考会出现困难的问题

在学生需要解决的问题中，不少都具有一定的挑战性，在自主探索中多数学生将会出现一些困难，当学生几番思索仍不得其解时，组织学生开展合作学习的问题就明确了。这时组织学生开展合作学习，鼓励学生之间交流想法，进行讨论，教师再适时进行引导，使学生亲自经历共同探索、合作交流的过程，往往可以使学生的问题得到更好的解决，同时获得数学学习成功的体验。

（三）学生的看法或做法较多、差异较大的问题

学生的生活经验、思维方式和认知水平是有差异的，面对同一个问题，他们的思考方法、解题策略往往各不相同，这些个性化的方法和策略是最有价值的活生生的教学资源。在教学中，教师要注意抓住这样的时机，组织交流，鼓励学生大胆地把这些方法和策略展示出来，让智慧在交流中生成，让思想在碰撞中升华，让学生在合作交流中获得更好的发展。

（四）多数学生不能独立全面解决的问题

有的数学问题，由于其本身的复杂性或开放性，以及受学生认知水平的局限，单靠学生个人往往难以得到完整、全面的解答，这类问题也适宜安排小组合作学习。积极思考，合力探索，互相启发，修改完善，达到了不同个体优势互补的效应，促进了不同层次的学生思维的提升，充分彰显了适当的合作学习的良好带动作用。

总之，对学习内容的深入分析，对学生情况的准确把握，是确定是否适合进行合作学习的问题的基本前提。在课堂教学的现场，对学习进程和学生需要的正确判断是决策合作学习的时机的根本，因为只有当多数学生感到需要合作时，合作学习才可能是高效的。鼓励不同的观点，并恰如其分地切入学生的争论，使组织的过程成为教师参与学生讨论的过程，才能实现在合作中的恰当引导，合作学习才能健康地开展起来。

二、学生的需要是合作的真正动力

在小学数学教学中有许多数学活动是需要学生共同合作才能完成的。例如学习圆周长的计算，以小组为单位进行合作测量、计算圆的周长与直径的关系，得到各个圆的周长都是直径的 3 倍多一点。这时数据越多，越能说明圆的周长与直径的比值是一个定值，进而引出"圆周率"这个概念。再比如统计教学，目的就是要让学生参与到统计学习的全过程中去：发现并提出问题，运用适当的方法收集并整理数据，运用合适的统计图、统计量来展示数据、分析数据、作出决策，对自己的结果进行评价与改进等，进而使学生经历数学概念产生的过程、数学方法发现的过程和数学思路探索的过程，认识到数学来源于实践，感受数学的应用价值。要实现上

述目的，应该有适合学习需要的大量数据或多种可能的结果，而这就要利用同学之间的相互合作。总之，数学学习需要合作。

但是教师认识到需要合作并不等于学生认识到需要合作，只有学生认识到需要合作才能推动他们积极主动地去参与合作。

我们有理由相信，让学生经历切实有效的数学学习活动过程，将会促进他们对数学知识技能的理解和掌握，在这个意义上说，数学教学的过程目标和知识技能目标是可以统一起来的。

然而对合作的需要是基于更基本的对知识的需要，如果学生对要学习的知识感受不到需要，他们就不会想方设法去获得它。表面的静悄悄掩盖的是一种对知识的冷漠，对正确与错误的漠然。

要改变这种状况，需要教师做的工作很多。首先教师要以自己对科学知识的满腔热忱感染学生，鼓励学生热爱科学，追求知识；其次，要在学生中努力创造一种摆事实、讲道理、坚持真理、不迷信权威的风气。在合作学习中，出现意见分歧是完全正常的现象，甚至可以说不出现意见分歧是不正常的现象，所以教师要鼓励学生积极参与，独立思考，不轻易放弃自己的观点，要鼓励不同意见之间的争辩，要通过摆事实、讲道理以理服人；再次，组内成员的地位是完全平等的，组长只是召集人，并不是领导。组内成员的分工应该定期轮换，特别是必须实行组长轮换制，使每一名成员都有机会担任组长，都能在组内担当不同的角色，进而理解其他成员的感受和体验，同时增强自信心和责任感。

三、教师在合作中有引导作用

教师似乎只重视引导学生说出各自的想法，呈现各不相同的个性，但却忽视了引导学生倾听同伴的发言，理解各种不同的方法，欣赏不同个性的精彩。教师似乎没有意识到各种方法的差异及内在联系，没有意识到自己有责任引导学生进行比较、归类，没有意识到有责任引导学生从更高的层次来认识这么多的方法，把握它们的实质以便使学生在此基础上作出反思和评价，进行选择和自我调整，帮助学生进行富有意义而有效的建构。

面对全体学生发问，引导全体学生思考同伴的每一个新的想法、每一点新的发现。这促使学生的思维积极参与到教学活动中来，所以整个过程只见学生或折叠测量、或观察比较、或独立探究、或合作交流、或由现象大胆猜测、或依据操作据理力争……但是思维的积极参与并不等于思维的深入参与。要使学生的思维既积极参与，又深入参与，还需要教师更有效的引导。促使学生从个别推及一般，激发他们透过现象寻求本质的探究欲望。在解决这个问题的过程中，学生不仅发现了所要学习的数学知识，更经历了从个别到一般、由现象到本质的思维过程，体验到了学习成功的满足与愉悦。这一切，应主要归功于教师的有效引导。

《数学课程标准》指出："义务教育阶段的数学课程，其基本出发点是促进学生全面、持续、和谐地发展。"这是我们一切教学活动的基本宗旨，是我们在课堂教学活动中须臾都不能忘记的根本方向，也是在合作学习中发挥教师引导作用的行动准则。

（一）应该充分认识教师引导的重要作用

建构主义认为，学生学习数学的过程是一个基于学生经验的主动建构的过程。新课程条件下的教学过程是一个师生之间、生生之间多向交往、积极互动的过程，它既是学生的一种特殊认识过程，也是一个有目标的动态生成的过程。教学必有目标，既有整体上的宏观目标，也有一个单元或一节课的具体目标，没有目标的教学就不是真正的教学。数学课程的目标具体包括"知识与技能"、"数学思考"、"解决问题"、"情感与态度"四个方面，这"四个方面的目标是一个密切联系的有机整体，对人的发展具有十分重要的作用，它是在丰富多彩的数学活动中实现的"。教学目标由谁来把握？教学目标由谁来带领学生实现？当然是教师。所以教学的目标性决定了教师应该是课堂的灵魂，教师在教学中应重视发挥引导作用。但是现在有些课堂上，我们经常发现教师引导作用缺失的现象，有时明明学生的理解是错误的，教师却说："这是你的想法，我尊重你的理解。"有时学生的理解始终在正确结论的边缘徘徊，达不到要害，教师却不敢稍加点拨；有时过分追求方法的多样化，对每一种方法都完全肯定、鼓励，导致有的学生一味"标新立异"，不愿吸取别人的长处，弄不清不同方法间的内在联系。如此种种，都是对学生学习的不负责任。

（二）教师要关注学生学习的全过程，适时引导

教师要确立为学生学习服务的理念，从教学设计时对探究主题的确定、对合作学习问题的选择到教学实施中的讲解、组织、引导，都要从既有利于学生知识与技能的学习又有利于学生数学思考、解决问题、情感与

态度发展的角度出发，既充分尊重学生的自主地位，又积极发挥教师的引导作用。例如，探究学习是新课程提倡的重要的学习方式，但不是唯一的方式。我们不能把探究学习与接受学习完全对立起来，从一个极端走向另一个极端，从过去的节节是接受学习变为现在的课课是探究学习，这既没有必要也不可能真正实现。事实上，并不是所有的数学学习内容都需要用探究学习的方式来进行，也不是所有的数学学习内容都适合用探究学习的方式来进行。

同样，小组合作也不是保治百病的灵丹妙药，不是每节都要使用，不是用得越多越好，合作学习的问题也需要教师精心选择和确定。

教师的引导作用不仅体现在对学生探究主题、合作学习问题的选择和确定上，还更多地体现在课堂教学的组织实施上。我们不应该仅仅满足于让各个学生说出自己的方法，而不引导学生对别人的方法进行理解、欣赏，对不同的方法进行比较、归类、挖掘实质、提升思维。我们应该不断引导学生思考、理解别人的认识和发现，敏锐地把握学生思维的实际进程，在关键的地方引导学生提出高质量的问题，必要时也可以由教师自己提出高质量的问题，以便把学生的思维引向深入。如果一节课之后，学生所会的仍然是自己原来的方法，学生对自己方法的理解还停留在原来的水平上，那这节课就是无效的。

（三）学习、研究、运用能有效引导学生数学学习的技术

如何才能有效地引导学生学习数学，这是值得每一名数学教师长期用心探讨的课题。能有效引导学生数学学习的技术是多方面的，既有显性的，也有隐性的；既有操作式，更有语言式；既有书面语言式，更有口语式；既有面向个人的，更有面向小组和面向全班的。

（四）怎样处理小组合作与独立思考的关系

新课程倡导的小组合作与独立思考并不是相互对立的，而是相辅相成的。独立思考是小组合作的基础，不以独立思考为基础的小组合作是低效甚至无效的，是背弃数学教学要促进每个学生发展、培养学生的创新意识和创新能力这一根本目标的；另一方面，有效的小组合作交流能弥补个体独立思考的不足，纠正错误，拓展思路，深化思维，提升个体思维的质量。

在小组讨论的过程中，教师也积极参与，并适时提出引导性问题，促

进了讨论的不断深入。通过师生、生生之间积极广泛的思维碰撞，错误的原因找到了，思维的障碍排除了，计算的原理掌握了这种学习才是比较真实有效的数学学习。

能否处理好小组合作与独立思考的关系，教师的作用是至关重要的。教师并没有直接讲多少东西，但是教师的恰当组织较好地处理个体独立思考和小组合作的关系，能保证学生参与的广度，教师围绕关键之处的有效引导则进一步提升了学生参与的深度，两者的结合就保证了各个学生对所学内容自主建构的有效性。

第三节 探究型课堂

《全日制义务数学课程标准（实验稿）》指出："有效的数学学习活动不能单纯地依赖模仿与记忆，动手实践、自主探索与合作交流是学生学习数学的重要方式。"因此，探究学习也是新课程倡导的学生学习数学的一种基本的学习方式。

什么是探究学习？简单地说就是学生以类似或模拟科学研究的方式所进行的学习。具体说来，探究学习就是从学科领域或现实生活中选择和确定研究主题，在教学中创设类似或模拟科学研究的情境，通过学生发现问题、实验、操作、调查、搜集与处理信息、表达与交流等探索活动，获得知识、技能、情感与态度的发展，特别是养成探索精神和提高创新能力的一种学习方式。

探究学习是相对于接受学习而言的。和接受学习相比，探究学习具有更强的主体性、问题性、实践性、过程性和开放性。首先，探究是人类主动认识世界的一种基本方式，探究性学习活动立足于学生的学，围绕学生的主体活动来展开教学过程，教师则是活动的组织者、引导者和合作者，所以这种学习方式有利于学生主体意识和能力的形成与发展。其次，问题是数学的心脏，没有问题的解决就没有探究学习。通过问题的解决学习数学是一种重要的学习策略。问题的解决既能激发学生积极参与的热情，又能发展学生的思维能力，使学生的情感、动机、意志得到充分调动。第三，探究性学习有较强的实践性，学生运用多种感官，在做中学，在学中做，教、学、做融为一体，能强化学生实践能力的培养。第四，探究性学习既重视结果，更重视过程。它注重让学生经历完整的知识发现、形成、应用和发展的过程，从而使学生理解一个数学问题是怎样提出来的、一个数学概念是怎样形成的、一个数学结论是怎样获得和应用的，进而感受到数学发现和应用的乐趣。第五，探究性学习注重留给学生个性发挥的时间与空间，鼓励学生积极思考，提出问题；大胆猜测，提出假设；探索尝试，提出方案；认真实施，解决问题；回顾反思，总结提高。所以探究性学习有利于发展学生的发散思维、求异思维和批判性思维，有利于培养学生的创新意识与能力。

小学数学中的探究性学习，是指学生在教师的指导下，围绕一个需要解决的问题，以类似科学研究的方式去获取知识、应用知识、解决问题的学习方式。在经历探究的过程中，使学生获得深层次的情感体验、建构知识并掌握解决问题的方法是探究性学习的三个目标。

由于小学生的年龄特点、知识背景和思维能力的限制，小学数学探究性学习不可能等同于科学探究，因此教师的适当引导是学生探究获得成功的关键。教学中要注意以下几个方面：

其一，创设有效的问题情境。

由于学生探究的积极性、主动性往往起源于良好的问题情境，因此精心创设问题情境对于课堂上实施探究学习能起到积极的启动作用，但情境不应只有绚丽多彩的画面，其关键在于必须隐含数学问题。问题就是以学生原有的数学知识、经验不能解释的现象。学生学习数学的本质是一种发现问题、探索问题、提炼出数学模型、利用已有的知识经验解决问题的过程。所以，问题是探究学习的先导，它既是探究学习的资源，也是探究学习的推动力。

应该明确，并不是任何问题都会引起学生的兴趣与探究，只有富于挑战性的、学生认为能解决但又一时解决不了的问题才能激发起学生的探究欲望与兴趣。要把发现问题、提出问题作为探究性学习的开始，作为探究性学习中十分重要的一个环节。

要想让学生真正探究学习，确定适宜的问题十分重要。问题从哪里来？一方面是教师设计，另一方面是教师从学生提出的问题中筛选确定。

从内容方面看，适宜的问题应符合"最近发展区"理论。前苏联教育家维果茨基认为，儿童有两种水平：一种是儿童已实际具有的水平，叫现实水平；一种是在教师引导下儿童所能达到的水平，叫潜在水平。在现实水平与潜在水平之间存在一定的空间，这个空间就是"最近发展区"，通常形象地把它称为"跳一跳，摘桃子"。教师设计问题或从学生提出的问题中筛选确定探究问题时，一定要把问题落在学生的"最近发展区"内，这样的问题对学生才最具有探究价值。太难或太易的问题都没有探究价值。

从形式方面看，适宜的问题主要是发散类和探索类。问题通常可分为四类：一是判别类问题，主要是对事物加以判定，代表性词语是"是不是"、"对不对"。二是描述类问题，主要是对事物加以陈述和说明，代表性词语是"是什么"、"怎么样"。三是探索类问题，主要是对事物的原因、规律、内在联系加以说明，代表性词语是"为什么"、"你从中能发现什么"。四是发散类问题，主要是从多角度、多方面、多领域去认识事物，代表性词语是"除此之外，还有哪些方法"，"你从中体会到了什么"，发散类问题最根本的特点是答案不唯一。

数学问题情境的创设，途径多样，方法各异。例如利用童话或故事创设问题情境、借助直观手段创设问题情境、联系学生原有的知识创设问题情境、联系学生生活实际创设问题情境等，来源于学生生活实际的问题情境往往最能激起学生的探究愿望。

其二，根据不同的探究需要，选择适当的探究形式。

探究形式通常有学生个人独立探究、学生以临时自愿组合的方式共同探究、既定的小组合作探究和全班集体探究等。个人独立探究是学生从自己的知识、经验、能力、喜好出发，独立观察、操作、思考，亲身经历探究的全过程，用自己的已有知识去理解问题，以自己的速度去解决问题。这种形式，干扰相对较少，对于促进学生自主学习，自主建构较为有效。但其局限也比较明显：常常无法完成探究任务，缺少同伴间思维的碰撞和优势互补，不利于合作意识和能力的培养。学生以自愿组合的方式组成探究集体，建立在彼此信任、关系融洽的基础上，因而探究中信息渠道畅通，配合默契，交流顺畅，更容易彼此悦纳，激起思维的火花，因而探究的效率更高。其不足是可能在组合中产生"孤独的探究者"，不利于全体学生的和谐发展。既定的小组合作探究形式由于小组成员的组成比较合理，又相对稳定，所以责任明确，合作协调，优势互补，效果较好。其局限性是组内有的成员在某些方面可能过于依赖别人。全班集体探究由教师主持，交流面广，信息量大，听者众多，因而效率较高。但在这种形式中，发言权往往集中在部分学生身上，难以有效培养大多数学生的探究能力。各种探究形式不是对立的，应该灵活选择、有机结合、扬长避短、互相补充。

其三，探究学习的时间要充足，空间要充分。

与接受学习相比，探究学习所需时间往往较多，因为学生需要时间搜集信息，需要时间去检验，需要时间去思考，需要时间去纠错，需要时间去讨论，等等。学生深层次的认知发展既需要独立思考，更需要合作交流。学生之间都存在个体差异，这种差异是一种宝贵的学习资源，要使这种学习资源被学生群体所共享，促进每一个学生的充分发展，就需要创设多维互动的交流空间。

其四，教师要热情参与，适当引导。

小学生有很强的"向师性"，他们渴望教师的贴近，渴望教师与其共同活动。教师的参与对学生是莫大的支持与鼓励，教师的热情对学生有很强的感染力，能够激发学生的探究兴趣，促进学生积极参与探究。教师的参与还可以更有效地了解学生的探究情况，会看到更真实生动的探究过程，会听到更多学生的原始想法，会发现学生更多的创新火花，也会更准确地把握学生中普遍存在的问题，找准学生出错的真正原因。教师的热情参与为对学生的探究过程进行适当引导奠定了基础。小学生受其知识、经验、认知发展水平等的限制，常会在探究中遇到他们难以克服的困难，因此教师的适当引导就成为学生探究获得成功的关键。这里的"适当"有两层意思，一是时机适当，二是程度适当。所谓时机适当就是当学生的探究遇到很大的障碍或严重的挫折，虽经努力但仍无法取得进展的时刻；所谓程度适当就是教师不能包办代替，不能把结论和盘托出，而是要在找准学生真实困难之处的条件下，智慧地、不露痕迹地启发、引导，以保证学生探究的独立性和自主性。此外，在探究结论的总结方面、在数学思想方法的提炼方面，教师也要进行适当的引导和提升。

其五，关注过程，积极评价。

教师对学生探究性学习的评价要本着"关注过程，促进发展"的精神，并利用评价来有效组织探究活动。评价时，要关注学生的态度、努力的程度、合作的意识和能力、创新的精神、分析与解决问题的能力、在自身原有基础上的进步与发展等方面。评价时要注意学生之间的差异，不能用一把尺子量所有的人。同时要宽容地对待学生在探究过程中不尽如人意的地方，并给予积极的帮助和指导。教师还要引导学生自评和互评，培养学生探究的自信心，促进学生互相借鉴、互相欣赏，使数学探究活动更有效、更有吸引力。

一、要创设什么样的问题情境

首先，数学问题情境的创设要有利于沟通数学与学生的生活现实。创设教学情境不是为了情境而情境，数学与学生的生活现实有着千丝万缕的联系，为了沟通数学与学生的生活现实，帮助学生更有效地学习数学，数学教学中需要创设情境。

分类的必要性不是教师的说教与灌输，而是学生的亲身感受与发现，身边生活中有了数学就不再是抽象的话语，而有了具体的实际含义。

其次，数学问题情境的运用必须引导学生展开积极的数学思维，洋溢着数学味。因为生活问题不等同于数学问题，生活问题情境不等同于数学问题情境，我们的数学课堂最需要的正是真正能引导学生展开积极的数学思维的问题情境。

第三，数学问题情境要有利于学生把所学的数学知识应用到现实生活中去，培养学生的应用意识。

情境的创设确实达到了唤醒学生已有生活经验，激活学生数学思维，培养学生数学眼光的目的。同学们你一言，我一语，丰富多彩的实际例子不能不使大家产生这样的感悟：原来数学在生活中竟有如此广泛的应用！而这是他们以前从未觉察到的。很自然地，学生的认知结构得到了充实和丰富，这种惊奇与愉悦的情绪体验，又十分有益于激发、提升学生对数学的内在兴趣，从而也就把情感领域的教学目标落到了实处。

二、教师如何成为探究的引导者

教师能为学生的探究活动提供有力支持和系统引导，在引导小学生探究发现的过程中，教师如何成为一个合格的支持者和引导者呢？

（一）找准学生的认知起点：明确探究的关键

数学课堂中的探究学习是学生的探究，教师是学生探究活动的组织者、引导者和合作者，教师无法替代学生的探究，他只能对学生的探究活动提供支持和引导。教师对学生的支持和引导要恰当，就必须找准学生的认知起点，明确学生探究的关键。如果探究活动的要求低于或高于学生的实际，如果教师不明确学生探究的关键，那么教师的引导就不会是有效的，学生的思维也不会是有效的，或者是浪费了时间，或者是探究变成了传授，使得学生仅仅记住了一些结论，而并不真正理解结论背后的原理。因此，教师只有在认真分析学习内容的基础上，换位思考，找准学生的认知起点，明确探究的关键，才能对学生的探究活动提供恰如其分的支持和引导，使学生享受到"跳一跳，摘桃子"的乐趣。

怎样引导学生从他们的实际起点走到最终目标，是教师在教学设计时要重点考虑的问题。教师根据学生的实际，确定探究的关键是引导学生分析的这个问题是联系学生已有知识和即将发现的新知之间的纽带，深化了学生的思维，为学生的思维指示了方向，使学生从新的角度考察已知，寻找知识间的内在联系，探究隐含在已知中的未知。

（二）提供数量充足、类型多样、组织精心的例证

广义知识观把通常所说的知识、技能和策略统一在一起，分别称为陈述性知识、程序性知识和策略性知识。信息加工心理学据此把学习相应地分为陈述性知识学习、程序性知识学习和策略性知识学习。数学规则学习本质上属于程序性知识学习。程序性知识学习分为三个阶段：陈述性阶段、程序化阶段、自动化阶段。规则是抽象的，蕴涵在具体的例证中，学生需要借助大量的例证来发现规则。例证的提供者主要是教师，所以教师提供的例证数量是否充分、类型是否全面、组织是否恰当就成为影响学生开展有效探究的重要因素，也是教师对学生的探究提供支持与引导的一个基本方面。

（三）换位思考，事先探究，积累经验，提高能力

学生是孩子，教师是成人，所要学习的规则对学生是未知的，对教师却是熟知的，知识背景和思维方式上的这种差异往往使教师难以预先具体估计到学生在探究发现中会怎样思考、会碰到些什么问题，从而导致教学设计与课堂的实际生成往往有较大的距离，也给教师的引导增添了太多的变数。

在传统的讲授法下，教师可以不去思考这样的问题，但要引导学生开

展有效的探究，教师首先就要对这些问题作出回答，这就需要教师换位思考，把自己当作一名学生，站在学生的角度，率先进行探究。这样做，会使教师遇到很多以前没遇到过、也没想过的问题，能使教师对学生在探究发现中会怎样思考、会碰到些什么问题等有比较实际的感受，能使教师积累探究发现的感性经验，提高引导学生探究发现的能力。教师提出的第一个问题"你们说，我们怎样来展开研究"，就是教师事先亲自探究后从学生的角度提出的一个很好的问题，它使得探究例证的出示成为一个自然的要求，体现了教师也是共同的探究者的平等意识，同时渗透了认知策略的学习。

第四节　建构型课堂

《基础教育课程改革纲要（试行）》指出，教学要"改变过去强调接受学习、死记硬背、机械训练的现状，倡导主动参与，乐于探索，勤于动手，培养学生搜集和处理信息的能力，获取知识的能力，分析和解决问题的能力，以及交流与合作的能力"。《数学课程标准》则进一步明确指出"有效的数学学习活动不能单纯地依赖模仿与记忆，动手实践、自主探索与合作交流是学生学习的重要方式"，"数学教学是数学活动的教学，是师生之间、学生之间交往互动与共同发展的过程"。这些论述都从一个侧面表明，小学数学课堂应该是建构的课堂。

建构主义理论认为，任何学习都是学习者的一种积极主动的建构过程，学习者不是被动地原样接受外在信息，而是主动根据先前的认知结构，有选择地感受外在信息，建构当前信息的意义。在新的学习中，学习者通常基于以往的经验去推出合乎逻辑的假设，新知识是以已有的知识经验为生长点而"生长"起来的。建构一方面是对新信息意义的建构，另一方面又包含对原有经验的改造和重组。

既然学生是主动的、积极的、能动的知识建构者，而非知识的被动接受者，所以学生是数学学习的主人，教学的基本任务是促进和增强学生的内部学习过程，这就表明教师的教学是为学生的学习服务的，教师要从传统的向学生传递知识的权威者的角色，转变为数学学习的组织者、引导者与合作者。所谓组织者，就是要组织学生发现、寻找、搜集和利用学习资源，组织学生营造和保持学习过程中良好的心理氛围，等等。所谓引导者，就是要设计恰当的数学教学活动，引导学生激活进一步学习所需的先前经验，引导学生围绕问题进行积极探索、思想碰撞，等等。所谓合作者，就是要建立平等、民主、和谐的师生关系，教师成为学习共同体中的一员，让学生在平等、尊重、信任、宽容的氛围中受到激励、鼓舞，得到指导和建议，等等。这就要求教师在教学中要认真了解学生，一切从学生的真实情况出发，充分发挥学生的主动性、积极性，最终达到促进学生有效地建构所学内容的意义、促进学生发展的目的。

教学要从学生已有的知识和经验出发，要关注学生真实的思维过程。奥苏伯尔指出：影响学习的最重要因素是学生已经知道了什么。教师应根据学生原有的知识状况和认知发展水平去进行教学，不能以自己主观的解释来代替学生的真实思维。《数学课程标准》要求教师"应尊重每一个学生的个性特征，允许不同学生从不同的角度认识问题，采用不同的方式表达自己的想法，用不同的知识与方法解决问题"，"鼓励解决问题策略的多样化"。这正是建构主义教学观的具体体现——任何知识都是以学习者已有的知识和经验为基础的主动建构。数学教师只有关注学生的生活世界，切入学生的经验系统，真正理解学生数学思维的发展过程，并着眼于唤醒学生成长的内在动机，使学生的学习活动是自觉自愿的，才能展开有效的数学教学，才能全面实现数学教学的目标。

数学课堂教学应该围绕学生来设计和操作。教学是围绕教师来设计和操作，还是围绕学生来设计和操作，这是两种完全不同的教学指导思想和操作策略。建构主义认为，教学应该围绕学生来设计和操作，而且强调四个基本环节：情境创设、自主探索、合作交流和效果评价，强调每一个环节都要充分体现主动学习的要求。

一、情境创设

这是引发主动学习的启动环节。问题情境是促进学生进行自主探究、主动学习的条件，其基本功能和作用有两个：一是通过特定的问题情境，激活学生的问题意识，形成基于问题的学习习惯，从而展开提出问题、分析问题、解决问题的学习活动；二是通过特定的问题情境，使问题与学生原有认知结构中的知识和经验发生联系，激活它们去"同化"或"顺应"

新知识，赋予新知识以个体意义，导致认知结构的改组或重建。

二、自主探索

这是主动学习的实质性环节。不是教师直接讲授或讲解解决问题的思路、途径、方法，而是学生自主探索解决问题的思路、途径、方法。学生所要完成的主要任务是：在明确所要解决的问题的基础上形成解决问题的"知识清单"；确定搜集知识信息的途径和方法；搜集所需知识信息并进行分析、处理；利用知识信息解决问题，完成学习任务。在这一过程中，教师对学生的学习应是"促进"和"支持"，而不是"控制"和"支配"。

三、合作交流

这是主动学习的拓展性环节。学生群体在教师的组织和指导下交流、讨论自主探索的学习成果，通过不同观点的交锋、补充、修正，可以加深个体对问题的理解，学习共同体的思维和智慧可以被整个群体所共享，即整个群体共同完成对所学内容的意义建构，而不是其中的某一个或某几个学生完成意义建构。

四、效果评价

这是主动学习的延伸性环节。包括个体的自我评价和学习小组对成员的评价。评价的内容包括：是否完成学习任务、学习活动中表现出来的各种能力、合作交流中对群体的贡献等。这里的评价强调非量化的整体评价，强调对过程的评价，尤其关注和重视学生在学习过程中表现出来的发现知识、认知策略、自我监控、反省与批判性思维、探究与创新能力等的评价。

建构主义"主动学习"要求的体现，归根结底是要给学生留出发挥自主性、积极性和创造性的时间和空间，给学生提供在不同情境下建构知识、运用知识、表现自我的多种机会，让不同的学生能以不同的方式来学习数学，让不同的学生都能通过主动学习形成自我监控、自我反思、自我评价、自我反馈的学习能力，让不同的学生能在数学上得到不同的发展。

第四章 小学数学课堂教学技能

第一节 基本技能指导

一、备课基本功

（一）备课的意义

数学是一门抽象且又应用极其广泛的基础学科。小学生的年龄特点和认知规律决定了小学数学教师课前准备劳动的复杂性。为此，教师需要在课前认真钻研教材，领会教材意图，精心设计教学过程，同时还应做好课前的其他各项准备工作，如师生操作材料、工具的准备，教师演示方法、操作技能的准备，电教媒体选择的准备以及与学习内容相关的知识准备等。课前准备是否充分，直接影响着教学的效果，而备课则是教师上好课的最重要前提，是提高教学质量的基础。

1. 备课是教师形成实际教学能力的主要途径

备课过程就是把教师的可能教学能力上升为实际教学能力的过程。在备课过程中要实现"三个转化"。

（1）通过熟悉教材，把教材中的知识完全转化为自己的知识，解决好教师"教什么"和学生"学什么"的问题。

（2）通过钻研教学大纲和教材，掌握教学目的和重点，并把它们转化为教师教学活动的指导思想。

（3）通过研究教学目的、教学内容和学生实际情况的内在联系，找到适合学生接受能力、促进学生智力发展、实现教学目的的最佳教学途径，并将其转化为教师所掌握的有效教学方法，从而解决教师"怎样教"和学生"怎样学"的问题。

2. 备课是提高教师业务水平的重要环节

"教师进行劳动和创造的时间好比一条大河，要靠许多的溪流来滋养它。"教师的每一次备课，都是滋养"大河"的"溪流"，也正是一次次备课，才逐步促进了教师的文化和业务水平的提高，这也为上好每一堂课打下了坚实的基础。

3. 备课是教师积累经验、探索规律、进行教育科研的重要过程

在备课过程中，教师要深思熟虑，付出艰苦的脑力劳动，既要考虑教学内容和学生实际，深入学习和运用教学理论，又要一切从实际出发，努力掌握教学工作的特点和规律，探索教学改革的新路子。所以，备课就是积累经验、探索规律、进行教育科研的实际过程。

（二）备课的指导思想

备课如同完成其他工作任务一样，必须有鲜明的指导思想。

1. 教学目的的全面性与具体性

在确定教学目的时，一定要重视它的全面性，同时还要重视教学目的的具体化，一定要根据教材内容和学生实际，分别将行为目标、过程目标具体化。

2. 教材内容的完整性与可接受性

数学教学要以大纲为根据，既不能降低要求，也不能随意"超范围"。在备课研究教材内容时可以在完整、准确贯彻教材编写意图的同时作适当的变动。这种变动一定要在考虑教学对象的实际情况下进行，一定要注意到教学对象的可接受性。

3. 教学方法的适应性与灵活性

教学目的明确了，教学内容确定了，还要研究应该采用什么样的教学方法最有效。备课必须以教育学、心理学和生理学等科学理论作指导，并在实践中进行反复验证，弄清所采用的方法是否适应本节教学内容的需要，是否适应学生学习的要求。

教学方法要十分注意其灵活性，同一个方法对甲班有效，对乙班就未必有效；在教同一内容时，不同的班级由于学生情况不同，应灵活采用不同的教学方法。

（三）备课的内容

1. 备教材

（1）研究教学大纲、教科书与参考书

教学大纲是编写教材和进行教学工作的基本依据，教师必须认真学习和钻研教学大纲，弄清所教学科的目的、任务，了解本学科教材的编排体系，明确学科教学特点和教学法的要求。这样，教师才能胸中有全局，自觉地按教学大纲的精神安排自己的教学。

教科书是教师上课的主要根据，是学生学习的基本材料。因此，教师通过钻研教科书，熟练地掌握教科书的内容，是顺利完成教学任务的基本条件。钻研教科书的一般步骤是：第一步，通读教材，掌握体系，了解编写意图和全书结构，掌握教材的内在联系，研究它的科学性、思想性、系统性；第二步，细读教材，把握知识要点、重点、难点；第三步，精读教材，融会贯通，既准确把握知识的主干，又弄清每个细节（包括全部插图、习题、实验、注释、附录和索引等），使教师的思想感情和教材的思想性、科学性融合在一起，真正内化为教师自己的东西。

与教材配套的各科教学参考书，是根据教学大纲和教科书编写的，是帮助教师理解、掌握教材和写好教案的得力工具。因此，教师在钻研大纲和教科书之后，还要带着问题阅读好参考书，有效地利用好参考书。

（2）搞好对教材的加工和处理

这主要包括：根据教材确定教学目的和要求；根据教学实际对教材进行处理，既紧扣教材，又不照本宣科；要根据学生的实际情况，对教材中的内容或详讲，或略讲，必要时还要做一些增删取舍；调整讲授层次，合理安排授课内容的先后顺序；根据教材的难易程度有分有合，分散难点。这样就可以使一堂课重点突出、主次分明、难易适度，便于学生接受。

（3）确定教学目标

所谓"教学目标"，就是要达到的预期的教学效果。完整的教学目标一般包括发展性目标和知识技能领域目标两部分。

① 发展性目标包括：对数学的认识，即通过数学学习使学生对数学与现实世界的联系、数学的探索过程、数学的文化价值有所认识。情感体验，使学生在兴趣与动机、自信与意志、态度与习惯等方面有所发展。数学思维，使学生在定量思维、空间观念、合情推理和演绎推理方面有所发

展。解决问题，使学生在提出问题、分析问题、解决问题及交流与反思方面获得发展。

　　② 知识技能领域目标包括：数与代数，空间与图形，统计与概率，联系与综合。

　　其中"联系与综合"这个目标是让学生在各个知识领域学习过程中，有意识地体会数学与他们的生活经验、现实社会和其他学科的联系，体会数学知识内在的联系。

　　通过综合运用数学知识和方法开展各种联系实际的学习活动。

　　教学目标是教学目的的具体化，也是评价教学效果的具体标准。因此，教学目标编制必须科学、明确、具体和层次分明。

　　2. 备学生

　　主要是从四个方面对各类学生进行了解：了解学生的思想实际（如学习积极性、兴趣爱好、学习风气和学习习惯、家庭影响等）；了解学生的知识实际（如基础知识、基本技能状况和薄弱环节，估计可能遇到的困难和可能出现的问题等）；了解学生的学习能力实际（如接受能力、理解能力、自学能力、动手能力和应用能力等）；了解学生的学习方法实际（如是否有预习习惯、学习方法是否科学、课堂表现活不活跃等）。

　　3. 备教法

　　教师的责任就是要善于让学生把知识宝库的锁打开，引导学生进去。教学内容的锁就是教材内容的关键部分、重点部分，而关键性的内容一定要讲究教学方法。

　　方法对头，教学效果就好。备课时不管采用哪种教学方法，都要以启发式教学为指导思想，都要符合学生的认知规律和思维方法。对教学方法的选择要注意这样几点：要符合教学目的，要依据教学内容，要适应教学对象，要遵循教学规律与原则，要考虑教学条件。

　　还应指出，备法的同时还应预备对学生学法的指导。教师既要有意识地以科学的教法为学生作示范，又要有计划地直接进行学法指导；既要有针对性地进行具体学法的指导，又要从整体上进行全过程的学法指导；既要进行集体的学法指导，又要进行个别的学法指导。

　　4. 备实践

　　学习数学不是单纯的解题训练，现实的和探索性的数学学习活动要成为数学学习的有机组成部分。在数学课堂教学中，要让学生具有自主探索、合作交流、积极思考和操作实验的机会。数学实践活动课要成为数学学习的形式之一。

（四）备课的种类与形式

1. 备课的种类

（1）学期备课

学期备课是开学前进行的备课，也就是制订全学期的教学计划。这类备课是对本学期的数学教学内容进行统筹安排，明确教学工作的范围和方向，因此不能忽视学期备课。学期备课要在学习教学大纲的基础上，通览本册教材和教学参考书，掌握本学科完整知识体系的基本内容，并在了解学生学习情况的基础上，根据学校工作计划，制订数学学科的学期教学计划。

学期教学计划的内容包括：①对教材的简要分析；②学生情况的简要分析；③学期总的教学目标的确定；④学期教学进度的安排，规定出各章（或各单元）课时数；⑤学期单元形成性测验题和终结性测验题的编制；⑥提高教学质量的主要措施。

（2）单元备课

单元备课是在学期备课的基础上，在每单元讲授之前的备课，也就是制订单元教学计划。其主要任务是：确定本单元的教学目标和要求，明确通过本单元教学使学生在知识、技能、能力、心态等方面发展的具体要求；分析本单元教材在整个教材中的地位及其与前后教材的联系，领会本单元教材的应用，弄清重点、难点；考虑如何落实素质教育，突出重点，突破难点；抓住关键，分析本单元的例题和习题；安排本单元的教学进度。

制订单元教学计划。其内容包括：①单元教学的目标要求；②学生情况分析；③单元教学的重点、难点；④单元形成性测验和平行性测验题目的编制及答案的编制；⑤单元中课时的安排，课时的类型划分；⑥主要的教学方法和手段。单元教学计划一般采用表格形式，既节省教师精力，又简明扼要。

（3）课时备课

课时备课是指上每节课之前制订该节课教学计划的整个过程，也就是编写教案。课时备课要求对每一节课进行缜密的设计，以作为教师在课堂上进行教学活动的依据，这个设计直接关系到课的质量。编写教案一般包括班级、课题、上课时间、教学目的、课的类型、教学方法、课的进程、时间分配、教具及学具准备、板书设计、课后自我分析等项目。上课进程中，对原定课时计划可以根据具体情况作适当调整。

2. 备课的形式

(1) 个人备课

个人备课是教师对教材的独立钻研过程，也是一种创造性的劳动。搞好个人备课是完成整个备课任务的先决条件。教师既要考虑教学大纲（或课程标准）和教材的要求，又要考虑学生的实际情况，还要考虑自己的特点，努力提高备课的质量。

(2) 集体备课

为了上好每堂课，切实保证教学质量，在教师个人备课的基础上，还必须搞好集体备课。集体备课共同研究的内容有：教学的目标；诊断性、形成性和终结性测验及答案；教材的重点、难点；教材的处理；教学方法的选择；作业的选择与处理等。其中着重研究教学目标和重点、难点及单元形成性测验。

为了保证集体备课的质量，应该发挥学科教研组作用，建立切实可行的备课制度。应该做到"三定"：定时间，定内容，定中心发言人；"一提前"，即提前搞好个人备课。在集体备课时应创造一个活跃的学术氛围，畅所欲言，各抒己见，大胆创新。经过充分讨论，主要方面应统一认识和步调，但在具体教法上应允许教师根据实际情况灵活处理。

集体备课一般一周一次，主要开展讨论研究，互相交流，并不要求统一教案，每名教师要根据班级实际情况各自编写教案。

二、课堂导入技能

（一）导入技能的概念与原则

1. 导入技能的概念

课堂导入是整个课堂教学的序幕。实践证明，好的导入能在几分钟之内就把学生的注意力集中起来，激发其学习兴趣，使其产生强烈的求知欲，调动其学习的主动性。良好的新课导入更是展示教师教学艺术的"窗口",是教师对教学过程通盘考虑、周密安排的集中体现,熔铸了教师运筹帷幄、高瞻远瞩的智慧,展现了教师的教学风格。

所谓导入技能,就是教师采用各种教学媒体和各种教学方式,引起学生注意、激发学习兴趣、产生学习动机、明确学习目的和建立知识间的联系,从而吸引学生主动、积极地参与学习新知的一类教学活动方式。

2. 导入技能的原则

一般而言,教学导入应该遵循六个基本原则。

(1) 有效性原则

注意力是学习的先导,它对学习的影响是最直接的。由于小学生年龄小,好动,无意注意占很大成分。所以上课伊始,有经验的教师都很注意利用导入新课这个重要环节,在极短的时间内,巧妙地把学生分散的注意力吸引过来,使学生的思想从其他外界事物转移到课堂上来。

(2) 环境性原则

学生爱看、好动,处于形象思维向抽象思维过渡的阶段,对于过分抽象的问题,学生往往感到乏味而百思不得其解。而多媒体具有形象、直观的特点,利用它可使数学课的导入符合学生认知规律。从具体事物到抽象理论,通过学生的直接感知去理解知识。

(3) 承上启下原则

数学课的导入要成为联系新旧知识的纽带,体现数学知识内在结构的连续性及数学思想的先进性。而多媒体具有连续移动屏幕、简洁明了、操作简单的功能,利用它可增加导入知识的科学性,容量大,节省时间,提高了课堂效益,优化了导入艺术。

(4) 趣味性原则

心理学家布鲁纳认为:"最好的学习动机是学生对所学材料有内在兴趣。"我国古代教育家孔子也认为:"知之者不如好之者,好之者不如乐之者。"兴趣是学生学习动机中最现实、最活跃的因素,是学生获得知识、扩大视野、丰富心理生活的最重要动力。从少年儿童的心理发展水平来看,由于他们年幼,生活经验有限,对学习的社会意义理解不够深刻,他们的学习积极性和直接兴趣的强弱成正比。导入应注意培养学生的学习兴趣,激发学生的求知欲,发挥学生的主观能动性,使学生产生学习新知识的愿望、冲动。

（5）启发性原则

好的导入应富有启发性，能激发学生强烈的求知欲，启迪学生的思维，充分调动学生的学习积极性和主动性。因为设疑置问是课堂教学中点燃学生思维智慧的火花，激发学生学习兴趣的启动器，因而，也就成了课堂教学中导入的主要方法。教师在导入时，要根据新知识的难易程度和教学实际，精心设计出一些学生"跳一跳，够得着"的问题，达到锻炼学生思维的目的。

（6）针对性原则

新课导入必须根据小学生的心理特征，针对不同年级、不同教材、不同条件、不同环境、不同时间，选择不同的方法。切记不能只图表面的热闹，追求形式花样，甚至故弄玄虚，画蛇添足，更不能占用过多的时间削弱其他教学环节。

（二）导入的类型

1. 创设情境法

数学内容比较抽象，不好教，学起来索然无味。这就要求教师在教学中把数学问题转化为学生关心的实际问题。所谓创设情境法就是按照教学内容与教学要求，设计适合学生学习某一内容的情境，产生身临其境的感觉，激发学生有目的地去探索，从而使学生既掌握知识又发展智力的一种引入方法。创设情境的方法很多，主要有如下几种：

（1）讲述故事，创设情境；

（2）提出问题，创设情境；

（3）动态模拟，创设情境。

2. 设疑激趣法

古人云："学起于思，思源于疑。""小疑则小进，大疑则大进。"学生如果有疑问，心中就会感到困惑，产生认知冲突。教师要善于在静态的教材知识信息中设置矛盾，巧妙设疑，创设良好的思维情境，使学生"心欲求而不得，口欲言而不能"。

3. 游戏导入法

游戏导入法，尤其注重寓教于乐教学原则的运用。卢梭说："教育的艺术是使学生喜欢你所教的东西。"一个好的游戏导入设计，常常集新、奇、趣、乐、智于一体且为学生所喜闻乐见，它能最大限度地活跃课堂气氛，消除学生因准备学习新知识而产生的紧张情绪，学生可以在愉快轻松、诙谐幽默的游戏氛围中不知不觉地接受新知识，感悟深奥抽象的道理。

4. 歌谣导入法

歌谣、顺口溜是儿童感兴趣的，在导入新课时可根据教材内容编写符合学生情趣的儿歌或顺口溜等来导入新课，这样就能很快地使学生的注意力集中起来。

5. 谜语导入法

儿童对猜谜语兴趣最浓，有些新知识可以编成谜语，让学生先通过猜谜语的形式导入新课。这种方法可以使学生很快将注意力集中到课堂上，并使学生一开始就处于积极思考的状态中。

6. 以旧引新法

数学知识之间有着密切的联系，表现出极强的系统性。旧知识是新知识的基础，新知识又是旧知识的发展和延伸。学生学习数学知识的过程实质上是新知识与已有认知结构中的旧知识建立联系的过程。学生对旧知识的理解、掌握、运用的程度，必然影响新知识的理解和掌握。这就要求教师找准新旧知识的连接点，使学生感到新知识不新，难又不十分难，激发学生的学习兴趣。

7. 直观演示法

小学生在学习过程中的思维是建立在直觉形象的基础上，以表象为支柱的。直观演示法就是使用实物、模型、样品、图画、幻灯片、电视录像等直观教具或手段，由教师演示或学生动手操作，在教师的启发引导下，进行观察思考，以形成表象，创设研究问题情境的导入方法。

8. 直接尝试法

有些计算法则虽然算法简单，但是算理难于理解，可以直接让学生先作尝试练习，从中发现新的法则和规律。

9. 经验实例法

这是以学生日常生活经验中的实际例子引入新课的导入方法。

（三）导入技能的功能

导入新课是为上好一节课开个好头，是课堂教学中极其重要的一环，也是教师一堂课成功的关键，而且还是学生扩大视野、拓宽思路、接受美的熏陶的重要途径之一。成功的导入能扣住学生的心弦，生疑激趣，促成学生情绪高涨，步入智力兴奋状态，产生学习欲望，调动学生学习的主动性，有助于学生获得良好的学习效果。具体地说，导入技能有如下功能：

1. 动机诱发功能

学习动机是直接推动学生学习的内在动力，是一种指向学习任务的动机和求知的欲望。学习是一种有目的性的活动，学习目的越明确，自觉性和能动性就越强，心理状态就越佳，学习越自觉主动，效果就越好。这是心理对学习的促进作用。因此，在导入新课时，要想方设法激发学生的求知心理，把学生内在的自觉性、主动性挖掘出来，变"要我学"为"我要学"。

2. 目标导向功能

良好的课堂导入应使学生明确一节课的学习任务是什么，要达到怎样的教学要求。在课的起始，给学生较强较新颖的刺激，帮助学生收敛课前的各种其他思维活动，让学生的注意力迅速指向课题。

3. 新知识铺垫功能

知识的学习要求循序渐进，温故知新。把新知识蕴涵于旧知识的复习或学生原有的经验中，使学生从中找到新知识的生长点，发现新问题的解决方法，利用导语展示新旧知识的联系点，为学习新知识、新概念和新技能作铺垫。这种铺垫把学生学习的兴趣激发起来，学生就会乐于学习。

4. 教学组织功能

古人云："教人未见意趣，必不乐学。"孔子也说过："知之者不如好之者，好之者不如乐之者。"没有兴趣的强制性教学势必会扼杀学生的求知欲望，学生自然不会乐学。只要能培养并激发学生的学习兴趣，就可以促使他们聚精会神地去获取知识，创造性地去完成学习任务。要利用各种手段调动学生的学习积极性，使他们迅速自然地进入学习情境，形成良好的课堂气氛，充分发挥导入技能的教学组织功能。

5. 强化探求功能

心理学研究表明，人的大脑接受新异刺激时，大脑皮层会出现优势兴奋中心，这时大脑处于紧张而愉快的状态。小学生一个突出的心理特征就是好奇心强，它是学生乐学的动机之一，从而促使学生探求新知。若学生不能自发产生好奇心，教师可以从外部激发。而创设新异的教学情境是外部激发的最佳途径。

三、课堂控制技能

（一）控制技能的概念

课堂控制是指教师为实现课堂教学目标对学生行为（也包括对自身行为）进行的有意识引导、约束和调整，是教师与学生双边活动的统一。

教师对课堂教学的控制是多种因素共同作用的结果。相关的因素有强制性的因素、亲和性的因素、操作性的因素。

强制性的因素包括使学生产生规范感的规章制度、使学生产生尊重感的教师地位、使学生产生敬畏感的奖惩手段、使学生产生压力感的考试考查。这部分因素靠的是教师职务的影响力，这是社会赋予教师的权力。强制性因素产生一种威慑力，对纪律与学习自觉性差的学生尤为重要。但强制性因素要有一个"度"，强制过度就产生一种反弹，就会把学生逼上梁山——"破罐子破摔"。实施强制性还应掌握一个"面"，如惩罚手段用于大多数学生，就法不责众，教师与班集体会产生一种对立的关系。

亲和性的因素包括使学生产生向往感的教师威信、使学生产生敬爱感的教师人格、使学生产生敬佩感的教师才能、使学生产生亲近感的教师情感。这部分因素是教师本身具有的，属于个人影响力。靠教师的"磁性引力"使学生自觉自愿地按教师指引的方向去努力，心甘情愿地服从，富有极大的教育意义。当然，亲和性因素要在一定的强制性因素配合下才能发挥更大的教育效益。

操作性的因素包括对学生课堂活动作出判断的实践经验、实施教育控制的教育机智、作用于课堂教学质量的技术性能。操作性的因素与教学实践相关，但又不一定与一个教师从教时间的长短成正比。课堂实践中的"有心人"操作水平提高快，他们能够灵活巧妙地改变教法、处理教材，解决偶发事件也比较自如。

（二）控制的类型

教师课堂控制的类型包括课堂纪律的管理、教学方法的变化、对突发状况的反应等。

1. 课堂纪律的管理

对于课堂纪律的衡量尺度，人们的认识不尽相同。有些人主张，我们的课堂教学应该有比较宽松的环境、比较活跃的气氛，学生的自由度也应该是比较大的。课堂上，学生可以插老师的话，可以随时将想到的问题提出来，要求老师给予解答。课堂上既有老师讲，也要有学生讲。老师讲时学生听，学生讲时老师听，学生也听。学生通过老师的讲来学到知识，老师通过学生的问与讲受到启发，学生与学生之间通过讲与问得到提高。这样的课堂就能充分发挥学生学习的积极性和主动性。

也有人认为，根据我们的实际情况，每个班的学额大，个别学生自觉性不高。因此看课堂是否安静、学生是否用心听老师讲课是衡量课堂纪律好坏的基本尺度。课堂是学习的场所，既要使学生学有所得，又要生动活泼，这是我们所期望的。由此，良好的课堂纪律成为我们完成教学任务的根本保证。因此，要求教师在进行课堂纪律管理的时候既要不断地启发诱导，又要不断地纠正某些学生的不良行为，以保证课堂教学的顺利进行。

课堂纪律管理可分为以下几种类型。

（1）集中学生的注意力

集中学生上课的注意力是减少学生不良行为的"治本"方案，是课堂纪律管理的最好方法。因此，每名教师要认真研究小学生注意力的特点，善于把学生的注意力集中于课堂教学。

注意可分为有意注意和无意注意。有意注意是有预定目的并要发挥主观努力去支配的注意；无意注意是没有预定目的、不由自主的、不需要主观努力的一种注意。

根据心理学研究，小学生的注意有三个特点：其一，小学生的有意注意正在发展，但无意注意仍起着主要作用；其二，小学生容易被一些直观的、具体的材料所吸引，对一些抽象的道理却不够注意；其三，小学生尤其是低年级学生的注意易于分散且不能持久，并带有强烈的感情色彩，易被新奇有趣的事物所吸引。

在教学过程中，如何根据小学生的注意力特点进行课堂管理呢？

① 启发学生注意的自觉性。根据小学生有意注意正在发展，无意注意仍在起作用的特点，教师上课时对学生的学习要尽可能地提出明确的要求，使学生明确学习目的，启发他们注意的自觉性。特别要引起教师重视的是，讲课一开始，就应该唤起学生的注意。教师在讲课时，先要讲清学习这节课的目的及重要性，使学生对本节课要学习什么内容、为什么要学

习这部分内容有比较明确的认识,启发学生把注意力集中在学习的主要内容上。教师在教学中要结合学生的思想实际,加强学习目的性教育,树立正确的学习态度。同时在学习每一部分教材内容时,也要向学生讲清学好这一部分知识对以后继续学习和对实际生活的作用。另外,在教学过程中也可以采用"激疑"等方法吸引学生的注意。

② 克服学生注意力易于分散的弱点。注意力分散是直接影响学生听课效率的重要原因之一。如何使学生在注意力易于分散的情况下保持相对的稳定是值得每一名数学教师好好研究的一个问题。为了使小学生的注意力保持相对的稳定,教师在教学过程中应根据学生不同的年龄阶段、不同的教材特点,运用灵活的讲课方法吸引学生的注意力。低年级阶段,应运用直观教具、生动形象的图形、实物演示等,让学生通过看、做、想获得知识;在中、高年级,除了继续使用一些教具、图形外,还要注意一节课中教学方法的变换,如交替运用讲解,谈话、自学、阅读,练习等方法,稳定学生的注意力。

③ 运用学生有意注意与无意注意互相转化的规律,保持学生良好的注意。教师在课堂教学中既要运用教具,如实物、图表、模型引起学生的无意注意,又要恰当地运用提问、讲解等手段牵引学生的有意注意,使学生这两种注意在课堂里有机地、自然地交替进行,以便提高学习效率。

(2) 一般课堂问题处理

在课堂教学中,学生的问题行为是多种多样的,因此处理问题行为的方式也应该是灵活多样的。一般来说,处理课堂问题行为的技术主要有:

① 暗示控制。当学生出现注意力涣散、做小动作、交头接耳等问题行为时,教师可以通过一定的暗示动作来提醒、警告学生,从而在不影响他人的情况下实现控制的目的。

② 提问同桌。当学生不专心听讲或在课堂上偷看其他书时,教师一般可通过提问该生的同桌或近邻的同学来提醒和警告他,这样可以避免因突然直接提问该生可能引起的小麻烦,如因毫无准备而显得惊慌失措,答非所问,进而引起其他同学的哄笑,等等。

③ 运用幽默。当课堂气氛沉闷,学生注意力下降时,教师可通过讲个小笑话,讲几句幽默有趣的话来调节气氛,防止问题行为的出现。

④ 创设情境。当学生疲劳,不专心听讲时,教师可适当创设一些活动情境,让学生参与一些活动,如小竞赛、小表演、小制作等,以达到激发

兴趣，提高效率的目的。

⑤ 正面教育。如果以上方式都不奏效，教师对严重扰乱课堂秩序的学生就要正面给予严肃批评，指出其缺点，制止不良行为。当然，正面批评要坚持晓之以理，尊重学生，要避免批评时情绪激动、言词尖刻，或者婆婆妈妈、浪费时间，以免扩大事态，影响正常教学。

（3）对个别问题行为学生的处理

我们把经常在课堂上出现违反纪律的行为的学生称为问题行为学生。一个班级里往往有这样的学生，当然只是个别的。对待这样的学生，首先应该认识到，这不是他们道德观念上的问题，一般是出于好奇或管不住自己，不是故意扰乱课堂秩序。教师应当创造一种互相信任、自然、亲切的气氛，在没有抵触情绪的情况下对他们进行教育，而不是一味地批评。可采用以下方法：

① 教育与表扬相结合。这种方法是当个别学生的不良行为在课堂上出现的时候，只要不影响大局，不对周围的学生造成大的干扰，教师可不理睬他。在有些课堂上教师也可安排一些活动，如观察教具、摆学具等；或讲述一个生动的实例，用幽默的语言活跃一下课堂气氛，以吸引众多学生的注意。当问题行为学生也开始注意，并估计他能回答有关问题时，教师可叫他站起来回答问题（请注意：不是惩罚性的），然后讲出他开始时没有注意听课，现在因注意听而答对了，给予表扬。这样使这名学生既能认识自己行为的错误，又能改正错误。

② 鼓励与行为替换相结合。教师应经常为有不良行为的学生提供合乎要求的行为。如在教学中，组织学生对某个问题进行讨论时，有的学生说些与讨论无关的话，或做别的事，影响讨论的正常进行。遇到这种情况，教师可以事先指定，请他代表讨论组发言。如果发言较好，即可让全班同学为他鼓掌以示鼓励。从而使个别学生在不良行为和替换行为间作出选择，从替换行为中得到心理满足。

③ 教育与批评相结合。对个别学生的批评不是目的，而是一种教育手段。目的是让他铭记在心，以后不再犯。如果在批评之前帮助他明辨是非，明白对他的批评是合理的，就可能产生更好的效果。

2. 教学方法的变化

教学方法的变化是指教师在课堂教学中通过变换教学方法来调动学生

的学习积极性、完成教学任务的行为方式。这种变化使得不同教学方法在同一课堂教学中有机组合协调，有利于教育与教学的统一。教法与学法的统一有利于调动"教"与"学"双方的积极性，从而实现课堂教学的整体优化。

3. 对突发状况的反应

在课堂管理中，突发状况是最令教师头痛的事。由于它是偶发性事件，而且又在教学过程中出现，所以教师用来估计形势和选择处置办法的时间是很短暂的。这时需要教师利用自己的经验和机智尽快作出反应，对教学进行有效的调控。

（1）从狭义上来讲

对课堂教学中突发状况的反应能力，从狭义上说是教师对扰乱教学活动的行为与状况采取的课堂行为。一般来说，应付扰乱教学状况的办法有三种，即冷处理、温处理和热处理。所谓冷处理，即教师面对偶发事件处之泰然，见怪不怪，不批评指责，以比较冷静的方式加以处理。常见的冷处理方式有发散、换元和转向三种。发散指教师将全班学生视线的焦点从突发状况上"发散"开，避免事件继续成为关注的焦点。换元指教师巧妙地将发生的事件转为教育的材料，借助事实启发学生。转向即教师用新颖别致的方式，将学生的注意中心引到教师所安排的方向。

所谓温处理，即教师对于因为自己疏忽、不慎所造成的不利影响，例如板书错别字、发音错误等所引起的课堂骚动等，应态度温和地及时承认失误，并自然地过渡到原教学活动的程序中。

热处理即教师对一些偶发事件趁热打铁，加以严肃批评教育和果断制止，然后尽快转入正题。这种处理方式主要是针对严重扰乱课堂秩序和屡教不改的违纪行为的。运用这种处理方式应注意：①不要长时间中断教学。②批评应清楚而肯定，不要有粗鲁和威胁性语言，避免出现"顶牛"现象。③批评应围绕一个中心，不要多方非难，要特别避免出现"波浪效应"，即不因指责一个学生而波及全班。④教师应避免苛刻而大动感情的指责。

（2）从广义上来讲

对突发状况的反应也是指教师对学生的反馈信息做出的调控行为，是教师在课堂上所做的比较高水平的动作，是一种教育机智，是一种可操

作、可培养的课堂教学技能

错误在学习过程中司空见惯。法国"做中学"科学方案中有这样一句话："永远不要对学生说'你错了'。"虽然有些绝对，却有其积极的意义。不轻易对学生说错，而是挖掘学生错误中的积极因素，不仅能保护学生的自尊和学习积极性，而且有利于鼓励学生大胆思考，通过暴露思维过程修正错误，消除疑惑，正确构建新知。

只要课堂存在，教学意外就必定伴随始终。很显然，并非所有的意外都有价值。新课程背景下的课堂纪律比课改前总体上要活，教师要调控好课堂，维持必要的课堂秩序。但我们又要有一双慧眼，透视课堂，敏锐捕捉这些意外中有价值的信息，把它们利用到课程资源中去，并充分发挥教学机智，灵活调整预设，让动态生成的课堂多一份精彩。

（三）控制技能的功能

调控技能的主要功能：

1. 熏陶感染功能

俗话说："近朱者赤，近墨者黑。"良好的课堂调控技能可以在课堂上营造一种强烈而感人的气氛，创造开拓进取、勤奋向上的课堂环境，使学生在这种气氛和环境中，依靠教师调控技能上的感染力的长期继承和发展，持续地发挥着潜移默化的交互效应和指导作用，产生强有力的教育效果，使学生接受良好的熏陶感染。

2. 开启智力的功能

良好的课堂调控技能具有较强的艺术性，如利用课堂调控技能，有针对性地对学生进行引导、点拨、赞许、鼓励，其意殷殷，其言谆谆，既能搭设心桥，发掘学生创造潜力、自主探究学问、汲取知识的动因，又能形成融洽的教学氛围。由于移情作用，课堂上融洽和谐的师生感情，可以使学生由敬佩、尊重教师转化为热爱、尊重教师所教课程，从而促进学生智力的开发。

3. 约束同化功能

良好的课堂调控蕴藏着和谐的教育诱导氛围，既调节课堂全体成员的心理环境、课堂行为和精神态势，又约束那些不符合课堂规范的动机和行为，并使之与统一的、规范化的课堂教育要求合轨。

四、课堂情感交流技能

作家梁晓声在《情感高于技法》一文中说过这样的话："如果分析一下自己的某些作品，自己认为较为满意的，总是倾注了我的情感，倾注了我对许多和我有过同样生活道路的人们的情感。"如果我们把一堂课比作一部作品的话，那么一堂成功的课也必然倾注了教师的情感。心理意义上的教学是人与人心灵上最微妙的接触和融合，凡是给人成功乐趣的脑力劳动，总会收到发展学生能力的结果，积极的心态是潜能永恒的开拓者和催化剂，而教育的理想就是使所有的孩子都成为幸福的人。可见，教师如何实现与学生的情感交流，是提高教学效率的前提，是教育能否奏效的关键。

（一）情感交流的教学功能

所谓情感交流是指师生在课堂教学过程中，恰当运用情感因素，实现师生之间的情感沟通，发挥情感教学功能的教学行为方式。情感交流在教学中具有独特的教学功能，概而言之，有如下几种：

1. 感染功能。即教师的情感具有对学生情感施加影响和感染的功能。教学"以情动人"，师生"情感共鸣"就是其典型表现形式。

2. 动力功能。即教师的情感具有发动维持和推动自身施教活动的功能。列宁说过："没有人的情感，就从来没有，也不可能有人对真理的追求。"

3. 信号功能。即教师的情感通过表情外显具有教学信息传递作用。教师的面部表情、体态表情和言语表情是其情感的外部表现，是教学信息的载体之一。作为"非语言行为"，在"只可意会，不可言传"之时，显得更为重要。

4. 定向功能。即教师的情感具有促进稳定在一定的方向上，并朝着一定目标运行的功能。教师的"情感投资"一旦使学生"动之以情"，就会成为他们努力达到此目标的积极力量。

5. 迁移功能。即教师的情感具有激活学生情感，促进学生将此情感迁移、扩散、泛化到有关对象上去的功能。"爱屋及乌"是情感所引起的"情知交融"，是师生情感水乳交融、教学气氛轻松和谐的功能。

（二）情感交流的基本法则

教师的情感投入，通俗些讲是教师用感情投资换取学生的信任和从事学习活动的积极性。教师的情感投入是换取教学成功的先决条件。

1. 热爱

所谓热爱是指教师对教育事业和学生的热爱，只有从这种热爱出发，才能在课堂教学过程中做到满腔热情，精神饱满，以充满激情的活力去感染、教育学生。"教育之没有情感，没有爱，如同池塘没有水一样。没有水就不能称其为池塘，没有爱，就没有教育。"爱是教育的源泉。教师要热爱自己的职业和学生，爱得执著，爱得深切。

2. 专注

所谓专注是指教师在课堂教学中神情集中，自始至终给学生一种专心致志的感觉。有了这种感觉，学生会不自觉地被教师所吸引。如果没有这种专注感，课堂教学中就会漫不经心，错漏百出，情感的表达和交流就无从谈起。要形成课堂教学的专注感，教师要深入钻研教材，熟悉教材，细心体会和品味教材表现的情感，充分利用教材流露出的情感去拨动学生心灵的琴弦。

3. 真诚

所谓真诚是指教师的情感投入是发自内心的真情实感。教师的真情实感最容易引起学生感情的共鸣，并借以赢得学生对教师的无比信赖。魏巍在《我的老师》一文所记叙的蔡老师那"轻轻地放在石板上"的教鞭，这一"欲打"的假动作将蔡老师复杂的心理和真诚的情感淋漓尽致地表现出来。打是假，爱是真。

（三）情感交流在教学中的实践应用

1. 创设问题情境，激发学生的学习情感

数学是一门美感性很强的学科。华罗庚说过："数学本身具有无穷的美妙。认为数学枯燥、没有艺术性，这种看法是不正确的。"作为教师就应该像艺术家一样，拉开教学情感的序幕，创设出让学生感兴趣的心理环境。只要教师能够深钻教材，挖掘美的因素，精心布设具有形式美和内在美的情境，就可以有效激发学生的情感，促进知识的迁移，加速学生的认识和理解，使学生尽快稳定情绪，进入学习角色，起到导学的作用。

一堂好的数学课，像一曲优美的旋律，应使学生在教师的启迪下，始终保持浓厚的学习兴趣。这就要求教师在教学环节变换中，注意学生的思维坡度，作好合理铺垫，维持学生热情，引发情感。

2. 以情化动，培养学生的学习情感

数学学科具有高度的抽象性、严密的逻辑性。要使学生在学习抽象的数学知识时感到有兴趣，就应该把抽象的数学概念形象化，静态的概念动态化。特别是动手操作，更能帮助学生丰富表象，架起由感性认识到理性认识的桥梁。

3. 融洽师生关系，诱发学生的学习情感

良好的师生关系，能使学生感到愉快，乐于学习。数学教学中，教师首先做到把微笑带进课堂，以教师的乐教促学生的乐学。譬如：当学困生上课发言出现差错时，教师给予他们的不是大声指责，而是亲切适度的鼓励："你能举手发言，这是积极动脑的表现，很好。""别急，再想一想，你肯定能做对的。"有些题目在教师的引导下，再让他们自己订正，有些不能当堂解决的错题，就课后跟踪补缺。教师的信赖很容易唤起学生的学习积极性。

实践证明，情感规律对学生的学习兴趣起着相当大的作用。融洽的师生关系能诱发学生的学习兴趣，会收到意想不到的教学效果。

4. 参与实践，体验学生的学习情感

实践是认识的源泉，也是情感调控的重要途径。教学过程中的比一比，分一分，画一画，填一填等动手操作，动口表达，动脑思维，能使学生多种感官协同参与活动，缩短学生与知识间的距离，增强学习的真实感，使学生在知识发生、发展、形成的过程中体验主动探索的快乐。

5. 以疑激疑，促进学生的学习情感

"学贵有疑，小疑则小进，大疑则大进。"疑是探索新知的开始，也是探索求新的能力。不断发现问题、提出问题是思维活跃的表现，是勤于动脑、善于思考的表现。亚里士多德有句名言："思维是从疑问到惊奇开始。"培养学生的问题意识，让每个学生都会质疑，对于激发学生主动参与课堂教学，寻找解决问题的途径，培养创造性思维具有重要的意义。学生通过学习，必然会有所得，或懂了，或有疑，而且每个学生都存在着差异，因此要给学生展示有得有疑的机会。

6. 以情促练，提升学生的学习情感

我们认为，看一堂课是否得到真正的优化，应该做到五个"有利于"，即：有利于激发学生的学习兴趣，有利于基础知识、基本技能的落实，有利于智力开发、能力培养，有利于全面提高教学质量，有利于减轻学生过重的课业负担。情感具有动力、调节、迁移等多种功能，然而在教学实践中，有不少教师只注重知识性信息交流，而忽视师生之间及教学内容之间的情感交流，不注意发挥情感在教学中的重要作用，以至于难以收到最佳的教学效果。

练习是学生形成完整认识结构不可缺少的环节，任课教师从激发学生求知的情感出发，通过有效、有度和分层次的练习，强化学生对重、难点的理解，提高学生解决问题的实际能力，努力使知识能力协调发展。同时通过及时反馈、积极评价使每一名学生都能在全面参与中获得成功的体验，增强学习信心，保持旺盛的学习热情。

① 练习设计中恰当地创设竞争氛围

因为竞争是较常用的激情方式，竞争心理一旦形成，学生就会有不可阻挡的学习热情。

② 练习设计体现层次性

新课讲授中，学生的头脑常常容易由紧张的积极思维逐渐转向松弛状态。为使学生的精力始终处于最佳状态，确保练习效果，必须精心设计每一个练习题。

③ 创设悬念，激发学生求知欲

古人云："学起于思，思源于疑。"人的思维是一个从发现问题、分析问题到解决问题的过程。所以发现问题是前提，只有有所发现，才能有所发明，有所创造，有所前进。课堂教学也是如此，学生只有发现问题，才能产生求知欲，唤起浓厚的学习兴趣。

实践证明，在数学课堂教学中，实施情感交流能创造出良好的课堂气氛。创造良好情感气氛的途径很多，最重要的因素是教师的作用。正如罗杰斯所说的："课堂气氛主要是教师行为的产物，奏效的气氛将首先取决于教师做了什么以及他怎么做。"因此，作为教师一定要善于开发情感的源头，激发学生的情绪区，注意师生的情感交流，加强情感教育的渗透来创造良好的课堂情感气氛，以达到教师愿教、爱教、乐教、会教、善教、学生愿学、爱学、乐学、会学、善学的理想境界，获取数学课堂教学的高质量、高效率。

五、课堂教学评价技能

课堂教学过程是一种特殊的认识过程，是一个由多要素组成的复杂的动态系统。长期以来，教学状况的优劣常常是以考试成绩作为评价的唯一依据。随着教学改革的不断深入，国内外教育、教学理论的学习越来越被广大教育工作者所重视，各种有关教学活动的信息交流越来越多，课堂教学的"门"逐渐打开，听课、评课活动也随之广泛开展起来。究竟什么样的课算是一堂经济、有效的好课，怎样才能做到客观、公正地评价，成为教学改革中的新课题。

（一）评价的概念与原则

现代教育评价作为衡量教育质量的科学手段，是一门正在形成、发展的新兴科学，它随着社会的进步、教育事业的发展、教学改革的不断深入日趋完善。我们对课堂教学评价的含义、功能、地位及作用等问题的认识，也会随着教育评价实践的认识而不断提高和发展。

1. 评价的概念与作用

（1）评价的含义

从教育评价的一般概念出发，课堂教学评价可以这样阐释：在一定的教育价值观的支配下，运用科学的方法和正确的途径，对课堂教学系统中的诸要素进行价值判断，从而为改进教学决策提供依据，是一种遵循一定程序的系统活动过程。课堂教学评价就是对课堂教学目的、教学内容、教学结构、教学方法、教学手段、教师素质以及教学效果等一系列要素作出价值判断。当然，价值判断不是根本目的，由价值判断分析课堂教学过程的得与失，诊断教学双边活动中存在的问题，为进一步提高课堂教学效率提出改进的意见与建议，促进教学目标的实现，出色地完成教学任务，使学生在德、智、体几方面得到健康和谐的发展，才是评价的最终目的。

（2）评价的功能

课堂教学评价功能是指课堂教学评价系统中各个要素所发挥的有效作用。课堂教学评价的功能是多方面的。

① 价值判断功能。开展课堂教学评价，就是根据课堂教学评价的指标体系，去客观地衡量教学双边活动是否达到了教学的各项要求，对其优劣程度作出科学、公正的判断。可见，价值判断是课堂教学评价的首要

功能。

② 导向功能。课堂教学评价指标体系中各级指标和指标的权重系数，为教师和学生明确了教与学的努力方向，体现了方向性。因此，课堂教学评价具有导向功能。

③ 激励功能。通过课堂教学评价，及时获取大量信息，可以使被评者既看到经过努力后所取得的进步，也能够具体地指出教学中的偏差与不足，有利于激发被评者的内部活力，调动起奋发向上的热情，这是课堂教学评价所产生的激励功能。

④ 改进功能。通过课堂教学评价，可以及时调控和改进课堂教学的教学进程和教学方法，使教学双边活动朝着整体优化的方向努力，提高教学质量的整体水平。因此，课堂教学评价具有改进功能。

课堂教学评价本身不是决策，只有通过对信息的搜集和整理，经过比较、分析、综合等处理以后，才能为教学的发展和改革提供决策性的意见和建议，才能使课堂教学评价从不同的角度去充分发挥它的价值判断、导向、激励、改进等多方面的功能。

（3）评价的意义

课堂教学是教学活动的基本形式，教学质量的高低与全面贯彻教育方针、全面提高教育质量关系密切，因此，评价课堂教学绝不是无足轻重或可有可无的小事，而是教育、教学的客观需要。可以这样说，没有评价就没有质量的不断提高，质量来自科学、公正的客观评价。

对课堂教学的评价要做到客观、全面、科学、公正，必须摆脱凭感觉、凭印象的经验型的评价模式，取而代之的是应该建立一个能综合反映课堂教学质量特征的评价指标体系和评价标准，为优化课堂教学结构，改进教学方法，减轻学生负担，提高教学质量作出贡献。

2. 评价的原则

原则是人们在实践中的行动准则，是说话或办事所遵循的基本法则。评价的原则是评价的理论依据和评价的指导思想的具体体现。评价的原则可以用来统一评价者的认识与行动，防止评价者在评价过程中受主观认识水平和个人情感的干扰，造成评价工作失实、失真，它也是组织实施、协调控制评价过程的保证。正确的评价原则有利于端正主评者与被评者的态度，克服认识上的主观性、片面性和随意性，从而提高评价的信度和效度。同时，也有利于促进评价工作的科学化、规范化和有序化的程度，增强评价工作的客观性、全面性和准确性。

（1）教育性原则

教学活动本身就具有鲜明的教育性。评价必须以全面贯彻教育方针、全面提高教育质量为目标，评价的指标体系和评价标准必须充分体现正确的教育价值观。

坚持评价的教育性原则，应表现在课堂教学的评价过程一定要成为教育过程。充分发挥评价的导向、激励、改进等功能，通过评价，使教师和学生都能在各自不同的基础上有所前进、有所提高。

坚持评价教育性原则，还应重视教师的自我评价。教师作为教与学这对矛盾的主要一方，在课堂教学评价中，既是评价的客体，又是评价的主体。要充分调动教师进行自我评价的积极性，增强其参与意识，使评价过程成为教师自我认识、自我剖析、自我完善的过程。

（2）情感性原则

情感是学习活动的"催化剂"，它与认知能力的发展互为前提，互相促进，是不可分割的两个方面。认知活动可以促进情感的分化，可以提高情感交往能力，升华人的情感境界。另一方面，情感因素又可以成为学习活动的动力系统。积极的情感体验还可以直接、间接转化为人的动机和意识，提高人的学习效率。因此，加强教育者与学习者，学习者与学习者之间的情感交流，使教学情感化，也是评价课堂教学的一条重要原则。

（3）创新性原则

培养学生创新精神和实践能力是课堂教学的一项重要任务。课堂是培养学生创新精神的主渠道，但不是所有的课堂教学都能培养学生的创新精神，课堂既可以是培育创新精神的摇篮，也可能是窒息创新的坟墓。以教师为中心，教材为中心，应考为中心的那种课堂永远不会培养出真正的创新型人才。课堂教学评价，要突出对学生创新意识、创新精神和创新能力的评价。通过评价激励教师和学生的主观能动性、创造性，特别是激励学生能大胆质疑，大胆猜想，大胆探索，敢于逾越常规，学会从不同角度寻找解决问题的多种方法，培养学生思维的深刻性、独立性、灵活性、批判性和敏捷性。

因此，创新性原则在课堂教学评价中有着特殊的意义。

（4）科学性原则

课堂教学的评价指标是衡量课堂教学质量的客观标准，因此，评价指标应该是反映课堂教学活动本质特征的，是遵循课堂教学规律的，是适应深化课堂教学改革需要的。当然，数学课堂教学评价还应该是符合小学数学学科教学特点的。评价指标的制定还必须以现代教育学、心理学、教学认识论为理论依据，以"三个面向"为指导方针，以正确的教学思想为前提，结合当前课堂教学的实际和深化改革的需要进行全方位的考虑。依据评价指标体系确定的评价标准，既不能过高，也不应过低。标准定得过高，多数教师达不到，望而生畏，必然会挫伤广大教师参与评价的积极性，甚至产生逆反心理；标准定得过低，多数教师不需要努力就能够达到，轻而易举，也就失去了评价的导向、激励、改进的功能。因此，科学性原则是对课堂教学进行客观、公正评价的重要前提。

（5）可行性原则

评价的程序和方法应该考虑它的可行性。评价程序过繁，方法过难，都会给评价工作带来麻烦，而使评价者难以操作。因此，在注重评价指标体系和评价标准的教育性、整体性、客观性、科学性的同时，还要注意到评价程序和评价方法的可操作性，使评价者感到评价标准明确、具体，评价程序和方法简便易行。

总之，课堂教学评价既是教学工作的一个重要组成部分，也是推动课堂教学结构的改革、提高课堂教学效率、端正教学指导思想不可缺少的一把标尺。课堂教学评价原则并非孤立存在的，而是互相补充、互相配合、相辅相成的。只有坚持评价原则，才能使评价工作达到预想的效果。

（二）评价的要素、标准与方法

1. 评价的要素

课堂教学评价是属于微观的教育评价。为使课堂教学评价指标能够成为对课堂教学作出客观评价的标准，必须使评价指标覆盖课堂教学这个动态系统的全部要素。这就是说，对课堂教学的评价应从教学目的、教学内容、教学过程、教学方法、教师素质、教学效果、教学特色等方面去进行。

（1）教学目的

教学目的是教学活动的出发点和最终达到的目标，也是确定教学内容、选择教学方法、检查和评价教学效果的依据。所以，制定教学目的是进行课堂教学应首先考虑的问题。

正确地、实事求是地确定教学目的，是完成课堂教学任务的前提和关键。教学目的的确定必须正确处理教学大纲、教材、学生实际这三者之间的关系，从知识、能力、思想教育这三个方面去考虑，认真贯彻教育、教学、发展相统一的原则。

教师要善于将单元教学的总目标分解成为每课时应实施的明确、具体、切实可行的教学目的，教学要求应恰如其分，符合学生的实际认知水平。

（2）教学内容

教学目的是通过一定的教学内容来实现的，教学内容的安排使教学目的的实现具体化。每课时要明确学什么，先学什么，再学什么。在例题的选择和练习题的设计上，要突出基本概念、基本原理、基本规律、基本事实，使学生能正确理解和掌握数学概念、性质、定律、法则、公式、数量关系和解题方法等基础知识。要有利于培养学生具有进行整数、小数、分数等四则计算的能力；有利于培养学生观察比较、分析综合、抽象概括、判断推理等初步逻辑思维的能力；有利于帮助学生形成关于简单几何形体形状、大小、相互位置关系的表象，培养初步的空间观念；有利于培养学生运用所学的知识解决简单的实际问题的能力；还要有利于进行思想教育。

教师要保证教学内容的科学性，重视数学知识本身的系统性和逻辑性，并具有较强的处理教材的能力。

（3）教学过程

课堂教学过程是在教师有目的、有计划、有步骤的组织下，引导学生积极主动参与、获取知识、培养能力、促进个性全面和谐发展的过程。教师要以整体的观点、动态的观点、发展的观点去精心安排教学过程，形成一个良好的、严密的课堂教学结构。

教学思路要符合教材的知识体系和学生的认知规律，清晰、有层次；环节与环节之间联系紧密，过渡自然；在突出教学的重点和突破难点上，要安排行之有效的教学程序；教学容量要适宜，教学密度要得当。

总之，教师对教学结构的整体设计要科学，时间的分配要合理，教学过程要始终围绕着教学目的进行。

（4）教学方法

教学方法是为了实现教学目的、完成一定的教学任务，师生在共同活动中所采用的手段。这里既包含教师教的方法，也包含学生学的方法。教学方法是受一定的教育思想支配的，在正确的教育思想指导下选择的教学方法，符合小学数学学科的教学特点和小学生学习数学知识的心理特点，能够发挥教师在教学中的主导作用和学生在学习中的主体作用。

教学有法，但无定法，贵在得法。教学方法的选择要讲求实效，要从教学内容的实际需要出发，往往是不同的教学方法有机结合着使用。但是，不论采用何种教学方法，都要坚持启发式，要有利于调动学生参与学习的积极性和主动性，要有利于学生的观察能力、动手操作能力、语言表达能力、想象能力、初步逻辑思维能力等各种数学能力的培养。

练习的设计要有针对性、有层次，形式要多样，练习的安排要得当，信息的反馈要及时、全面。要充分发扬教学民主，为学生质疑、大胆陈述不同见解创设良好的外部条件。要始终坚持面向全体、统一要求和针对学生的个别差异、因材施教相结合的教学原则。

总之，教师所选择的教学方法，能够使不同认知水平的学生，在原有的基础上都得到较好的发展。

（5）教师素质

为人师表是教师的基本品质，教书育人是教师的神圣职责。教师在课堂教学中应该做到：教态亲切，仪表端庄，举止自然；语言准确、简明、合乎逻辑，生动、形象、富有启发性和示范性；板书字迹工整，布局合理，条理清楚，利于理解和记忆；直观教具选择得当，演示准确、熟练，并能恰当地运用现代化教学手段辅助教学；指导学具操作目的明确，要求具体；组织教学活动有条不紊，反馈信息处理得当，观察敏锐，应变能力强；能够调动不同层次的学生参与学习的积极性，使学困生也能与群体共享学习取得进步和成功的喜悦。

（6）教学效果

从课堂教学反馈的信息中检验教学目的实施和教学任务完成的情况。观察学生是否掌握所学的基础知识和基本技能，智能是否得到了培养和发展，是否受到了应有的思想教育；学生参与学习认识活动的面是否宽，思维是否活跃，信息交流是否多向、畅通，教师提问的水平与学生答问的质量是否高，学生是否敢于质疑，课内练习的正确率是否高，反馈是否及时、全面，整体效果是否好。

（7）教学特色

课堂教学不仅达到了评价指标中的各项基本要求，还能在某个方面显示出与众不同的突出表现。如教学方法的改革有新意；自制教具、学具有创意；运用现代化教学手段有特点等。对教师在课堂教学中的创造性劳动要给予支持，还要鼓励教师根据自己的优势、长处，形成具有特色的教学风格，使我们的课堂教学，既循规蹈矩，稳扎稳打，又生动活泼，异彩纷呈。

以上阐述的课堂教学评价要素，为具体制定课堂教学评价指标和评价标准提供了依据，使课堂教学评价真正成为衡量和提高教学质量的准则和尺度。

2. 评价的标准

对课堂教学进行价值判断，必须有一个客观的评价标准。否则，仁者见仁，智者见智，每个人都用自己心目中的尺度去衡量，那么，对同一节课就有可能得出不一致，甚至相反的价值判断。

课堂教学评价标准的制定要贯彻教育性、整体性、客观性、科学性、可行性等原则。评价标准要比较具体地、全面地反映评价指标，使评价指标这一抽象的目标具体化、可操作化。建立指标体系并不容易，需要作大量的、科学的调查统计，综合筛选，分层整理。

3. 评价的方法

（1）作好听课准备

听课前，评课人要熟悉教学大纲对本单元教学内容的教学要求；了解教学的具体内容在单元中的作用和地位，与前后知识的联系；查阅授课教师的教案设计，初步了解其对教材的分析、理解是否符合大纲要求；重点、难点把握得是否准确；教学过程安排是否得当等。

（2）作好听课记录

听课过程中，评课人要认真地作听课记录。记录教学进程中每个环节内容的安排与呈现的层次，以及各个环节所用的教学时间；记录教师引导与设问的主要内容，学生的参与及应答情况；记录搜集信息的手段，反馈的次数，处理信息的方式；记录教态、板书以及教师处理问题的机智和应变能力；记录评课人即兴的感受；等等。

（3）填写评课意见

评课人应对这节课的优缺点，进行全面的、简要的定性分析。有条件的话，还应听取授课教师的自评意见及学生的课后反应，然后综合写出对这节课的评语，明确指出主要优缺点与进一步改进教学的意见或建议。

如果是多人评课，应组织评议，主持会议的同志不作倾向性的引导，让评课人各抒己见，充分交流，以便补充和修正个人认识上的某些片面性。有条件的话，听取教师自评意见及学生的课后反应，然后综合写出对这堂课的评语。

六、课堂练习设计技能

课堂练习作为帮助学生巩固和消化所学知识并转化为技能的重要环节，其重要性不可忽视。在数学教学中，它是学生把知识用于实际的初步实践，是教师了解学生和检查教学效果的一个窗口，更是学生实现自我的梦工场，是一种培养学生能力、开发学生思维的手段。

因此，认识练习的功能、把握练习设计的原则、克服练习中存在的一些问题，成为减轻学生过重负担、提高教育教学质量、实施素质教育中的一个值得研究的课题。

（一）课堂练习的功能

练习的功能是指在数学教学这个系统中，练习所发挥的有效作用。

1. 教学功能

在数学教学中，没有一节课是只讲不练的。专门用来进行练习的"练习课"自不必说，即便是"新授课"，也要安排各种性质的练习。新授前组织基本功练习或为学习新知做好知识迁移的准备性练习；新课进行过程中要结合有关内容做单项的、局部的反馈性练习；新授结束时要做巩固性的基本练习、变式练习；新课后要做提高性的对比练习、综合练习，也可以为继续学习新知做预习性的练习，或为激发学习兴趣、满足学生的求知欲望，安排难而可攀的思考性练习。总之，练习可以促使学生对数学的基本概念、法则、公式、定律、性质进一步理解、掌握、巩固和应用；也可以促使学生的计算、解题、画示意图、测量等基本技能转化成为熟练的技能技巧。

2. 教育功能

任何一种教学活动，对学生的思想品德都会产生一定的影响。不过这种影响可能是积极的、健康的，也可能是消极的，甚至是有害的。所以，思想教育必定渗透在数学教学活动之中。数学知识具有应用的广泛性，它与人民的生活、国家的建设、社会的发展有着紧密的联系，结合练习可以对学生进行学习目的的教育；数学知识具有严密的逻辑性，通过练习进一步揭示知识间的联系与区别、对立与统一、现象与本质，可以对学生进行辩证唯物主义观点的启蒙教育；数学知识具有高度的抽象性，根据小学生的认知心理，通过练习可以帮助学生掌握由具体到抽象，再由抽象到具体，即由特殊到一般，再由一般到特殊的认识事物的一般规律；数学是利用具体、生动、有说服力的数据和统计材料编写成练习题的，可以对学生进行爱祖国、爱社会主义、爱科学、爱劳动等思想教育。此外，学生对练习的态度、解题的策略、练习的效率等方面，通过自评和他评（教师和同学评），也会受到教育与启迪。可见，练习的教育作用是不言而喻的。

3. 发展功能

通过练习可以使学生的分析、综合、抽象、概括、判断、推理等初步逻辑思维能力由简单向复杂、由低级向高级逐步得到提高，数学思考方法得到锻炼，数学思想得到渗透，思维敏捷性和灵活性的品质得到培养。练习可以发展学生由此及彼、举一反三的迁移能力；可以发展学生对解法不是唯一的或答案也不是唯一的问题，提出自己独立见解的求异思维能力；可以发展学生再现几何形体的形状、大小、相互位置关系表象的空间想象能力；可以发展学生的语言表述能力，促进思维更加条理化、概括化；可以发展学生观察和认识周围事物的数量关系和形体特征的兴趣和意识；可以发展学生的个性和数学才能；等等。

4. 反馈功能

练习可以及时反馈学生掌握知识、形成技能等各种信息。一节课常常要安排多次反馈性的练习，以便使正确的得到强化，错误的得到纠正，及时调控教学进程，提高四十分钟的课堂利用率，保证教学质量。实践证明，每当学生完成练习，他们最为关心的是练习结果正确与否，但是这种关心程度将随着时间的推移而逐渐减弱。因此，教师要抓住时机利用学生对练习印象最鲜明、最清晰的时候进行反馈，让学生及时了解自己练习的质量，便能起到事半功倍的效果。其实，反馈不只是为了知道谁对谁错，即使对了，也不见得是同一种解题思路、同一个思维水平。所以，通过练习的反馈还应作进一步的了解，使教学更具有针对性，让每名学生都能在自己原有的认知水平上有所提高。还应该培养学生自我检验的习惯，让他们掌握一定的检查方法，提高自我反馈的意识和能力。总之，教学质量的保证，在很大程度上依赖于能否获取矫正性的反馈信息，练习正是获取这种信息的重要渠道。

（二）课堂练习设计的原则

课堂练习的设计应根据教学的实际情况遵循如下原则：

1. 生活性原则

理解知识、掌握知识的最终目的在于应用。教育家陶行知先生就教育与生活的关系指出："行是知之始，知是行之成。"这是对"数学从生活中来，到生活中去"的基本理念的生动诠释。联系生活实际进行作业设计，不但可以加深学生对新知识的理解和记忆，形成技能技巧，而且可以使儿童真实地感受到数学知识的价值，从而激发学习热情，强化学习动机。

2. 层次性原则

练习的设计要遵循由易到难、由简到繁、由基本到变式、由低级到高级的发展顺序去安排。

3. 灵活性原则

练习的设计要有利于促进学生积极思考，激活思路，充分调动起学生内部的智力活动，能从不同方向去寻求最佳解题策略。通过练习要使学生变得越来越聪明，思维越来越灵活，应变能力越来越强，而不被模式化的定式所禁锢、所束缚。

4. 实效性原则

课本练习材料的目的在于使学生更好地理解、巩固并运用知识，如何更全面地发挥练习的实效性呢？这需要教师有敏捷的思维，结合教学内容与练习材料展开思考，进行创造性的练习设计。

5. 开放性原则

可预见的、早已生成的学科知识作业是封闭的，其作用正在下降。若将某些封闭性的数学问题改变成开放性题目，便能最大限度地激活学生的思维。

6. 多样性原则

练习的设计要注意到题型的多样化和练习方式的多样化。机械重复性的练习，枯燥乏味，会直接影响教学效果。

（1）题型多样化

题型多样是指除了直接进行口算、笔算和应用题之外，还应有填空、选择、判断、改错、匹配（连线）等题。

（2）练习方式多样化

练习方式多样是指既有笔写也有口述、动手操作的，既有单项练也有综合练、系统练，还应根据学生的年龄特点，采取相应的练习形式。

练计算也要练分析，数学离不开计算，通过口算、笔算、听算、视算等各种途径的练习，不仅使计算准确熟练，也要学会审题、分析，能应用运算定律和性质使计算灵活合理。应用题的教学不能只满足于学生会解题，一定要在培养分析问题的能力上下工夫；有的题要求学生能根据已知条件和所求的问题，列出分析表或画出示意图，有的应用题运用图解便可以对数量关系一目了然。

单项练一般在两种情况下进行。一种情况是为学习新知识作必要的准备，练习与新知识有关系的旧知识。还要经常进行综合练习，以便把所学的新知识纳入已有的数学认知系统中，使新旧知识紧密联系、融会贯通。

对于学习有困难的学生，除了通过思想教育，不断提高他们对学习目的的认识，端正学习态度，及时发现他们的微小进步，加以鼓励，增强信心外，还必须通过练习，帮助他们去掌握所学的知识，提高学习能力。对他们练习的要求，不能低于大纲的规定，但是练习的编排更应注意循序渐进，不能跳跃度太大。

课堂上应保证练习的时间，做到有计划、有目的地练，使学生通过各种形式的练习，巩固知识，掌握规律，发展智力，培养能力，在教师的主导作用下，充分发挥学生在学习中的主体作用。

（三）练习贯穿于教学的各个环节

为学习新的知识，有必要进行与新课内容有紧密联系的基础知识练习。

在学习新课的过程之中，更是离不开练习。练计算、练分析、练思维，边学边练，学练结合。

关于作业练习，无论是课内或课外的练习都要加强目的性。可以针对知识的重点和难点，使练习有利于强化新知识的巩固。如除数是小数的除法，它的重点和难点是除数的小数点的处理引起被除数的变化，可以有针对性地进行这方面的练习。也可以是综合性的练习，把新旧知识、易混的概念对比交错地安排在一起。

第二节　新技能指导

一、数学课程资源的开发

课程资源是新世纪基础教育课程改革提出的一个重要概念。在《数学课程标准》中专门对"课程资源的开发与利用"提出了要求，这意味着把教材作为唯一的数学学习资源的做法必将进行大的改革。

（一）数学课程资源的含义

课程资源的概念有广义与狭义之分。广义的课程资源是指有利于实现课程目标的各种因素；狭义的课程资源仅指形成课程的直接因素来源。在《数学课程标准》中指出："数学课程资源是指依据数学课程标准所开发的各种教学材料以及数学课程可以利用的各种教学资源、工具和场所，主要包括各种实践扩大材料、录像带、多媒体光盘、计算机软件及网络、图书馆以及报纸杂志、电视广播、少年宫、博物馆等。"

（二）课程资源的分类

数学课程资源与其他学科课程资源一样，可以按不同的因素进行分类。

1. 按资源的作用分

按资源的作用可分为素材性课程资源与条件性课程资源。所谓素材性课程资源，是指学生学习和收获的对象从哪里来，包括数学知识、技能、数学活动经验、智慧、感受等因素；所谓条件性课程资源是指那些并不是学生数学学习和收获的直接对象，而是学生学习和有所收获的条件，如学习场地、学具、图书馆、实验室、因特网。

2. 按载体形式分

按照资源载体形式分为文字材料（工具书、课外读物、教学参考书、教案选编、教学图片），实物教具，影像资料，场地设施（图书馆、博物馆、展览会场），情境活动（表演、辩论会、数学故事会），网络资源，等等。

3. 按使用对象分

从使用者的角度分为教师使用和学生使用两种。有的数学课程资源是数学教师在教学、科研中使用的，有的资源是学生用于巩固所学知识、拓宽知识视野的。

（三）课程资源开发的几个维度

从历史上看，数学的发展与人类文明的发展是同步的，从人类出现书写记数算起（古埃及的象形数字出现在公元前 3400 年左右），数学已有五千年的发展史，现在数学已经渗透到社会的各个领域。因此，所蕴涵的数学课程资源是无比丰富的，是取之不竭，用之不完的。它或者是一段使人"知兴衰"的数学史、"知得失"的数学家生平介绍和引人入胜的数学趣闻；或者是某个发人深思的数学思想、精彩美妙的数学方法和让人着迷的数学命题；或者是展现数学在科学技术、政治经济、文学艺术以及社会现实生活中那些漂亮的应用……然而，这些内容又都是繁杂无序的，是没有什么组织结构的，我们必须经过适当的筛选和一定的教学加工，才能把它们改造成有利于教学的课程资源。特别地，我们可以从数学文化观念出发，依照"基础性、普及性、发展性"原则，从科学教育、人文教育、应用教育与美学教育四个维度来开发能体现数学教育价值的课程资源。

1. 科学教育维度

这一部分内容要能充分体现数学的思想性和创造性，要突出数学发展的轨迹、科学发展的轨迹，要能使学生体会到数学作为人类文化的一部分，其永恒的主题是"认识宇宙，也认识人类自己"，深切地感受到数学是"科学研究的典范"，是思维的艺术。数学教材内容的拓展是学生学习数学的重要依据，虽然它主要是逻辑加工的产物，淡化了"数学文化"的色彩，但它毕竟是扎根于数学文化长河之中的，只要我们对教材相关内容进行适当的加工、拓展和补充，使它们返璞归真，就可重新焕发出文化的活力。

数学名题。数学是一门古老而又常新的学科，问题是促进数学发展的源泉和动力。从古到今，有着极其丰富有趣的数学问题，由于构思巧妙，孕育着深刻而丰富的数学思想方法，犹如颗颗珍珠闪烁着人类智慧的光辉，如"哥尼斯堡七桥问题"、《孙子算经》中的"物不知数"问题等。在内容选取上既要注意趣味性，又要控制难度、符合学生的接受水平，避免引入过多的专业术语。

科学中的数学。"冥冥之中最深处，宇宙有一个伟大的、统一的，而且简单的设计图，这是一个数学设计图。"从哥白尼"日心说"的提出、牛顿万有引力定律的发现，到爱因斯坦相对论的创立，再到生命科学遗传密码的破解，数学在其中都发挥了非常重要的作用，它为自然科学、社会科学和人文科学提供了合理而有效的理论框架和思维方法。这部分内容主要体现数学的理论性和思想性，因为所涉及的专业知识较多，最好与相关学科的教师相互协作，设计成专题向学生介绍，内容要深入浅出、通俗易懂，只要学生能领会其中所应用的数学思想即可。

2. 应用教育维度

在高考"指挥棒"下的现行高中数学教育是"烧中段"式的，不但去掉了数学的"头"——数学的来源，而且砍掉了数学的"尾"——数学的应用，使本来以提高学生生存能力为目的的数学教育反而远离了人们赖以生存的现实世界。在现行数学教材（尤其是高中教材）中，虽说也有不少的"应用题"，但那是逻辑体系下的产物，其主要目的是为了培养学生的"解题能力"。师生们认为那些"应用题"都是教材编写者们精心设计的练习题，而并不认为它们是现实生活中出现或可能出现的"事实"，尽管有些应用题确实具有现实性。

身边的数学。要以学生的生活环境为背景，选取那些与人们的行为活动直接相关的问题，例如，"汉字中的'几何变换'"、"数学成绩与近视眼镜片度数的关系"、"银行存款与购买保险哪个收益更高"等。所选取的实例应是学生力所能及的，具有可操作性。通过这些问题的探究，使学生感受到"数学就在身边"，数学可使人们更加合理地作出判断和选择。

其他学科中的数学。在学生的知识结构中，最熟悉的莫过于各门功课中的知识，如果能在除数学之外的其他学科中（尤其是文科类学科中）看到数学的身影，那他们的数学意识就会得到有力的强化。另外，这种"跨学科综合"也是当今基础教育课程改革的新特点、对学生能力发展的新要求。相关内容，可与其他学科的教师相互协作，共同设计。

3. 人文教育维度

（1）数学和其他科学、艺术一样，是人类共同的精神财富，是人类智慧的结晶

它表达了人类思维中生动活泼的意念，表达了人类对客观世界深入细致的思考，以及人类追求完美和谐的愿望。和自然科学相比，数学更接近于人文科学。在数学发展的历史长河中，蕴藏着无限的人文教育素材，可以说，数学史是人类文明史的缩影，充满了人类的喜、怒、哀、乐，既有艰辛的劳动，又有辉煌的成就，经历了从幼稚到成熟的成长过程，它承载着人类社会每一次重大变革的重要成果。

（2）数学家生平

主要介绍数学家艰辛的劳动过程，展示他们执著追求真理的精神风采，呈现他们那高尚的人格品质。如果还能够介绍一些数学家说过的名句格言与后人对他们的精彩评价，可使所选内容更具感染力。

（3）对数学的发展产生重大影响的历史事件

例如"《几何原本》与人类理性"、"微积分与极限思想"、"电子计算机与数学技术"等。通过这些专题的介绍和学习，使学生体会到数学在人类社会进步中的重要作用以及社会发展对数学发展的积极影响。

（4）中国数学发展史中的优秀成果

中国是四大文明古国之一，在数学发展史上，我国数学家的丰功伟绩是不可磨灭的。从公元前 3 世纪到公元 16 世纪左右，我国在数学领域始终处于领先地位。大约在 3000 年前，我们的祖先就知道了自然数的四则运算，到宋元时期进入了古代数学发展的"黄金时代"，创造了无比辉煌的数学成果。在当代，著名数学家陈景润在哥德巴赫猜想的证明上处于世界最前列，吴文俊在计算机的几何证明上所取得的成绩居世界一流，等等。通过这些材料，能够让学生看到我们的国家和民族在数学领域中的巨大成就，从而激发他们的民族自尊心和自信心，增强他们继承和发扬民族光荣传统的自豪感和责任感。结合教材可整理为如下专题："《九章算术》与'经世致用'的价值观"、"宋元数学四大家"、"陈景润与哥德巴赫猜想"、"吴文俊与计算机证明"等。

4. 美学教育维度

数学是美的，然而数学的这种"冷而严肃"的美，只有解读后才能被

人们体会得到。美是人们的一种心理体验。庞加莱说："数学的优美感，不过是问题的解答适合我们心灵的需要而产生的一种满足感。"通常一些外观的美，仅靠感觉就能体验出来，而数学美则不然，它包含有很强的认知成分。虽然我们可以给学生一些欣赏美的标准（如简单、对称、和谐、平衡等），但依建构主义的观点，只有那些在学生"数学现实"的基础上建构起"个人意义"的东西才能被他们所理解。因此，我们应该从学生的角度出发，充分挖掘教材中数学美的内容，通过数学美的展示和解释，使学生理解它们、欣赏它们，从而达到使学生喜爱数学的目的。

（1）数学美的解读

数学美育内容的挖掘和展现可按四个层次进行：美观——美好——美妙——完美。此外，还可以利用计算机那惊人的计算能力和无限的创意功能来展示和创造利用其他手段无法展现的数学美的内容。

（2）艺术中的数学

通过数学在音乐、绘画、文学等艺术领域的应用内容的介绍，提高学生的艺术鉴赏能力。

这些内容最好以"数学活动"的形式来展开，通过合作、交流、讨论，使学生以数学理性的角度去分析和欣赏艺术作品，体验数学的艺术美，从而达到提高文化品位的目的。

（四）数学课程资源开发的途径

进行数学课程资源开发，首先要认真研究课程标准，调查学生的生活特点、生活方式、学习和发展的差异，预测社会发展的动向，了解本地的文化物质条件（如图书馆、展览馆、旅游景点、服务行业特色），然后才能有针对性地开发急需的资源。具体资源库建设力求多途径。

1. 编写出版书籍

教学参考书是重要的课程资源，它应该由教材编写人员与教材同步编写。内容包括：教学目标，每节的教学要求，教学建议，习题解答，例题的拓展，学法指导，同行经验，评价建议（集体评价、样题），提供教师可以选择的活动题材，资源库查找线索，等等。

教材与教学参考书之外的文字资源书籍，小学可以分学段或分学期编写。如采取栏目形式分块编写成超市形式，内容可以有：超级链接——与教材内容相关的知识、趣闻、故事、思想方法等；精彩推荐——与课程目标相关的网站、书目、报纸、杂志、电视频道、音像资料等；身边数学——实际问题背景、素材；教学案例，学习经验——与课程标准、各套教材的整体思路配合。

2. 从因特网上下载整理

现代信息技术突破了资源的时空限制，使课程资源的广泛交流和共享变为可能。广大的数学教师一方面可以从网上下载资料加以应用，另一方面，也应该参与到网络资源的建设当中去。同时，要引导和鼓励学生学会使用网络资源。

3. 在报纸、杂志上找资料

在平时看书、读报时，把与数学有关的信息、数据、图表、图形等记录下来，日积月累，可以收集大量有用的数学教学材料。

4. 自制录像、幻灯片、光盘

大自然中的场景、活动，电视中能用于数学教学的画面，优秀教师或同行研讨的课堂教学都可以摄取、录制集成音像影视材料。

5. 与地方有关机构、单位建立联系

数学在生产、生活中应用广泛，工厂、农村、商店都能找到与数学相关的资源实物或素材。只要有寻找和运用的意识，善于去识别、开发当地的实际资源，不管是农村还是城市，都能发现相关的实物模型、问题情境。

6. 创设活动

开展一些数学交流活动，如数学辩论会、数学故事会，学生在交流中介绍不同的资源，产生新的知识。

（五）数学课程资源开发的几点注意事项

1. 要符合数学课程改革精神

开发数学教材以外的课程资源，必须符合数学课程改革的理念和目标，有利于教师改变教学方式，有利于学生动手操作、自主学习、合作讨论，有利于引起学生的探索兴趣与愿望、创造力的发挥，有利于师生交流。绝不能打着开发课程资源的名义，大编习题集、复习资料、数学竞赛用书。开发教材以外的课程资源与编写教材不同，不是编写人手一册统一使用的读物，而是形式多样、内容丰富、结合当地实际提供给教师或学生参考的素材、资料、线索。所以要防止以应试和赚钱为目的的课程资源进入学生书包。

2. 重视综合性资源的开发

提倡超越数学学科，与其他学科联系，实现数学与其他学科的相互渗透、融合。鼓励到课堂和书本以外找课程资源，把数学用到实际中去，全面理解数学的价值。资源开发中，条件性课程资源和素材性课程资源都要重视，打破数学只需纸笔就够的老观念，使教育现代化的物质外壳与数学课程的丰富内涵紧密结合起来，提高数学学习中的物资设备和操作活动水平。

3. 课程资源要适用、经济实惠

数学课程资源不像物理、化学、生物那样要正规的实验室，它以书籍（试题、教案）、课件、图片、教具为主。由于教师的时间、新的教材使用的灵活性和实际水平的限制，资源要方便教师选用，教师在备课时有选择的自由度和选择空间。

给教师和学生使用的资源内容要精选，太多太杂，实际使用率低；制作得豪华，就会成本过高，提高资源库材料的价格，加重教师和学生的经济负担。

4. 分级建设，合作共享

我们的国家大、地区差异大、学生数量大，经济承受能力不强，教师时间不足，数学课程资源开发、管理、使用三个层面要有分工、有合作、有交叉，不必高度统一。教育行政部门、教研部门和出版社之间必须协调，有的可以由教育行政部门给出规范、计划，适当资助，由各级教研部门建设；有的可以学区和学校自建，但不能形成职能部门的垄断和独家经营。参加开发的人员不一定是数学教师，要有广泛的代表性，打破小框框、封闭性，使资源的形式多样化。

各级行政部门有责任加强管理，把课程资源的建设纳入到课程改革计划中，在政策上保证各种课程资源及其责任主体能够得到落实，在实际操作中促使各种资源间的相互联系与共享。每个地方都可以建立独特的课程资源中心，与一些单位建立长期相关联系，利用网络技术逐渐打破校内校外课程资源的划分界线，实现资源校与校之间、教师与教师之间的共享，避免分散行为造成过多的浪费。

作为学校，提倡购买常备资源，建设个性资源。对于教师，因为教师的精力、财力、水平都受到严格的限制，总的说来应该是购买为主，自己制作为辅。

5. 课程资源要不断更新完善

资源库不能长期处于封闭性状态，应该听取教师和学生的反馈意见，经常修改。为了方便修改，在制作中要预留修改通道。如影像材料做成材料比做成完全的课时产品便于修改；网络平台要重视兼容性，做成开放式；文字材料能做成卡片的尽量做成活页卡片。

二、教学设计技能

教学设计（教学的设想和计划）又称教学系统设计，是指为了达到预期的教育目标，运用系统的观点和方法，遵循教学的基本规律，对教学活动进行系统规划的过程。

教学设计不仅包括"教"的设计——教什么、如何教，还包括"学"的设计——如何指导学生学，如何引导学生探究和发展。

（一）教学活动设计的原则

1. 整体性原则

整体性原则是指在设计教学时要全面考虑教学的任务、教学目标、教学内容、教学组织形式、教学方法、学习方式方法等方面因素，使多种因素能够协调一致，相互适应，向着共同的目标形成合力。

2. 主体性原则

主体性是现代教学的本质特征，其表现为三个不同层次：自主性、主动性和创造性。这就要求教师在设计教学时要实现指导思想的转变，把学生当作学习的主体，一切教学内容和活动设计都要为学生全面发展和个性充分发展服务。从教学内容的选择要关注学生生活的世界，构建课本与现实世界的桥梁，到关注学生学习方式的转变过程，以及学生在学习中情感、价值观的体验，等等。教师要自觉实现角色转变，成为学生学习的促进者、引导者、组织者。教学策略实现由重知识传授向重过程体验、重学生发展转变，由重教向重学转变，由重结论向重过程转变。

3. 发展性原则

"一切为了学生发展"是新课程改革的根本理念。学生的发展是全面的发展，包括知识、技能、情感、价值观等方面的发展，以及学生个性的充分发展。教学是认知、情感交流的过程，更是学生整体生命成长、发展的过程。因此，教师要用发展的眼光来设计教学，注重在教学中启发学生积极思考，主动地学习，注重挖掘教学内容中知识的、情感的、价值观的因素，让学生参与到教学中来，与教师共研讨、共探索、共提高、同发展。

4. 过程性原则

现代教学区别于传统教学的一个显著特征就是"过程重于结论"。传统教学的误区就在于重传授结论，轻经过程探究，这是一条扼杀儿童创造性的所谓捷径，从源头上剥离了知识和智力的内在联系，排斥学生的思考和个性，把教学过程庸俗化为机械的讲授和记忆。重过程在于让学生"会学"，重在让学生亲自体验知识的发生、发展过程，掌握学习的方法，主动探究知识。学生明白"为什么是这样"，"这是怎样来的"，同时体验到学习成功的乐趣，增强了学习的直接动机，对学生的意志品质也是一场考验和锻炼。

5. 开放性原则

新课程理论主张课程是开放的，因此教学实施的基本途径也应该是开放的。课程的开放性是指课程内容的开放性、课程目标的开放性、课程实施的开放性。教师在设计教学活动时要考虑师生互动、多感官参与、灵活多样的学习方式，立体教学信息传递以及多种教学组织形式。要营造一个宽松、和谐、师生身心愉悦的气氛，使学生的心态和思想不受拘束，保持自由与开放，让学生展开想象与思考的翅膀，去学习、研究、实现自身生命的价值。教师还要加强对学生开放思维的训练，培养学生敢于质疑、勇于探索、不迷信权威的意识。

6. 情境、体验教学原则

教师要善于创设良好的学习环境，激发和改善学生学习的心态与行为，为每一名学生提供并创造成功的条件和机会，让学生获得生命的体验，以愉悦的学习促进学习的愉悦。因此，在教学中教师首先要精心设计教学情境和体验，还必须让学生积极参与到教学活动中来，获得生命成功的体验，经历挫折与失败的考验。

（二）教学活动设计的思路和要求

现代教学观认为：教学的过程是一个动态的生成过程，教学活动设计也应该是一个动态的、生成的、开放的过程。

1. 教学设计的两个基本思路

（1）要依学科课程内容的结构特点来设计和组织教学。

（2）以解决问题的活动过程为线索和学生心理发展过程、以活动训练为线索来设计教学。

2. 设计要求

（1）创设良好的教学情境，鼓励学生主动参与、合作学习

让学生拥有学习的主动权，拓展学生的发展空间，挖掘开发出学生潜在的能力。建立平等、和谐、理解、沟通的师生关系，有利于师生主体的发展。

（2）注重学生获取知识的过程

启发学生不仅知道结论是什么，更要探究这个结论是怎样来的。让学生参与到探究的过程中去，让他们体验获得知识的乐趣，培养学习的自信心和学习的能力。

（3）过程重于结论

获取知识和技能方面，由过去的"给予"转变为营造教育情境，激发学生学习动机，培养学习兴趣，让学生自己去发现问题，解决问题，得出结论。

（4）正视差异、因材施教

要允许有差异，并根据其不同特点设计教学，因材施教。

（三）教学活动设计的学习方式

1. 情境—体验式

"情境→活动→体验"这是一种创造良好的学习情境，激发和改善学生的学习心态与学习行为，为每一名学生提供并创造获取成功的条件和机会的学习方式。情境的设计要适合学生的智力水平、学习能力和心理特点，在设计中情境交融，以愉悦的学习促成学习的愉悦，让学生体验到学习成功的乐趣。

2. 和谐—发展式

这是一种在教学中以学生知识的获取、能力的培养、方法的训练、行为习惯的养成为目的的教学设计。要求教师在教学中妥善处理好知识与能力、认知与情感等各种关系，让学生都积极参与到教学中来，达到学习交

往、思维活动、情感培养的和谐统一。主体参与的讨论式、启发式、问题解决式及情境教学都是有效的方式。

3. 活动—过程式

这是一种以学生活动为主，让学生积极参与，激励学生实践、探索的方式。"情境→思维→活动"。活动过程中重在展示知识发生发展的过程，重在组织学生活动，促使在活动中思维，在思维中活动，达到过程与结论的统一，让学生体验到成功的快乐。

4. 探索—发现式

这种方式重在培养学生经过探索，发现新知识、规律并运用新知识分析解决问题。教学设计中教师要体现出对学生的期望，积极鼓励学生去探索，并及时给以鼓励性评价。这种方式从目标的激励、学生学习潜能的开发，到引导学生自主学习和创造性学习，其目的是培养学生勇于探索、力求创新的精神和勤于实践、动手操作的能力。

5. 自主—交往式

这种方式体现了以学生合作学习为基础，激励学生自主学习，调动全体学生的交流，创造利于让学生发表自己见解的课堂气氛，让学生自主学习，合作参与，张扬个性。这种交往存在于教师与学生、学生与学生之间，多向互动促进、互相激励、互相交流、取长补短，其价值在于学生学会认知、学会做事、学会交往、学会共处。

三、组织研究性学习技能

（一）研究性学习的本质及特点

研究性学习是综合实践活动课程的一项主要内容，也是一种倡导探究的学习方式。为此需对其进行分析探讨，以便在综合实践活动课程中应用。

1. 研究性学习的本质内涵

研究性学习是学生在教师的指导下，从自然、社会和生活中选择与确定专题进行研究，并在研究过程中主动获取知识、应用知识、解决问题的学习活动。

设置研究性学习的目的是为了改变学生单纯接受教师传授知识为主的学习方式，为学生构建开放的学习环境，提供多渠道获取知识，并将所学知识加以综合运用的机会，培养学生的创新精神和实践能力。

2. 研究性学习的五个特点

（1）探究性

探究性包括探究性的问题和探究性的方法。

① 探究性问题。是指对学生来说还没有具备直接的解决方法，学习内容对学生的学习能力构成挑战。对学生而言，它又具备两个特征：一是可接受性，即学生愿意解决这种问题，并初步具备一定的知识基础和能力基础。二是障碍性，即学生还不能直接地得到答案，尚需经过思考、探索和研究，去寻找新的解决问题的办法。探究性的问题具有不确定性、不唯一性、发散性、层次性、发展性以及创新性的特点。

② 探究性方法。是指学生在学习中是以类似于科学家所用的科学研究的方法，模拟科学家那样的探究、发现过程，创造性地解决各种问题。通过专题研究讨论、课题研究、方案设计、模拟体验、实际操作、社会调查等形式，探究那些与科学和社会生活相关现象的奥妙和问题的实质。

（2）实践性

研究性学习主要是围绕问题的提出和解决来组织学生的活动。教师要引导学生从学习生活和社会生活中选择和确定他们感兴趣、有研究价值的课题。教师可以给学生提供，学生也可以自己来选择；课题可以是课堂教学内容的进一步延伸和拓展，也可以是自然和社会中的问题；可以是纯理论性的，也可以是实践操作性的；可以是已经证明过的结论，也可以是尚未发现的新知。

（3）开放性

研究性学习呈现开放学习的态势。研究的课题来源于学生的生活和现实世界，课程的实施大量地依赖于教材、教师和校内外的课程资源。学生的学习方式、学习途径、方法各不相同，最后研究结果也可能各异。研究性学习突破了学科学习的封闭状态，把学生置于一种动态、开放、主动、多元的学习环境之中。这种开放性学习，改变的不仅是学生学习的地点和内容，更重要的是给学生提供更多的获取知识的方式和渠道，促使学生了解社会、体验生活，丰富自己的感性知识和实践经验。

（4）自主性

研究性学习主要由学生自己完成，强调以学生的自主性、探究性学习为基础。学生自己去选择、确定研究性学习的课题，采用学生个人和小组合作的方式来进行，整个课程的内容、方法、进度、表现状态等主要取决于学生个人和合作小组的努力程度。

学生在教师的指导下，成为某一研究课题的提出者、设计者和实施者，对课题的实施直接负责，学生真正被置于学习的主体地位。研究性学习既赋予学生选择学习内容的权利，也要求学生承担实现课程目标的任务。当学生感到自己肩负着一份责任时，积极性和主动性就被调动起来，去积极自主地学习、探究。

（5）过程性

研究性学习不仅重视结果，更重视学习过程以及学生在过程中的感受和体验。研究性学习将整个课程的实施过程看得比结果更为重要。

学生经过一段时间的研究、探索，他们的研究结果也许幼稚可笑，不足以称道，甚至是错误的结论。但这并不重要，因为学生通过确立课题、查询资料、动手操作、实验、社会调查等亲身实践，不仅可以获得直接的感受，而且初步掌握了科学研究的过程和方法。学生在小组合作学习中学会与人合作，知道课本之外还有丰富的知识获取渠道，并试图整合自己已有的知识去解决正在思考的问题。学生在参与的过程中，还获得了丰富的学习体验。这正是研究性学习开设的目的，这比一个正确的结论要有价值得多。

从真正参与的意义上来说。研究性学习过程本身就是这种学习方式要追求的结果。

（二）研究性学习的新理念

1. 重视学生的自主活动，让学生在体验与创造中学习

培养学生的创新精神和实践能力，必须重视学习过程中书本知识学习与行为实践活动的平衡和结合。小学阶段的研究性学习以学生的活动为中心，让学生通过自主实践活动去主动发现、积极探究和自由地创造。

2. 关注学生的兴趣，让学习充满探究的快乐

兴趣是学生学习的动力。小学生好奇心强，求知欲旺盛，对身边问题有着浓厚的探究兴趣。关注学生的兴趣，将兴趣转化为学习的问题，并以此作为探究的出发点，能有效地引导学生主动投入到研究性活动中。

3. 提供开放的学习空间，发现和开发学生的多方面智慧潜能

每一名学生都具有多方面的智慧潜能，也存在着明显的个体差异。研

究性学习可以使学生在开放的情境中，依据自己的兴趣和爱好，通过各类探究方式，关注自然，走向社会，发现自我，开发多方面的智慧潜能，形成积极的人生态度。

4. 教学过程应该是师生共同探求新知的过程

现代教育要求建立一种新型的师生关系，教师要实现从单纯的知识传授者向学生研究性学习的组织者、指导者、促进者和参与者转变，教师与学生在共同探求新知的过程中，获得思维、能力、情感、行为等方面的发展。

（三）研究性学习注重的具体目标

研究性学习强调让学生对所学知识、技能进行实际应用，注重学习的过程和学生的实践与体验。特别注重以下六项具体目标：

1. 注重让学生获得亲身参与研究探索的体验

研究性学习强调让学生通过自主参与模拟科学研究的学习探究活动，获得亲身的体验，逐步形成学生善于质疑、乐于探究、勤于动手、努力求知的积极态度。培养学生积极的情感，激发学生探索、创新的欲望。

2. 注重培养学生发现问题和解决问题的能力

研究性学习是围绕一个需要解决的实际问题而展开的。在学习的过程中，通过引导和鼓励学生自主地发现问题、提出问题、设计问题的方案，收集和分析材料，调查研究得出结论并进行成果交流，引导学生应用已有的知识和经验，学习掌握一些科学研究的方法，培养学生发现问题和解决问题的能力。

培养目标具有阶段性和发展性。例如：在一年级着重培养学生学会从社会现实中发现和提出问题的能力；二年级着重培养学生收集、分析、概括、归纳资料、学会确定研究方案，培养解决问题的能力；三年级着重培养学生的思辨和批判反思能力，并能正确客观地对自己的研究过程、研究方法以及研究中的不足自觉地进行反思和修正。

3. 注重培养学生收集、分析和利用信息的能力

在研究性学习中，要帮助学生学会利用各种有效的手段、通过多种渠道来获取有价值的信息，学会分析、整理、使用信息，培养收集、分析和使用信息的能力。

4. 注重培养学生学会分享与合作

研究性学习以小组合作的方式进行，在学习的过程中教师要努力创设

利于人际沟通与合作的环境，让学生在学习活动中学会与人合作和分享研究信息、创意及成果，让学生在合作学习中学会合作，培养学生的创新意识与合作能力。

5. 注重培养学生科学研究的态度和道德

在开展研究性学习的过程中，教师要教育学生树立科学的态度，尊重事实，实事求是，尊重别人的意见和见解，虚心诚实，严谨治学，还要尊重别人的劳动成果。

6. 注重培养学生对社会的责任心和使命感

在研究性学习中，学生通过社会调查和社会实践，深入地了解科学对于自然界、社会和人类自身的价值，关心国家民族的命运，树立报效祖国的使命感。培养关心别人、关心社会、关心家庭的责任心。

（四）研究性学习内容选择的要求

1. 尊重学生兴趣爱好

尊重学生的个人意愿，让他们自主选择探究内容，是研究性学习活动持续并有效开展的基础。要鼓励学生根据自己的兴趣爱好，选择课题，确定方向，积极地投入探究。学生对某个问题产生浓厚的兴趣和探究的愿望，不仅是进行学习和探究的直接动力，也是充分发挥他们创新精神和创造潜能的前提。教师在活动指导中要尽可能地创造一个可供学生自我选择和个性发展的空间，不宜硬性规定研究的内容和题目。可以通过开设科普讲座、推荐科技书籍、介绍科学人物等途径和方式，激发兴趣，启迪思维，形成问题。在学生产生研究兴趣和愿望的基础上，进一步引导他们提出研究的题目和思路。

2. 关注学生生活实际

小学中、高年级学生的逻辑思维已有了一定的发展，能对各种自然现象和生活实际进行思考，并有自己的观点和看法。与此同时，基于小学生身心发展的特点，其活动和探究的范围又有较大的局限性。关注学生的生活实际，充分发掘适合于小学生年龄特点的能力水平的探究题材，是有效地选择和组织研究性学习内容的一个重要方面。小学开展研究性学习，要引导学生从生活实际出发，发现问题和提出问题。教师要利用教学活动的各种机会，启发小学生提出值得思考和探究的各种问题。从风、霜、雨等自然现象到动植物的生长规律，从个人的衣食住行到社会生活的发展变化，从校园的环境布置到城市的规划建设，都可以成为研究性学习的内容。要鼓励学生做生活中的有心人，善于观察，勤于思考，从现实生活和身边小事中寻找和提出有价值的探究内容和问题。

3. 鼓励学生动手实践

研究性学习的内容来自学生的生活实际，研究的过程也是学生动手实践的过程。研究性学习强调更多地通过学生对生活中实际问题的探究来获得直接经验，提高运用知识解决实际问题的能力。小学阶段开展研究性学习，要多一点学生的亲身体验，少一点教师的知识传授；多一点实地调查和实验，少一点书面资料的研读整理；多一点手脑并用，少一点纯思维训练。教师对学生进行研究方法的指导，要结合具体的问题和情境，要深入浅出、注重实用，避免单纯的名词术语的讲解和记忆。

（五）如何选择研究性学习的内容

研究性学习的内容是非常宽泛的，研究性学习的内容应从以下两个角度来精心选择。

1. 科学方法方面的内容

"事必有法，然后可成"，"授人以鱼，不如授人以渔"。研究性学习的目的就是要通过研究性学习的方式培养学生掌握学习、探究的能力。因此在选择研究性学习的内容时要注意精选"方法"方面的内容，让学生从经验型方法上升到科学型方法，从摸索、探索上升到科学水平的指导。

在学科方面的课程中，没有专门安排科学方法方面的内容，却大而统一地直接上升到哲学的方法，可谓"千篇一律"，"没有针对性也就没有适应性"。应该研究每一个学科的具体学习方法，针对不同学科寻找这门学科的独特方法，更鼓励学生探讨自己学习一门学科的独特方法。

应该结合教学内容讲授观察、实验、调查、分析、比较、类比、综合、科学假说和验证等基本的科学方法，让学生结合基本方法寻找适合自己的独特方法。在各科教学中，教师要善于帮助学生总结本学科的学习方法。

2. 研究性学习课程的核心内容应以创新为目标、以问题为中心、以探究为基调来进行选择和组织

"问题"，可以是某一学科中的某一个具体问题，也可以是涉及多学科的综合性问题，可以是社会生活中的问题，也可以是社会发展中的问题。

问题应当有价值和可探究性，难度还要适度，学生通过努力与合作基本能够解决，以增加学生的成就感。另外，问题的组织还应具有层次性，要循序渐进。起初的问题应简单一些，目的是让学生适应这种学习方式。随着学生知识的丰富和探究能力的提高，应逐步提供难度较大的问题供学生探究。可以是一个问题不断深入研究，也可以是不同的问题深化层次。教师要帮助学生解决探究过程中遇到的困难，给学生提供必要的、多方面的帮助，让学生主动地、独立地去解决问题。教师在学习中是起引导、帮助的作用，让学生自己去探究、去发现。

（六）如何实施研究性学习

如何实施研究性学习，教师应从以下几个方面对学生加强指导。

1. 课题研究和项目活动设计

（1）课题研究是以认识和解决某一问题为主要目的，具体包括调查研究、实验研究、文献研究等类型。

（2）项目活动设计是以解决一个比较复杂的操作问题为主要目的，一般包括科技类项目和社会类项目两种设计类型。

2. 研究性学习的三种组织形式

研究性学习具体来讲有三种组织形式，即个人独立研究、小组合作研究、个人研究与全班集体讨论相结合。小组合作研究是经常采用的组织形式，一般由3—5人组成，聘请有某一方面专业特长的教师或有关人士为指导教师。

3. 研究性学习实施的三个阶段

（1）进入问题情境阶段

在这一阶段要求师生共同创设一定的问题情境，一般采用实地参观让学生感受，调动学生原有的知识和经验，做好有关知识和方法的指导和铺垫，让学生提出有价值的问题，在独立钻研、探究的基础上进行小组合作交流讨论。

（2）实践体验阶段

在确定了要研究解决的问题之后，学生即进入具体解决问题的过程，通过实践、体验，形成一定的观念、态度，掌握一定的方法。在这一阶段学生实践、体验的内容包括：

① 搜集和分析信息资料。教师要指导学生掌握收集资料的方法，掌握

调查、访谈、实验等收集资料信息的方法。让学生学会识别和判断信息的真伪，选择与本课题密切相关的资料，学会有条理、逻辑地分析和整理资料，发现信息之间的本质与联系，进行综合判断，得出相应的结论。

② 调查研究。学生根据个人和小组集体设计的研究方案，按照确定的研究方法，选择合适的范围进行调查，获取调查结果。学生在这一过程中应如实地记录调查中获得的基本信息，通过调查这一手段来研究一个问题，学会从各种调查结果、实验、信息资料中总结出解决问题的思路和方法，并反思是否足以支持研究结论的论据，不苛求答案的唯一，但要能自圆其说。

③ 初步交流。让学生通过收集资料、调查研究得到初步研究成果，在小组内进行交流，学会认识客观事物，认真对待他人的意见和建议，正确地认识和评价自己，达到互相学习、取长补短的目的。

（3）表达和交流阶段

学生在前一阶段研究探讨的基础上，要将取得的收获进行归纳分析，总结提炼，形成一定的书面材料和口头报告材料。研究成果的表达是多样化进行的，撰写论文、实验报告、调查报告，开研讨会、辩论会，搞研究成果展览、出墙报、编有关刊物等；还要鼓励学生用口头发言的形式，简明扼要地向全班进行汇报，学生之间通过表达，达到交流、研讨与提高的目的。

（七）教师如何指导学生的研究性学习

研究性学习中，学生是积极主动的学习者，并不意味着可以忽视教师的作用。教师能否运用促进性的指导技能，对于研究性学习的展开并取得预期效果具有决定性意义。

1. 针对小学生的经验背景和知识基础，在研究性学习开始阶段，教师需要结合实验对学生进行一定的指导，例如如何进行简单的实验、如何记录与统计数据等，以便于学生比较顺利地进入研究过程。

2. 在研究性学习实施过程中，教师要及时了解学生开展研究活动的情况，有针对性地进行指导、点拨与督促。对有特殊困难的学生小组要进行辅导，创设必要条件。校外活动前要特别做好安全防范教育，使学生既能大胆进行探究活动，进行人际交往，又有很好地自我保护。

3. 教师要注意争取家长和社会有关方面的关心、理解和参与，开发对实施研究性学习有价值的校内外资源，为学生开展研究性学习提供良好的条件。

4. 研究性学习实施过程中，要指导学生采用多种可能的手段，如记日记、录音、绘画、摄影等，及时记载探究活动情况，真实记录个人体验。同时要创造机会，帮助学生通过交流、研讨与别人分享成果。

5. 基于小学生的身心特点，教师会面临既不能多管又不能不管的两难局面。教师应改变传统的做法，注意保护学生的探究欲望，充分相信学生的自主性与创造性，允许学生在方法运用和成果获得上的层次差别，不求全责备。

（八）研究性学习的课堂实践

在课堂中实施研究性学习，教师可从以下几个方面着手。

1. 创设情境

在探索问题之前，应先根据学生已有的知识和生活经验给学生创设一个合适的问题情境，使学生能以极高的兴趣和热情投入到问题的解决之中。如讲"圆的认识"一课，有的教师先创设了一个比赛情境，在一个长方形的场地正中间放一圆柱体，在长方形四边的不同位置站好参赛选手，往圆柱体上投圈，看谁投得准。让学生对这一比赛规则发表看法。许多学生认为这种规则不公平，应改为圆形。从而引出了圆，为下一步学习打下了基础。

2. 设计问题

研究必有研究对象，所以，教师首先要为学生设计研究的问题。问题的设计必须有挑战性，可以激发学生学习的兴趣、动机，对学生有强烈的吸引力，需要迫切解决，但不能轻易就知道结论；要难易适度，即问题既不能一步就解决，也不能过于笼统，涉及面过大。这就需要从实际出发，有的可直接提出课堂教学的终结性目标，也可分阶段提出几个阶段性目标，最终探索出终结性目标。

3. 研究探索

这一过程主要是教师点拨、指导、参与、组织，学生主动协作、探究。学习的方式可以丰富多彩，既可观察推理，也可实际操作、同学协作，还可以大胆地猜想、比较，最终解决实质性的问题。这一过程教师要注意以下几点：一是要鼓励学生讨论，尤其是学困生，教师要鼓励他们大胆参与到讨论中去，同时要告诉思维比较活跃的学生给他们创造发言和操作的机会，多帮助他们，最终形成热烈、高效、准确、积极的讨论氛围。二是要教会学生讨论。有一部分学生不会讨论，教师必须教给他们方法。三是讨论不要只图形式、次数。教师要对关键问题、重难点问题设计讨论环节，对那些一看就会的问题及其他没有讨论价值的问题，就不要让学生讨论。四是讨论中教师要适时点拨。讨论中学生往往会遇到解决不了的问题，影响讨论进程，这就需要教师积极参与到讨论中去，及时发现，及时点拨。共性的问题向全体点拨，个别学生出现的问题个别点拨。

4. 成果检查

学生讨论完结后，可以让学生汇报一下小组讨论情况。然后各小组对各种情况进行评论，从而最终确定准确结论。在这一环节中，还可以让学生质疑，对典型的、共性的问题可进一步开展讨论，将活动逐步引向深入。

5. 实践体验

这一环节应多设计一些同学们在讨论中遇到困难的、容易混淆的问题，多对基本题进行讨论，以提高学生对知识认知的深度、广度和准确度；鼓励学生发散求异，发现多种方法、简便解法，培养学生的独创意识。

6. 及时迁移

就是在学习本课内容的基础上，提出与本课内容联系密切，在下次课或今后课中将要出现的新问题，在学生心目中创设一个迫切需要探索解决的问题情境。

（九）如何评价研究性学习

小学研究性学习的评价是一种多元的激励性评价。通过评价，以激发学生的兴趣、鼓励学生的好奇与探索精神，使学生对研究性学习始终有愉悦的情感体验。

1. 评价的一般原则

（1）正面评价

小学研究性学习的评价重在发现和肯定学生身上所蕴藏的潜能，所表现出的闪光点，鼓励学生每一步的想象、创造和实践，激励和维持学生在探究过程中的积极性、主动性和创造性。

（2）重视过程

研究性学习的评价重视对学生学习过程的评价和在过程中的评价，关注学生在过程中的动手实践和参与、体验情况，强调让学生在过程中通过自评、互评来改进学习。小学研究性学习的评价不强调学生掌握知识的数量，评价结果也不宜给出数值成绩。

（3）重视体验

研究性学习的评价关注学生在探究过程中亲自参与探索性活动、开展人际交往以及解决实际问题过程中所获得的感悟和体验，而不是一般地接受别人所传授的经验。

2. 评价的主要内容

（1）学习态度

主要指学生在研究性学习中的主动性和积极性，可以通过学生参与研究性学习的时间、次数、认真程度、行为表现等方面来评价，如学生是否认真参加课题组每一次活动、主动提出设想和建议、认真观察思考问题、积极动手动脑、认真查找相关资料、准时完成学习计划、不怕困难坚持完成任务等。

（2）合作精神

主要对学生在参与小组及班组活动中的合作态度和行为表现进行评价。如学生是否能积极参与小组活动，主动帮助别人和寻求别人的帮助，认真倾听同学的意见，乐于和别人一起分享成果，在小组中主动发挥自己的作用等。

（3）探究精神和学习能力

可以通过对学生在提出问题、解决问题过程中的表现及其对探究结果的表达来评价。如是否提出问题，以独特和新颖的方式着手解决问题和表达自己的学习结果；是否善于观察记录，能够综合运用相关的资料、积极采用多种多样的方法、生动形象地表达自己的学习过程与结果等。

3. 评价的具体措施

小学研究性学习的评价是多元评价，其形式可以多种多样。评价者可以是教师，也可以由教师和学生共同参与，甚至可以以学生为主。研究性学习的评价方法灵活、多样，比较常见的有：

（1）学习过程档案

这是学生研究性学习的档案记录，可以记录学生参与研究性学习的时间、次数、内容和行为表现；可以包括观察日志、讨论过程、访谈记录、探究计划或结论、收集到的资料、作品；还可以包括自己的感想、别人的评价等多方面的内容。学习过程档案能比较充分地体现学生参与研究性学习的过程，展示个人独特的风格。档案材料的积累也有助于学生获得成功和满足感，并为师生对研究性学习活动进行调整和反思提供依据。

（2）展示与交流

展示和交流可以综合地评价学生的学习过程和学习结果。它要求学生在别人面前进行演示或生动的表演，可以充分展示自己的独特性和表达能力。在展示与交流中，学生也能学习他人的探究成果，激发起进一步探究的欲望。展示和交流可以采用学生的绘画、制作、文章展示，以及口头演说、讨论会等多种形式。

四、组织合作学习技能

（一）合作学习的要素

合作学习是指学生或小组团队为完成共同的任务，有明确责任分工的互助性学习。它有以下五个基本要素：

1. 积极互赖

积极互赖代表了小组成员之间一种积极的相互关系，每一个成员都认识到自己与小组及小组的成员之间是同舟共济的关系。积极互赖意味着，每个人都要为自己所在小组的其他同伴的学习负责任。教师帮助学生建立积极互赖的方法有以下五种。

（1）目标积极互赖

全组有一个或几个共同的目标，如合写一篇论文，共同完成一份试卷。在这种合作性目标中小组成员共同承担责任，组内无竞争压力，有利于调动成员积极参与。

（2）奖励积极互赖

小组的成绩取决于小组内每一个成员的成绩。如小组分段朗读课文，只有当每一个成员的错误不多于三处时，小组总成绩才是优秀。这种方法打破了小组内好学生包揽一切或小组成员各自为政的局面，推进小组成员之间互相帮助，共同进步。

（3）角色积极互赖

小组为完成某一共同任务，组内成员分工合作，各自承担不同角色，但这些角色就像戏中的角色，一个都不能少，而且必须做好，任何一个环节都不能出问题。

（4）资料积极互赖

每一个成员仅占有总体中的部分材料，而由于时间的原因，每一个成员又不可能学习所有材料，这就要求分工协作，不同成员阅读不同的材料，然后交流，使所有成员享有全部材料。这就要求每一个成员必须深入研究部分材料，并进行交流。

（5）身份积极互赖

每一个成员都是这个小组的一员，共同的身份使他们有一种"小团体"的感觉，使小组成员产生一种归属感，增强小组的凝聚力。

2. 个人责任

个人责任指小组中每一个成员都必须承担一定的任务，小组的成功取决于每一个成员的学习。如果成员没有明确的责任，就会有人坐等现成，甚至成为避风港。为了让所有成员参加活动，必须进行有效的分工，明确规定组内成员的个人责任。可以采取以下四种方法。

（1）角色互赖

小组内明确分工，每一个成员都担当一定的角色，并且角色是唯一的，就像链条中的每一个环节。这样每一个成员不仅明确了各自的任务，而且看到了自己的价值，避免了个别人无所事事的情况。

（2）责任承包

小组的任务被细分为若干个任务，每一个成员承担一个子任务，总任务完成的质量将取决于每一个成员子任务完成的质量。

（3）随机提问

随机提问小组内的任何一个成员，由他们的回答来评价一个小组学习的质量。这样每一个成员都必须好好学习。这种由集体协作产生的群体压力，促使每一个成员都全身心投入。

（4）个别测试

小组成员在学习时可以互相帮助、互相交流，但检查学习质量时，应让每一个成员独立操作，并综合每个成员的成绩来评定小组成绩。

3. 社会技能

合作顺利进行的前提是小组内成员的合作。教师在传授专业知识的同时，要培养学生的社交技能。这些技能包括：组成小组的技能、小组活动的技能，交流思想观点的技能等。

4. 小组自评

为保持小组学习的有效性，合作小组必须定期评价小组成员的学习活动情况。自评的目的是为了找到问题进行有效的合作。教师要引导学生把小组合作成功的经验具体表述出来，在不同小组之间进行交流，为以后各小组活动提供指导，还要分析存在的问题及问题产生的原因。鼓励小组成员正视存在的问题，找出解决问题的方法，共同研究制订本组下一步的合作计划。

5. 混合编组

组内异质，组间同质。在组建合作小组时，要保证一个小组内的学生各具特色，取长补短，利于分工协作。混合编组时要考虑几个因素：学生因素均匀搭配；学生能力协作搭配；性别、家庭背景搭配等。小组合作学习提倡合作，鼓励竞争。

（二）合作学习的基本方法

进行合作性学习，常用的五种基本方法是：

1. 学生小组成绩分工法；

2. 小组游戏竞赛法；

3. 切块拼接法；

4. 共学法；

5. 小组调查法。

（三）如何组织有效的小组合作学习

作为新课程倡导的三大学习方法之一，小组合作学习在形式上具有有别于传统教学的一个最明显的特征：它有力地挑战了教师"一言堂"的专制，同时也首次在课堂上给了学生自主、合作的机会，目的是培养学生团体的合作和竞争意识，发展交往与审美的能力，强调合作动机和个人责任。

在几乎所有的课堂上，我们都可以看到小组式的合作学习。这说明，教师已经在有意识地把这种形式引入课堂。但是仔细观察，就可以发现，多数讨论仅仅停留在形式上。往往是教师一宣布小组讨论，前排学生"唰"地回头，满教室都是嗡嗡声，四人小组讨论，每个人都在张嘴，谁也听不清谁在说什么。几分钟过去了，教师一喊停，学生立即静下来，站起来发言，学生一张口就是我怎么怎么看、我觉得应该如何如何。学生关注的仍然是"我怎么样"，而不是"我们小组怎么样"。

小组合作学习的几大要素包括，学生之间的相互配合，共同任务中的分工和个人责任，小组成员之间的信任，对成员完成的任务进行加工和评估，并寻求提高其有效性的途径。显然，这些要素在上述的课堂上都不具备，那么这样的小组讨论就完全是形式上的。

也有教师提出，合作学习与独立思考本来是不矛盾的，但是在实际操作中却很困难。学习好的学生不会等其他学生发言，而是首先把自己的意见说出来，这样一来，那些学困生相当于走了个形式，当教师提问到学困生时，他们虽然往往能够答对，但这并不是他们自己思考得到的。结果，好的更好，差的更差，老师该怎么办？

这的确是困扰教师的一个难题。一些教师所说的，新课程让学生两极分化严重，一部分也是来自以上原因。专家建议：教师应事先建立一些基本的小组合作的规划：讨论前，小组成员先独立思考，把想法写下来，再分别说出自己的想法，其他倾听，然后讨论，形成集体的意见。这样，每个人都有思考的机会和时间。教师在要求小组汇报时，也应首先将自己的口头禅"哪个同学愿意来说一说"改为"哪个小组愿意来说一说"。教师还可以尝试设一个小组的意见为靶子，让大家对他们的意见发表见解。那么在具有团体性质的争论中，学生就更容易发现差异，在思维的碰撞中，学生对问题的认识将会更加深刻。

那么，小组讨论的时候，教师应该做什么呢？不是等待，不是观望，也不是干自己的其他事情，而是深入到小组讨论中，了解学生合作的效果、讨论的焦点、认知的进程等，从而灵活地调整下一个教学环节。

这样，小组合作学习才可能是有效的，才能在新课程的课堂上真正发挥作用，而不是热热闹闹走过场。

（四）让学生在合作学习中学会合作

"独学而无友，孤陋而寡闻"。合作学习不仅是有效学习的手段，而且是一种学习的方式。一个人的成功15%是专业才能，而85%是良好的人际关系与合作能力。为此教师的着眼点应重点放在通过合作学习让学生学会与人合作，培养学生的合作精神与合作能力。

1. 选好合作学习的切入点

共同的任务与合理分工是促进合作学习的基本条件。首先使小组成员意识到每个人所承担的分工与责任都关系到共同体的任务完成质量的好坏。其次要在相对独立的基础上互教互学，互帮互助。

2. 合理分工是合作的前提

合理的分工是进行合作学习的前提。恰当分工，让学生参与到共同的学习中来，每一个人完成的具体任务都是总任务的一个方面。合理分工有一个过程，刚开始教师可以根据学生特点进行分工，然后可以过渡到学生自己协商分工，使每一个人都能最大限度地发挥自己的长处，"能用枪的用枪，会耍刀的耍刀"，"八仙过海，各显其能"。实践证明：学生自己分工是合作学习发展的必然，分工协作又是保证任务顺利完成的基础。

3. 让学生学会表述和倾听

在分工基础上，每一个成员在独立基础上的协作需要每一个成员都学会表达及倾听。这是一种双向互动，教师要指导学生有序、完整地表述自己的理解，还要要求学生注意倾听别人的意见，吸取别人思考中有益的东西，要善于听别人的讲话。一边还要不断修正和完善自己准备怎样讲更好，他那样理解是否有道理，还有没有更好的，等等。这样才真正达到了合作教学的目的。

4. 学会互助和支持是有效合作的关键

合作学习不同于独立学习之处就在于互助与支持。超前的同学可以帮助有困难的同学，讲述中合作者之间的互助可以解决语言障碍，朗读中互助可以使朗读更美。实际证明：来自同伴的互助与支持比来自教师的更有效。教师要充分发挥小组成员之间的这种互助与支持的作用，"同荣辱，共患难"，这样能够促进小组整体水平的不断提高。

5. 矛盾与冲突是智慧的碰撞和交流

在合作学习中，学生发生矛盾和冲突是一种必然现象，不同的感受、理解、认识的表述与交流必然会产生矛盾和冲突。这种情况正是合作学习过程中的必然现象，也是成员之间交流意见、讨论辩论的机会，理愈辩愈明。而且在冲突过程中，每一个人都在不断地超越自我，否定自我，提升自我。冲突中可以学会从不同角度看问题，克服自己思维的狭隘与不足，促使学生反思自己的观点，更有助于凝聚小组的合力，使成员认识到要尊重他人、理解他人、学习他人，提高合作共事的能力。

五、组织体验学习技能

（一）体验学习的涵义

体验，是指个体在特定的情境中，为了获取对客观事物的深刻认识而经历接受、批判、反思和建构过程的主观内省活动。对学生而言，体验是一种亲身经历的学习活动，是一种积极主动的学习方式，是一种促进知识内化，进而建立认知结构的有效途径。《数学课程标准》中明确指出："要让学生在参与特定的数学活动，在具体情境中初步认识对象的特征，获得一些体验。"新型的数学课堂应注重对良好学习氛围的营造，让每一个学生都经历学习过程，引起个体心灵的震撼、内省、反思，激发对学习材料的独特领悟，将个体独特的心理内容、体验的个性特征充分展现，在亲身体验过程中掌握数学知识，从而加深学习者的记忆和理解。

新型的数学课堂应是学生积极主动地体验数学的过程。体验，是人们在实践中亲身经历的一种内心活动。体验学习是指人在实践活动过程中，通过反复观察、实践、练习，对情感、行为、事物的内省体察，最终认识到某些可以言说或未能够言说的知识，掌握某些技能，养成某些行为习惯，乃至形成某些情感、态度、观念的过程。小学生以具体形象思维为主，他们的社会性和个性也有待获得迅速发展，面对抽象的数学学习，教师必须帮助学生构筑体验的桥梁，引导学生进行积极的"体验学习"。

（二）创设体验的条件

1. 创设和谐的学习氛围，使学生想体验

教学中应注重创设一种民主、宽松、友好的教学环境，教师应保持良好的心态，以和蔼的态度、亲切的语言、轻松的课堂氛围接触学生，达到心境的融合。使学生在心理放松的情形下形成一个无拘无束的思维空间，放飞思绪。

2. 提供充分的时空保证，让学生能体验

教师的教学设计要为学生体验数学、探究问题留有充分的时间和空间。人类社会的发明创造，不是某一个科学家凭空想象得到的，而是要进

行不断的实践和探索。同样，体验是一个内省的过程，不可能在瞬间完成，给学生充分的时间是激励学生自主体验的关键。同时根据"合作互动"原则，教学中在学生个体体验的基础上为学生提供畅所欲言、各抒己见的宽裕空间。教师可在关键处、重点处设计同桌交流、小组讨论的环节，让学生取长补短，相互启发。

（三）开辟体验的途径

1. 提供生活化的学习材料，让学生在情境中体验

（1）课前关注学生值得体验的内容

小学生由于缺乏实际生活的经历，有些知识学起来感到吃力，这需要教师在教学这些知识之前，组织学生参观收集生活中相应的数学素材，为学生提供感性认识。如"认识长方体"教学，在课前可以给学生布置任务，每人设计一个自己想象中的"长方体"。用纸壳、泥巴、橡皮泥等材料，依照长方体制作。课堂上，学生用自己制作的学具研究长方体的面、棱等各有哪些特点。这样在教师的引导下，有规律地把它们逐渐探索出来，原本难以讲授的知识，学生有了亲身体验，思路打开了，不仅记住了长方体的特征，而且在头脑中建立起了有关长方体的表象。

（2）课上开放教学内容，引导学生体验

小学数学教学内容大部分知识可以联系生活实际。在教学中，教师只有把教材与现实生活有机地结合起来，才能使学生体会到数学离不开生活。如"混合运算"的教学，虽然先乘除后加减，是一种约定，但它也来源于生活。课上，教师创设了购买学习用品活动，学生通过购物，不仅能算出自己所购物品要用多少钱，而且明白了先乘除后加减的道理，体验了运算顺序规定的合理性，同时也消除了学生对计算的畏惧感和枯燥感。这样教学，对于学生更好地理解和掌握数学知识，培养学生的应用意识和实践能力，奠定了扎实的基础。

2. 提供机会，在实践活动中体验

体验学习的基础是在反复实践过程中的内省体察，是通过学习者不自觉或自觉的内省积累而把握自己的行为情感，认识外在世界。教学中应强调学生直接体验，强调知识的获得、真理的掌握、对世界的认识要通过亲身体验和实践操作。课程中学科的价值不只体现在它的结论中，更在于它的发现和发展过程之中。知识永远是一条河流，它在不断地演变、充实和

发展。学校在帮助学生学习和继承人类优秀文化遗产的同时，更要帮助其学习和获得镌刻在其中的情意、态度和认知能力。这些仅靠接受和记忆学习都是不能获得的，只有通过对科学发现过程的亲身直接体验才能获得。而学生只有在实践中才能真正体验学习的过程、学习的价值，才能养成探索、追求真理的顽强精神，才能使学习成为生活有机的一部分。为此，教师应在课堂上创设各种体验机会。

（1）提供"玩"的机会，让学生在玩中体验

爱玩是小学生的天性，是他们的兴趣所在。心理学研究表明：促进人的素质、个性发展的最主要途径是人们的实践活动，而"玩"正是儿童这一年龄段特有的实践活动形式。在教学中，把课本中的一些新授知识转化成"玩耍"游戏活动，借以满足儿童的天性。

（2）提供"看"的机会，让学生在观察中体验

观察实物、模型、图像或教师演示过程的直观感知活动，是侧重通过视觉去获得所学数学知识的知觉表象的直观感知活动，其主要作用是从感性上为数学学习提供形象化的支持，帮助学生体验数学知识。

（3）提供"做"的机会，让学生在操作中体验

"做"就是让学生动手操作。通过操作，学生可以获得大量的感性知识，同时有助于提高学生的兴趣，激发学生的求知欲。

以摆学具为基本形式的实践操作活动，能通过操作在头脑里建立数学知识的动作表象。它的主要功能是在操作中把抽象的数学知识转化成一种活动过程，让学生在活动中更好地体验数学知识的形成过程。

3. 建立表象，在感悟中间接体验

体验学习可以不通过语言工具来实现，婴儿认识母亲，小孩子识别回家的路，成年人掌握某种技术，例如骑车的要领，都不必或者难以用语言来进行表达。在这种情形下教师就要巧妙地引导学生进行感悟。感悟就是自我体验，通过自己的思维加工，进而获取知识，发展思维。教师的作用就是引导、帮助学生，提高学生这种自我感悟的能力，使学生在充分地在感悟中体验一些"只可意会，难以言传"的数学概念及数学知识。

《数学课程标准》中最一致、最突出的一个亮点是突出"过程性目标"，强调学生的"经历、体验、探索"。体验学习可以实践以下几方面的调整："从认知为唯一取向，调整到认知和情感双重协调发展为取向上来；

从主体的缺乏调整到主体教育、参与教育上来；从重书本、重理论的教育调整到理论与实践并重、互动式的教育上来。"教师应注重对良好学习氛围的营造，取得学生的充分信任与尊重，努力为学生作好体验开始前的准备工作，让学生产生一种渴望学习的冲动，自愿地全身心地投入学习规程，并积极参与活动，让每一个学生都经历学习过程，引起个体心灵的震撼、内省、反思，激发对学习材料的独特领悟，将个体独特的心理内容、体验的个性特征充分展现，在亲身体验过程中掌握数学知识，从而加深学习者的记忆和理解。

4. 回归生活，在应用中体验

《21 世纪中国数学教育展望》中指出，要使学生在活动中和现实生活中学习数学、发展数学，必须通过解决实际问题，培养学生运用数学的思维方法，进一步分析、解决问题的能力、初步的逻辑思维能力。让数学回归生活，并获得学以致用的积极情感体验。

第三节　特殊技能指导

一、正确运用数学语言的技能

（一）教学语言的重要意义

教学语言是教学艺术中重要的组成部分，是教师最主要的教学手段。在课堂教学中，教学信息主要靠声音、形符、动姿、电教手段来进行传输，尽管途径多样化，但教学语言占主要地位。

（二）数学教学语言的特点和要求

根据数学教学规律和语言艺术的性质，数学教学语言艺术有如下主要特点：

1. 数学教学语言的科学性

数学是一门系统性、逻辑性很强，非常严密的学科，科学性是数学语言的灵魂，没有"灵魂"，数学语言就没有生命。缺乏科学性的语言，无论用词如何考究，语句怎样华美，都会显得苍白无力。在数学学科中，一就是一，二就是二，来不得半点含糊。因此，在教学中，教师要确切地使用概念，科学地进行判断，逻辑地进行推理，准确地把知识传授给学生。

数学语言的特点是严密、准确、精练、逻辑性强，往往一字之差，会有不同的含义。

数学教师要保证教学语言的科学性，必须提高数学专业知识的水平，特别是数学概念要分辨清楚，不能有一点含糊，这是数学教师最重要的基本功。

2. 数学教学语言的简约性

简约性是指教师要用言简意赅的语言来表达丰富的内容。在我们平时的课堂语言中，做得最不够的就是语言的"简约性"。主要表现在：

（1）问题的针对性欠明确

（2）提问的次数过于频繁

有些教师为了体现启发式教学，就频繁地使用提问语，因而使问题难易不当，数量失控。如频繁地使用"为什么"、"怎么"等提问，致使学生来不及思考，教学效果当然不会好；过多地使用"对不对"、"是不是"选择问句，因为太容易，学生根本用不着思考。

（3）对学生的"关爱"过多

许多教师在课堂中总是不放心学生的理解能力和语言表达能力，对于学生的回答总是要重复一遍，似乎从教师口中说出的话才是对的，教师说出的话才是学生该注意的。长此以往，一方面学生对于同学的回答不注意倾听（反正老师会重复一次的），只关注教师的语言；另一方面学生由于自己的回答不能得到大家的充分肯定，不愿再回答问题，于是整个一堂课便只闻教师声，不见学生语。因此，在课堂中，教师应做到"该放手时且放手"。对于一些需要强调或疑问的地方，不妨问一问"大家听明白他的意思了吗？谁来重复一遍？""他的方法行吗？请大家试一试。"

3. 数学教学语言的启发性

要发展学生的思维能力，关键在于启发并鼓励学生质疑问难，因为由"生疑"到"解疑"的过程，正是发展学生思维的过程。教师要精选带有重点、关键，学生感到困惑、易错的地方，以简洁明快的语言去启发。这时，教师应注意开导学生的思路，切不可越俎代庖，先把结论交给学生；应鼓励学生见难解疑，思索争辩，训练学生发现问题、解决问题的能力。教师把握住启发的火候，做到"不愤不启，不悱不发"，抓住时机启发，才能充分发挥教学语言的启发作用。

此外，语言的启发性还包括"以情感人"。教师如果没有满怀激情，其语言必然苍白无力，其态度必然冷漠无情，不能感染、启发学生。因此，在课堂中，教师要充满激情，教师的语言要抑扬顿挫、有轻重缓急。只有真挚的感情、和谐的语言才能启迪学生的思维，引起学生的共鸣。

4. 数学教学语言的逻辑性

数学是一门系统性、逻辑性很强的学科，数学教学语言，不但要有科学性，还必须有逻辑性。数学语言的逻辑性主要表现在两方面：一是语言本身要准确、简练；二是语言条理清晰，前后一致，层次清楚。教学语言的内在逻辑性，可以增强说服力和论证性。优秀数学教师的语言非常简练，逻辑性强，正像鲁迅说的那样："用最简练的语言表现最丰富的内容。"这要求教师能够熟练掌握教材，紧扣教学重点，有针对性地讲解。教师讲话要特别注意避免言不及义的废话、不着边际的空话和不必要的重复，尽量不带"口头禅"。

5. 数学教学语言的趣味性

教学语言的对象是学生，必须注意语言的生动、形象，富于情趣，要像磁石一样吸引住学生的注意力。教育心理学研究表明，上课开始时，学生比较容易集中精力，这种最佳状态一般能维持 15～25 分钟，时间一长，学生的注意力便会分散。低年级学生集中注意力的时间更短。

教学语言要求能做到声情并茂、妙语连珠、妙趣横生。教学语言还需要有幽默感，这更会增加语言的吸引力。有时可以穿插小故事、顺口溜、歌谣、谜语，从而使教学妙趣横生，欲罢不能。

但是，任何事情要讲一个"度"字，不能为趣味而趣味，不要搞热热闹闹的表面文章，不能搞低级趣味，要将趣味性与科学性和教育性结合起来。

6. 数学教学语言的灵活性

教学语言的对象感是很强的，因此要根据不同情况来讲话。针对学生的不同年龄特征和个体差异，教师要运用不同的语言形式；针对不同的教学内容，教师要用不同的语言去表达；针对不同时间、不同场合，教师要用不同的语气、节奏讲话。

由于课堂教学的因素是复杂多变、丰富多彩的，这就要求教师的教学语言具有机智灵活性，根据不同的对象、不同的情况，及时调节教学语言的速度、基调、音量、节奏、语气等，这能反映出教师的教学语言艺术水平的高低。以上论述是数学教学语言的主要特点，也是对教师讲话的基本要求。教师对自己的教学语言要严格要求，认真训练，不断提高，因为这是教师极重要的基本功。教师对事业、对学生充满爱心，才能自觉提高教学语言艺术的水平。

（三）数学教学语言的运用与训练

教学语言的水平高低，是教师素质的重要标志。教师必须正确运用教学语言，并要加强训练，不断提高教学语言的水平。

1. 准确表述数学概念

前面已谈到数学教学语言的重要特点是严密、准确、精练、逻辑性强，这对数学教师的要求是很高的。数学教师的语言，特别重要的是准确表述数学概念，这就要求教师不断提高数学专业知识的素养，对相近、相似的数学概念要分辨清楚。

教师要自觉地训练自己的数学语言，弄清每一个字、词在数学概念叙述中的重要作用。上课不能"闭关自守"，自己讲错了还不知道。应该欢迎别人来听课，并要虚心征求意见，及时改正自己的缺点，这样才能逐步练好数学语言的基本功。

2. 语言精练，简明扼要

数学教师讲话要精练，简明扼要，不要啰啰唆唆。讲话的速度要适中，速度过快，学生听不清，来不及思考；速度过慢，平淡单调，使学生昏昏欲睡。讲话语调要抑扬顿挫，时快时慢，特别是讲到结论时，要放慢速度，语气加重，一字一句说清楚。一个有经验的教师要善于控声，即善于驾驭声音，控制音量、音高、音速，使声音能够适度自如地传达教学的内容、教师的理解与感情。说话声音应该有轻有重，语意有主有次，才能显示出语言的表现力，突出教材的重点与难点，突出揭示数学概念的关键词。

一般来说，教师说话太多，一堂课的例题讲解部分，往往要占二、三十分钟，致使学生没有练习时间。如何做到说话精练，简明扼要，要下大力气训练。要多听优秀教师的课，学习他们的语言。还有一种自我训练的办法：对自己的课进行录音，课后自己反复听，发现哪里讲多了，哪里讲的是废话，哪里还可以精练。经常这样做，能够有效地提高自己的教学语言水平。

3. 有声语言和体态语言结合运用

有的教师只重视有声语言，而忽视体态语言的运用。体态语言是指眼神、表情、手势、举止等所传递的信息。据心理学研究表明：总的说话效果＝7％词句＋38％有声语言＋55％体态语言。可见体态语言对教学效果有很大的影响和作用，教师要充分地利用体态语言，把有声语言和体态语言结合起来，加强和丰富教学信息的传递。

眼睛是"心灵的窗户"，是体态语言最集中、最敏感的外显部位。在课堂教学中，师生互相注视，交流着真挚的感情，传递着无声的信息，维系着双方思维的感知通道。教师要不时地对全班学生扫描，使全班学生都在自己的"注意圈"之中，使每个学生都感到自己是老师的"注意中心"，而不是"被冷落的人"。

教师的表情是一种重要的体态语言，它蕴涵了大量的情感交流信息。教师的表情要做到真实、亲切、自然。

手势也是一种重要的体态语言，是传递信息、交流思想感情的重要手段之一。以手势助说话，是大家都明白的道理。用手势配合有声语言，能够帮助你把话说得更加明确，更加有力，或者帮助你增加话语的形象性，强化话语的感情色彩，增加语言的表现力和感染力。手势要做到自然活泼，同有声语言密切配合。

4. 教学语言与各种媒体配合使用

课堂教学中除了教师的教学语言，还要使用各种教学媒体，帮助学生理解和掌握学科基础知识。教学媒体有板书、挂图、教具、学具、录音机、录像机、计算机、多媒体等。

课堂教学中要把教师的教学语言与各种媒体配合使用。一般都是边写板书边讲解，边演示边讲解，边操作边讲解，就是使用多媒体也离不开教师语言的配合。教学是一种艺术活动，它的成功，要靠教学信息传输的多种渠道来完成。

教学语言同各种媒体结合使用，要注意以下几点：

① 要从教学实际需要出发，一切为教学目的服务，更好地传递教学信息，更好地传情达意。

② 要分清主次。教师的教学语言一般是起主导作用，各种媒体起辅助

作用，媒体的使用是为了更好地表达教学语言的准确性、直观性和有效性。

③ 要配合得自然、默契，不要生搬硬套、追求形式。

（四）数学教学语言的失误与纠正

数学教师出现的语病及其原因

（1）概念性错误

教师对数学概念本身理解有错误，属于科学性错误。例如说："奇数都是质数，偶数都是合数。"

（2）将数学术语用错

有些数学术语比较相近，容易混淆。例如，数位与位数，时与小时等，使用时发生混淆。

（3）生活语言与数学语言发生混淆

教师讲课中用生活语言代替数学语言，因而发生错误。例如，生活中所说的"数字"（统计数字、生产数字等），在数学上严格说来应该说成"数"（统计数、生产数）。

（4）数学结论表述不完整

由于对数学知识理解不深，忽视一两个关键字或一些限制条件，因而造成错误。这是数学教师常犯的语病。例如，把质数说成"能被1和它本身整除的数叫做质数"，这句话少了一个关键的"只"字，把"只能"说成"能"。

根据以上分析，发生语病主要是由于教师对数学教材理解不深，数学专业素质不高造成的。数学语言是极其严密、非常精练的语言，有时相差一两个字，就会使意义发生变化。因此，要当一名好的数学教师必须加强学习，认真钻研教材，提高数学专业素质。这是一项极其重要的基本功。

二、数学运算技能

（一）计算教学的意义和要求

1. 计算教学的意义

计算教学直接关系着学生对数学基础知识与基本技能的掌握，关系着学生观察、记忆、注意、思维等能力的发展，关系着学生学习习惯、情感、意志等非智力因素的培养。有一定的计算能力是每一个公民必须具备的基本素养之一。

第一，计算是小学生必须掌握的一项重要的基本技能，在小学阶段使学生具有非负有理数（整数、小数、分数）四则运算的能力，也是他们继续学习数学和其他科学知识必不可少的基础。

第二，计算在日常生活与生产中应用非常广泛。计算能力是人们学习、生活、工作所必须具有的一项基本能力，也是对劳动者素质的一项基本要求。

第三，计算教学不仅要使学生能够正确地进行四则运算，还要能够根据数据特点，恰当地应用运算定律与运算性质，使计算过程更合理、灵活。计算过程既培养了学生的观察力、注意力与记忆力，也发展了学生思维的敏捷性和灵活性。

第四，计算是一项"细活"。通过计算教学，有利于培养学生专心、严格、细致的学习态度，善于独立思考、勇于克服困难的学习精神，计算仔细、书写工整、自觉检验的学习习惯。

2. 计算教学的要求

随着科学技术的飞速发展，现代化计算工具已日益普及，繁杂的大数目计算及四则混合运算完全可以由计算工具来替代。为此，《全日制义务教育课程标准》规定在保证小学生具有一定计算能力的前提下，对那些实用价值不大，对进一步学习也无直接帮助的内容进行删减，并适当降低计算的要求。

（1）教学内容的范围

笔算加减法以三四位数的为主，一般不超过五位数；笔算乘除法以乘数、除数是两位数的为主，一般不超过三位数乘三位数和相应的除法；四则混合运算以二三步的为主，一般不超过四步；珠算只学加减法，而在使用珠算较多的地区，也可以多学一些珠算；分数四则运算，以分子、分母比较简单的和大部分可以口算的为主。

（2）教学要求

把原来对计算教学要求的"正确、迅速、合理、灵活"，调整为"会、比较熟练、熟练"三个层次。"会"，是指能够正确地进行计算；"比较熟练"，是指通过训练口算、笔算能够达到正确、比较迅速的程度；"熟练"，是指通过训练口算、笔算不仅能够达到正确、迅速的程度，有时还能选择简便的方法，合理、灵活地计算，从而形成能力。

20 以内数的加减及表内乘除要求熟练地进行计算；百以内数的加减、万以内数的加减、乘数和除数是一位数、两位数的乘除法，要求比较熟练地进行计算；乘数、除数是三位数的乘除法，以及有关的四则混合运算，只要求会正确地计算。至于小数四则运算与分数四则运算，则要求能比较熟练地进行计算；而分数、小数四则混合运算只要求会正确地计算。

计算能力是需要结合教学内容与要求，结合学生的实际，进行有目的、有步骤的长期训练，才能逐步培养起来的。要鼓励学生使用已经学过的简便算法，能合理、灵活地进行计算。

（二）小学生计算错误的归因

小学生在计算中出现错误是常有的现象，错误的情况虽然多种多样，但是我们发现有些错误却是不分年代、不分民族、不分地区的，而且，这些错误即使对学生再三叮咛，到时仍然会出现。这究竟是什么原因呢？如果我们能从学生计算的错误中发现一些带有规律性的问题，并从中分析造成计算错误的归因，便能做到防患于未然，小学生的计算能力将能得到较快的提高。

小学生在计算中出现错误的原因大致是由知识和心理两个方面所造成的。

1. 知识方面的原因

任何数的计算总是与其相应的知识密切联系的。如果概念不清、算理不明、口算不熟、笔算不准，计算时必定会错误百出。

（1）概念不清、算理不明

数学知识是建立在一系列数学概念的基础上的。如笔算加法的计算法则是由"数位"、"个位"、"相加"、"满十"、"前一位"、"进一"等一系列数学概念组成的。如果概念不清，就无法依据法则、定律、性质、公式等数学知识正确计算。

（2）口算不熟、笔算不准

20 以内数的加减、100 以内数的乘除口算是进行多位数四则运算的基础，也是分数四则运算与小数四则运算的基础。因为任何一道整数、分数或小数四则运算的题都可以分解成一些基本的口算题。如果口算不熟，计算时必然会出现错误。只要计算中有一步口算出错，就会导致整道题的计算结果错误。

2. 心理方面的原因

造成计算错误，除了知识方面的原因外，学生心理方面的原因是不能忽视的。平时学生常爱说自己"粗心"，除了由于不良学习习惯所造成的错误以外，大多是感知、情感、注意、思维、记忆心理上的原因。

（1）感知比较粗略

进行计算时，学生首先感知的是由数据与符号所组成的算式。但是，小学生感知事物特征时往往不够精细，比较笼统，而计算题本身无情节，外显形式单调，不容易引起学生的兴趣。

学生的感知还伴有浓厚的情感色彩，具有较强的选择性，从而忽略了全面、整体的认识。学生会将一些新奇的、感兴趣的强成分首先摄入脑海，而掩盖了其他弱成分。由于"0"和"1"在计算中的特殊作用，以及"凑整"往往可以满足简便计算的要求，因此这些因素均会对学生的感知产生强刺激，使学生在计算时忽略运算顺序、计算法则，从而导致计算出错。

（2）情感比较脆弱

学生在计算时，总希望能很快得到结果，因而，当遇到计算题里的数据较大、较为陌生，或算式的外形显得过繁时，就会产生排斥心理，表现为不耐烦，不能认真地审题，也不再耐心地去选择合理的算法。这样，错误率必定会升高。

（3）注意不够稳定

注意是指心理活动对一定事物的指向和集中。小学生注意的稳定性较差，尤其面临一些单调乏味的内容时容易产生疲劳；注意的范围比较狭窄，如果要求他们在同一时间内，把注意分配到两个或两个以上的对象上时，也往往会出现顾此失彼、丢三落四的现象。

（4）思维定势干扰

定势是一定心理活动所形成的准备状态，这种准备状态可以决定后续活动的某种趋势。定势有积极作用，也有消极作用。积极作用促进知识的迁移，消极作用则干扰新知识的学习。不良的思维定势表现在按照固定的思维模式去分析新情况，解决新问题；在计算方面，则表现为原有的计算法则、方法干扰新的计算法则、方法的掌握。

（5）短时记忆较弱

记忆的目的不只是为了信息的储存，更重要的是为了能及时准确地提取。在计算中，经常需要发挥短时（或瞬时）记忆的功能。

虽然瞬时记忆在大脑中逗留的时间仅为一秒钟左右，短时记忆在头脑中保留的时间也仅为一分钟左右，但它们在计算过程中的作用是相当大的。由于学生短时、瞬时记忆能力比较弱，不能准确地提取储存信息，使计算出现差错。

以上种种造成计算错误的心理原因并非孤立存在，它们是互相影响、互相联系的。不管是何种原因造成的计算错误，都要引起教师足够的重视，并要做到有针对性地、有效地帮助学生加以克服。

（三）培养计算能力的教学策略

计算能力的培养是一项涉及多方面教学内容的系统工程，既要让学生掌握好与计算有关的数学概念与数学知识，又要通过有针对性、多层次、多方位、多种形式的练习，把知识转化为技能、技巧。要有效地提高计算能力，必须遵循小学生的认知规律，采用恰当的教学策略，使学生对数学知识的理解与掌握和计算能力的形成得到同步的发展，以取得最佳的教学效果。

1. 切实掌握有关计算的知识

我们要通过计算教学活动培养学生的计算能力，学生应该掌握以下与计算有关的知识。

（1）数的认识

数的认识是学习计算的第一步。认识了 10 以内的数，明确了数的实际含义，就为学习 10 以内数的加减法作了必要的准备；认识了 20 以内的数、100 以内的数，初步认识数位，理解个位、十位上的数所表示的数值，知道相同的数字在不同的数位上表示的数值是不同的，这些又都为学习 100 以内数的四则运算作了充分的准备；认识了万以内、亿以内的多位数，进一步明确相邻两个计数单位之间的十进位关系，掌握数的组成和分解、读法和写法，这些又为学习多位数的四则运算作好了准备；认识和理解了小数、分数的意义与性质，就又为学习小数、分数的四则运算作好了准备。

（2）运算定律和运算性质

运算定律和运算性质是对计算客观规律的概括，它反映了计算在一定的条件下，发生一定的变化过程的必然性。在（非负）整数范围里，加法、乘法总可以施行，而减法、除法不是总可以施行的。如 $3-5$，$2÷3$，在（非负）整数范围内就不能施行。因此，总结出加法、乘法的运算定律及利用这些运算定律才能推导出四则运算法则，指导计算过程；同时，还可利用这些运算定律和减法、除法的一些运算性质，使运算变得简捷、迅速。

（3）计算法则

计算法则是指计算时必须遵循的一般规则，它促使计算过程程序化、规则化，并能保证计算的正确性。整数、小数、分数的四则运算都有它们独自的计算法则。每种计算法则都是根据数的意义、性质和运算定律推导出来的。如多位数加法的计算法则是把多位数表示为不同计数单位的和的形式（十进制），再根据加法运算定律得出的。

（4）运算顺序

运算顺序是在四则混合运算过程中，对运算先后次序的一种规定。如果在一个算式中，只含加减或只含乘除的同一级运算，就按从左往右的顺序依次计算；如果含有两级运算，要先算乘除，后算加减；在含有括号的算式中，应按小括号—中括号—大括号的次序，先算括号内的，再算括号外的。

2. 弄清算理，以理驭法

在计算教学中，有些教师认为计算没有什么道理可讲，只要让学生掌握计算方法后，反复"演练"，就可以达到正确、熟练的要求了。结果，不少学生虽然能够依据计算法则进行运算，但因为算理不清，知识迁移的范围就极为有限，无法适应计算中千变万化的各种具体情况。如果我们在教学中，重视讲清算理，就能使学生不仅知道计算方法，而且还知道驾驭方法的算理，既知其然，又知其所以然，那么计算教学定会变得生动活泼、多姿多彩。

（1）通过教具演示说明算理；

（2）通过学具操作理解算理；

（3）联系实际讲清算理。

3. 加强口算、重视笔算、学点估算

算在小学数学教材中占有相当大的比重，在解答量与计量、简易方程、几何初步知识、统计知识以及应用题时，也都离不开算。算得如何、准不准、快不快、巧不巧，直接关系着整个数学知识的学习，不能掉以轻心。

（1）加强口算

口算也称心算，是一种不借助计算工具，仅依靠记忆与思维，直接算出结果的计算方式。口算在计算能力的培养中占有重要的位置，这是因为：首先，口算是笔算的基础，笔算能力是在口算准确、熟练的基础上发展起来的，没有口算的基础，笔算就无从谈起；其次，口算在日常生活、生产和科研的各个方面，都有着广泛的应用。培养计算能力，要从加强口算着手。在不同的年级，根据不同的内容，有着不同的口算要求。

① 基本口算要熟练。20 以内数的进位加法和退位减法以及乘法口诀表内的乘除法，要达到"脱口而出"的熟练程度。基本口算的准确和熟练程度，直接制约着计算能力的培养和提高。

② 常用数据要熟记。计算中的常用数据如果能在理解的基础上熟记，可以大大提高计算的准确性和速度。

③ 简便口算要自觉。利用数目特征和运算关系，应用运算定律或运算性质自觉地进行简便计算，有利于培养学生思维的灵活性和敏捷性。

④ 口算练习要经常。口算练习应该贯穿于教学活动的全过程，要结合教学内容有针对性、有目的地进行。

第一，在新授课前练口算，温故知新，促进迁移。

第二，新授课中练口算，有利于新知识的巩固。

第三，新授课后练口算，有利于形成良好的认识结构。

（2）重视笔算

笔算是根据一定的计算法则，用笔在纸上进行计算的方法。笔算教学有利于学生理解算理，也便于发现和检查计算过程中的错误。人们习惯把竖式计算称做笔算，这是相对于口算而言的。笔算不受数目大小的限制，必须一步一个脚印地书写出计算过程，可以培养学生认真负责、一丝不苟的学习态度，还可以结合格式规范、书写工整等要求，向学生进行美的教育。

① 笔算过程要明理。由于笔算的步骤程序化，笔算的过程比较固定，容易使学生只注意到笔算过程的形式，不考虑数值，因此，教学时要把重点放在"明理"上。

② 检查验算要自觉。笔算的优势在于能够展现计算过程，便于检查。

③ 书写格式要规范。格式的规范可以防止与减少学生计算中的错误，有利于培养学生良好的书写习惯。要利用笔算的有利条件，锻炼学生的有意注意，增强计算质量（准确率与速度）的责任感。

（3）学点估算

估算是对运算过程与计算结果进行近似或粗略估计的一种能力。当前国际数学教育中十分重视估算，随着科技的迅速发展，有大量事实是不可能也不需要进行精确计算的。

在平时计算时，估算能起到重要作用。在计算前进行估算，可使学生自由而灵活地用多种方法去思考问题，在计算后进行估算，使学生能获得一种最有价值的方法去检验结果。

① 促进计算结果正确。在计算教学中，可以应用估算对计算结果是否正确作出判断。估算可以比较简便地检查计算结果是否正确，有利于及时修正错误，提高计算的准确性。

② 促进计算方法的灵活。由于估算是通过口算进行的，是口算技能的灵活应用，所以估算在培养学生计算方法的灵活性上，有着特殊的作用。在解答应用题时，也经常需要应用估算加深对题中数量关系的分析与题意的理解。

4. 分层练习，形式多样，讲求实效

对于数学学科来说，练习具有特别重要的意义。练习是巩固与应用数学知识、培养与发展数学能力的重要手段。计算技能属于智力操作技能，为了促使学生熟练地掌握计算的技能技巧，形成计算能力，除了进行一般的练习外，开展以积极、灵活的思维活动为主的练习也是十分必要的。练习的内容要注意有针对性、有层次、有坡度；练习的形式要多样，要重视练习的反馈，讲究练习的实效。

（1）围绕重点与难点

教学的重点内容直接关系到学生对数学知识的进一步掌握，教学的难点内容也常常是学生学习中的弱点。集中力量组织突出重点与难点的练习，有利于沟通知识间的联系，促使学生形成良好的认知结构。

（2）易混易错的对比

在新概念形成、新知识掌握以后，要将相近、相似、易混、易错的内容组织在一起进行对比练习，以便区别异同，进一步提高学生的计算能力。在教学表内乘法口诀以后，可以将积相近、相同、相似的口诀组织对比练习，以强化区别异同。

（3）发挥计算题的思维价值

学生掌握了有关计算的基础知识、运算定律和运算性质后，教师要为他们灵活地、综合地应用数学知识、提高计算能力创造条件。练习题的设计要有利于激发学生参与计算的积极性与创造性，并能使学生的聪明才智得到充分的展现。

（4）形式多样，引发兴趣

在设计练习时，要注意形式的多样化。有趣的数据、新奇的题型、巧妙的算法，都会使枯燥的计算对学生产生一种吸引力，激发起学生做计算题的兴趣。

总之，多样化的练习不仅丰富了练习的内容与形式，还极大地调动了学生参与练习的积极性，对提高学生的计算能力起到了促进作用。

5. 认真审题，多思善想，准中求活

数学离不开计算，我们要通过课课算、天天练，培养学生良好的学习习惯。习惯的培养并不是抽象的、看不见摸不着的，而是实实在在的，既能看得见又能摸得着，所以，习惯的培养不能当作口号去喊，需要脚踏实地，从一点一滴抓起。计算题出错的原因很多，学习习惯不好也是造成计算错误的原因之一。有些学生没有认真审题的好习惯，认为算式中的数据与运算符号都是明摆着的，不审题也照样可以进行计算，致使计算结果错误或在计算过程中走"弯路"的现象屡有发生。

（1）认真审题

认真审题是计算正确、方法合理、灵活的前提与保证。

（2）多思善想，准中求活

多思善想不是没有依据的胡思乱想，与计算有关的数的认识、运算定律、运算性质、计算法则和运算顺序就是思考的重要依据。多思善想才能做到计算时既准又快、又活，但关键还在一个"准"字。计算是容不得马马虎虎、粗枝大叶的。计算题千变万化，在多思善想中锻炼学生思维的灵活性与创造性，在多思善想中力争在准确的前提下求得方法合理、灵活，促进学生计算能力的提高。

审题以后，经过思考与分析，可以做到在正确的前提下去追求计算方法的合理、灵活、简便；反之，合理、灵活、简便的计算方法又促进了计算的准确率与速度的提高。同时，计算教学的实践也证明了：提高学生的计算能力，只能在计算的实践中得到实现。

三、培养学生思维品质的技能

（一）思维正确性的培养

思维正确性是指学生的思维循着正确方向活动，是一种判断事物的能力。它是思维敏捷性和灵活性的前提。"双基"是思维正确性的依据，无知无技便无思维正确性可言。

数学是一门系统性很强的学科，概念之间、知识之间有着密切的联系，但不管其联系如何紧密，每部分知识都有区别，每个概念都具有它自己的本质特点。要培养思维正确性，必须防止相关知识的混淆，做到消除如下障碍。

1. 理解的障碍；

2. 定势的障碍；

3. 习惯的障碍；

4. 逆向的障碍；

5. 变式的障碍；

6. 交错的障碍；

7. 近义的障碍。

学生对事物的接触和感知带有浓厚的随意性，往往是笼统的、不精确的，对相近事物间的差异，辨别能力较弱。

由于小学生的感知缺乏精确性，容易凭印象去解题。他们的注意力不持久，当注意力不集中时，记忆和思维的功能会大大降低。他们的抽象思维能力也弱，再加上有些概念、法则、公式、定律没有真正掌握好，因此在解题过程中常常出现这样或那样的错误。我们要帮助学生克服注意力容易分散的弱点，使他们的注意力保持相对的稳定。

作业是检查思维是否正确的一面镜子。学生作业（无论是口头回答还是书面作业）中的错误都应在其尚未定型之前得到及时的反馈，使错误消灭在萌芽状态，使正确的认知得到巩固。在教学中能否及时处理反馈的信息，对教学效果有着直接的影响，处理得越及时越好，如果贻误"战机"，会造成思维上的混乱。我们要在纠正错误的过程中实现对学生思维正确性的培养。

（二）思维灵活性的培养

思维灵活性是指对问题能从不同角度、不同方向进行思考分析，能通过不同途径去探索和发现知识的规律，能将学到的知识、技能较好地进行迁移，使思维多向性。

如果说思维是能力的核心，那么灵活是思维的灵魂。当然，灵活的前提是准确，在准确的基础上求灵活。在教学中不能搞单一的练习，即使单一的习题都做对了，也还不能说学生已经真正掌握了这部分知识，因为还需要经受检验。学生往往一连做几道加法口算题之后，紧接着做减法题，容易出错；或者连续做退位减法，遇到不退位减的题反而错了。这是一种负迁移定势，起着抑制性的干扰。我们要训练学生思维灵活，能适应于四则运算题混合交错编排的顺序进行计算。如：9＋2、7－3、8＋4、15－7……又如：3×3、3＋3、3÷3、3－3、0÷3、0＋3、3－0、3×0……

一年级学生掌握了20以内的加减法，学习了比较数与数、数与式的大小以后，比如这样的题目：□＜13－7、16－□＜9、□－3＞7、5＞□－4，要求学生认真分析，填上适当的数；不仅要求填对一个数，还要求他们能准确地说出取值范围。

有的题如：18－2□9＋5、4＋7□15－6，需要计算结果以后比出大小。有的题如：80＋8□80＋6、52－20□40－20，则可根据和差的变化规律直接判断出大小。

学习计量单位的化法与聚法时，学生做非十进率的单位化聚的题目容易出错，可以通过学生自己动手操作、实际测量、观察等途径，使学生尽可能对度量单位所表示的长短、大小、多少，有一个明确的认识，这样他们就可以不单凭记住进率来做题了。

学习了一步加减法应用题以后，让学生用20－8的算式编应用题，要求学生广开思路，结果编出多种不同叙述形式的应用题。如：

"有20名同学，其中8名是男同学，女同学有多少名？"

"食堂买了20千克鱼，吃了8千克，还剩多少千克？"

"小红有20朵红花，小明比他少8朵，小明有多少朵？"

"小军有20面红旗，比小刚多8面，小刚有多少面？"

"小林做了 20 道题，小强做了 8 道题，小强再做多少道就和小林同样多了？"

"哥哥今年 20 岁，弟弟 8 岁，哥哥比弟弟大多少岁？弟弟比哥哥小多少岁？"

学习了乘法运算定律以后，不要只在学习这部分知识的时候，做几道体现运算定律可以使计算简便的题目，也要注意引导学生灵活运用知识。如："有 1200 千克煤，第一天用去 $\frac{1}{4}$，第二天用去余下的 $\frac{2}{5}$，还剩多少千克？"如果学生仅仅掌握了这道题的简便解法，如：$1200 \times (1 - \frac{1}{4}) \times (1 - \frac{2}{5})$，但并不知道算式的推导过程，这是不利于进一步培养学生的思维灵活性的。应该让学生根据题意自己列式。有的学生凭已有的认知经验，会列出这样的算式：

$$\underbrace{1200 - 1200 \times \frac{1}{4}}_{\text{第一天}} - \underbrace{1200 \times (1 - \frac{1}{4}) \times \frac{2}{5}}_{\text{第二天}}$$

其中，$1200 - 1200 \times \frac{1}{4}$ 根据乘法分配律可以写成 $1200 \times (1 - \frac{1}{4})$，这样原式可以改写成：

$$1200 \times (1 - \frac{1}{4}) - 1200 \times (1 - \frac{1}{4}) \times \frac{2}{5}$$

然后再一次根据乘法分配律，将算式改写成：

$$1200 \times (1 - \frac{1}{4}) \times (1 - \frac{2}{5})$$

如果在教学中坚持这样的要求，学生的思维灵活性的素质就会提高。

以上说明，在教学中，要求学生用不同的表述法来表达同一个意思的数量关系，是训练思维灵活性的有效途径之一。如"苹果比梨多 3 个"，可以说成"梨比苹果少 3 个"，"梨再添上 3 个与苹果同样多"，"苹果拿走 3 个与梨同样多"；又如"提前几天"也可以问"少用几天"。教学"倍数"问题的时候，要强调谁是一倍量，确保以后不求几倍量而求一倍量的时候不至于转不过来。如"苹果有 10 千克，是梨的 5 倍，梨有多少千克？"这道题就不能用乘法来运算，不要形成有"倍数"两字就一定用乘法运算的错误结论。在教学中出现顺逆不同叙述的题目，让学生做到具体问题具体分析。我们要通过改变条件和问题，学生自己编题等做法，帮助学生具有思维逆转的能力。学生在低年级时分数很高，90 分已经是属于较差的成绩了。到三年级以后，为什么成绩开始下降呢？这里面固然有低年级学的内容少，到中高年级知识面宽了，暴露学生知识漏洞的机会多了的因素，也有这样一个原因：就是有些知识在低年级讲得太死，见"多"见"一共"就加，见"少"见"还剩"就减，见"倍数"就乘，见"平均"就除。这在当时不但没有暴露问题，还容易拿满分。

教学中常常是先入为主。数学启蒙老师对学生的影响是很深的，正确的自然很好，错误的也极为有害。一旦形成了习惯，就难以扭转。长期不进行可逆性思维训练，其结果是学生思维消极怠工，不爱动脑筋思考问题。

所以，在教学中应该注意知识的前后联系，知识的发展，适当地提高教材的难度是必要的。我们不能把形式上不一样的题目一概叫超范围。学生如果已经掌握了教材规定的知识，学习尚有余力，在不增加学生学习负担的情况下，适当地加宽知识面，加厚知识度，这不能说是超大纲。适当加厚的目的只是为了训练学生思维灵活性，能让学生从各个不同角度去思考，增强解题的能力，也能补充教材在开发智力、训练思维方面的不足（因教材覆盖面大，题目不能太难）。

在训练思维的灵活性方面，教师的课堂教学设计和练习的安排都应持有主动进取的态度。

为了提高学生分析问题和解决问题的能力，更好地培养思维灵活性，我认为应该让学生掌握多种思考方法。

1. 比较的思考方法

它是认识事物异同的一种思维方法，通过比较可以对知识之间的联系和区别加深认识。

2. 假设的思考方法

有些题目用一般方法进行分析，常常找不到正确的解题途径，运用假设的方法可以使问题得到解答。假设是一种想象思维，掌握假设的思维方法可以开阔学生思路，增强解题能力。

3. 转化的思考方法

它是把问题由一种形式转化成另一种形式，使问题变得更简单、更清楚、更容易求解的思维方法。

（四）思维多向性的培养

当思维受阻时要引导学生善于变换思维角度，提出多种设想，寻找解决问题的不同方案，培养思维的多向性。对学生思维多向性的培养包括以下几方面：

1．纵向延伸；

2．横向展开；

3．逆向回转。

在教学中，教师经常有意识地进行一题多解、一题多变的训练，有助于学生拓展思维空间。可通过讨论，启迪学生的思维，开拓解题思路。在此基础上让学生多次训练，既增长了知识，又培养了思维能力。在教学过程中，教师不仅重视结果，更要针对教学的重、难点，精心设计有层次、有坡度，要求明确、题型多变的练习，呈现思维活动的过程。要让学生通过探究，不断摸索解题的思路，使思维的多向性得到不断发展。通过多次的拓展训练，使学生进入多向思维的佳境。

（五）思维深刻性的培养

思维的深刻性（又叫逻辑抽象性），是指在思维过程中善于深入钻研问题，善于从纷繁复杂的表面现象中抓住事物的本质和核心，正确地预测事情的进程和后果。

在数学学习中，学生思维的深刻性集中表现在学生能全面、深入地去钻研与思考问题，运用逻辑思维方法，善于从复杂的事物中把握它的本质和规律，并照顾到和问题有关的所有条件，而不被一些表面现象所迷惑，预见事物的发展进程，正确、简捷地解决问题，在形成概念、构成判断、进行推理和论证上，特别是能在学习中克服思维的表面性、绝对化与不求甚解的毛病。深刻性体现着思维的深度，思维深刻的学生，能够从简单、普通、人们所熟知的现象中看出一些有关自然和社会生活里带有规律性的东西。例如进行"求比一个数多几的数是多少"这一内容的教学时，从准备题到巩固题，从例题到作业，从口答到笔做，从上课的第一分钟到下课前的最后一分钟，教师和学生都反复叙述这样一个结论："求比一个数多几的数是多少，用加法来算。"可以想象，在这节课上即使学习最差的学生也绝不会说成用减法来算。那么，这一切能说明学生对较大数、较小数、相差数这几个数量之间的关系理解清楚了吗？我认为还不能。这样过多地运用直接揭示求比一个数多几的数用加法算的做法，往往使学生的思维肤浅，妨碍了学生分析和概括能力的发展，妨碍了思维深刻性的培养。当他们遇到这样的题："小军有 5 面红旗，他比小红多 3 面，小红有几面红旗？"是不是也会错误地认为用加法来算呢？

在"梯形面积公式推导"教学时，一教师采用如下步骤：

（1）动手操作

先布置每个学生都准备好三组两个完全一样的梯形（即任意梯形、等腰梯形、直角梯形）卡片，让学生亲自操作。要求是用两个完全一样的梯形拼成一个已学过的图形。学生明确要求后，开始了探索性的操作，他们利用手中的学具，借助形象材料进行思维，有的翻转拼、有的旋转拼。

（2）推导公式

根据上述拼好的图形让学生认真观察与思考："新拼成的图形各是什么图形？拼成长方形的是什么样的梯形？新拼成的图形的底与原梯形上、下底是什么关系？新拼成的图形的高与原梯形的高是什么关系？新拼成的图形的面积与原梯形面积是什么关系？"根据学生的叙述，从而顺利推导出梯形面积公式。

概念是思维的细胞，建立清晰的概念是训练思维正确性的重要基础。因此，要训练思维正确性的重要基础。因此，要训练思维的深刻性，首先要正确、清晰、完整地理解和掌握数学概念。

在教学中要注意揭示教材的本质。

要帮助学生系统地整理学过的知识，不断扩大和完善已有的认识结构，使之竖成线，横成片，组成知识网络。如学完乘除法以后，要让学生掌握 $a \times b$ 表示"b 个 a 是多少"、"a 的 b 倍是多少"；$a \div b$（$b \neq 0$）表示"把 a 平均分成 b 份，每份是多少"、"a 里面包含几个 b"、"a 是 b 的几倍"、"一个数的 b 倍是 a，求这个数。"、"a 的 b 分之一是多少"等，并能运用已有的认知去解答各种各样（与已有认知有联系）的问题。如："有一个正方形池塘，每边种 5 棵柳树（四个角上都有一棵），四边一共种多少棵柳树？你能用几种不同方法计算？"学生想出了五种不同的计算方法：①$4 \times 4$；②$5 \times 2 + 3 \times 2$；③（$5 + 3$）$\times 2$；④$5 \times 4 - 4$；⑤$3 \times 4 + 4$。

联想能唤起学生对已有知识的回忆，沟通知识之间的内在联系，开阔思路，有利于培养思维的深刻性。

经常开展有目的、有计划的联想，也可以增强思维的流畅度。

根据已知条件补充问题，或者根据一个已知条件和问题，补充条件，以及在应用题里增加与解题无关的，但并不矛盾的多余条件，都是训练学生思维深刻性的有效措施。

在课堂教学中如何发展学生的思维能力，方法是多方面的。陶行知先生说过："好的先生不是教书，不是教学生，乃是教学生学……"这显然要求我们教师在教学中要引导学生展开思维，坚持训练学生独立地依靠已有的知识去探索新知，还应根据教材的内容特点、学生的心理特征及学校的具体条件，选择最佳方法，优化课堂结构，发展学生的数学思维，提高学生素养。

第五章 小学数学难点解答

第一节 新教材使用的问题及应对策略

一、教材意图与实际操作

（一）问题的提出

1. 问题现象

北师大版小学数学第一册"分类"这一课安排了"整理书包"这一实践活动。曾经听一名教师是这样上的，在前面很长一段时间内，他都是围绕课件中一个乱糟糟的房间边操作计算机，边向学生提问，让学生围绕课件发表意见，回答问题；继而指导学生观察书中小明的房间并整理；最后十分钟才让学生参与到"整理书包"这一实践活动中，最后还在交流分类方法时，下课铃就响了。其实，老师为何不放开点，让学生更早、更多地投入到丰富有趣的实践活动中呢？

2. 问题思考

数学实践活动是教师结合学生有关数学方面的生活经验和知识背景，引导学生以自主探索和合作交流的方式开展形式多样、丰富多彩的学习活动，其目的是增强学生应用数学的意识，提高学生的实践能力，为今后更有效地进行高水平的实践活动和创新活动打好基础。《数学课程标准》明确指出，在小学数学教学中增设"实践与综合应用"，这既是适应教育改革发展的需要，也是数学教育改革的必然。根据新课标的精神，北师大版的数学教材安排了大量的实践活动，如四年级上册就设置了"栽蒜苗"、"设计图案"、"测量身高"等十一次实践活动，这种设计意图很好，确实有利于提高学生的实践能力。但在实际教学中，我们也像前面那名教师一样，遇到了一些忧虑和困惑：有些教师由于受传统教育观念的影响和习惯的束缚，对实践活动在认识上存在偏差，以为实践活动就是游戏和竞赛；有些教师受各方面条件的限制，疲于为活动准备材料，对实践活动望而生畏，不愿意开展；有些教师担心完不成教学任务，不愿意浪费课堂宝贵的时间去开展活动；有些教师担心学生实践活动的能力，缺乏足够的信心放手让学生开展活动，总之，新一轮课程改革以来，实践活动的教学是每一名数学教师所面临的新课题，在几年的实践中，老师们普遍感到担忧和困惑的问题是：新教材里实践活动的设计意图很好，但实际教学中，没有足够的时间、精力和条件去完成，怎么办？

（二）策略研究

新教材设计了许多实践活动，很多教师受各方面条件的限制，担心难以操作和实施，达不到活动的目的。在几年的教学实践中，我总结了一些活动经验，有利于老师们开展实践活动，更好地培养学生的创新精神和实践能力。下面我就谈谈自己在开展数学实践活动中的几点尝试：

1. 创设与生活密切联系的活动情境

数学的学习是一个主动学习的过程，我们应努力创造能吸引学生的、与生活密切联系的活动情境，让学生主动参与到实践活动中去。数学是对客观世界的一种抽象，在教学中我们一方面要尽可能让抽象的数学概念在生活中找到原形，另一方面要创造条件，使学生能够用学到的知识去解决日常生活中的一些数学问题。如"铺地砖"、"调查家中的水电费"等，让学生在生活经验数学化、数学知识实践化的过程中体会到数学就在我们生活中。课堂上我们还可将问题情境模拟出来，让学生观察、思考、操作。如可以模拟现实，在教室开展"小小商店"活动，让学生在实际购物活动中进一步理解元、角、分的关系。另外，我们还可以创设开放性的问题情境，让学生走出课堂、走进实际生活，灵活地运用数学知识解决实际问题。

2. 创造性地使用教材，利用多种课程资源设计具有综合性、开放性和可操作性的实践活动

各个学校的环境不同，学生的条件和水平不同，教材中安排的实践活动不一定适合每个学校的学生，有些活动受条件的限制无法开展。因此，我们不必拘泥于教材，要创造性地使用教材，对教材中的活动内容有所取舍，要因地制宜，有意识、有目的地开发和利用各种资源，设计适合学生

自己开展的具有一定的综合性、开放性和可操作性的实践活动。如在四年级学完行程问题后，我设计了"我家离学校有多远"这样一个实践活动，同学们通过讨论商量，得出活动步骤，并付诸实施。他们先用卷尺测量出自己1分钟所走的路程，然后记录回家所用的时间，最后根据速度、时间和路程的关系计算出家到学校的距离。又如在高年级学完圆柱的表面积和体积后，可以将学生带到学校的花坛边，告诉他们学校将在花坛的围墙四周和上面铺上瓷砖，在花坛里面填满土，请学生帮助学校计算一下铺瓷砖的面积和需要多少立方土，同学们必将情绪高涨，跃跃欲试。

3. 加强实践活动中的合作与交流以及教师的引导和参与

实践活动大多采用的是小组合作学习的形式进行的。我们应提供让学生积极参与的宽松环境，让每个学生有效地参与，让学生掌握合作的方法和技巧，要鼓励每个学生明确地表达自己的想法，倾听他人的意见，利用集体的智慧解决实际问题，让每个学生都经历探索的过程，体验合作的成功与乐趣。实践活动中的交流既是教师与学生的交流，学生与学生的交流，也是学生与社会的交流。我们应鼓励学生就需要了解的问题，向老师、同学以及其他人进行调查访问，以获取相关的信息来解决实际问题。值得一提的是，在活动中，教师不仅是组织者和引导者，还是合作者和参与者。教师除适时组织外，还必须置身于活动小组中，参与到学生中间去，以此可营造出一个民主和谐、互相尊重、互相学习的活动氛围。

4. 活动的组织形式可多样化

组织实践活动的目的是通过学生的自主探索、合作交流，提高综合运用所学知识解决实际问题的能力。只要能达到目的，我认为教师组织活动可以不拘于形式，应该让学生从书本走向社会，从课堂走向生活，从校内走向校外。活动可以在教室内，也可以在教室外进行，可在教室内创设活动情境，引导学生参与活动，也可组织学生到操场进行实地测量、观察，到社会进行调查、实践。活动形式可以是个人活动、小组活动、全班活动，也可以是三者的结合。如制作"运动前后每分钟脉搏跳动次数"的复式条形统计图时，测量脉搏是个人活动，收集信息制作统计图时有小组的交流，班级汇报交流又是全班活动。在组织实践活动时，我们还要发扬民主，尊重学生的个性，让学生以自己喜欢的方式去收集资料，分析问题。

二、教学活动标题与知识点

(一) 问题的提出

1. 问题现象

在校际联合数学组的一次集体备课活动中，有一部分老师针对所使用的北师大版教材提出了同一个问题："教材很多内容都采用数学活动作为教学标题，其意图何在？老师怎样把握才能找准知识点？"

老师们为此各抒己见，展开了自由讨论。

A 老师："我个人认为，教材的安排主要是考虑它的使用对象——孩子，孩子喜欢什么？不是刻板的条条框框，而是参加生动有趣的活动。问题活动化，激发了孩子们的求知欲。"

B 老师："活动安排的目的不仅仅是让孩子们经历活动的过程，活动只是一种手段、一个过程、一种途径，最终目的是为了让孩子们掌握知识。因此我认为教师应透过现象抓本质，能透过安排的活动抓准知识点。"

C 老师："有的知识非要以活动的方式去实现吗？我觉得并不见得。有的知识，老师只需三言两语就能让学生建立一个清晰的概念，又何必要花费那么多的时间，带着学生转圈，仅仅就是为了去印证一个原本比较简单的东西。有时学生自己操作了半天得出了一个似是而非的概念，这又何苦呢？一个简单的东西反而复杂化了。从这一点上我个人更喜欢原来的人教版教材。"

D 老师："我认为编者既然以活动的方式来呈现部分内容，肯定是比较科学的安排。你想想谁编的教材呀？我们当老师的就是要负责落实，提供必要的活动时间和空间，利用所需的教学资源在课堂上实施。"

E 老师："有的内容教材编得确实不错，教材在部分内容的安排上，为我们教师提供了丰富的素材，并有组织数学活动的指导语，如'数一数'、'摆一摆'、'分一分'。例如，在学习百以内数的认识时，教材编排了'数豆子'、'数小棒'的活动：抓一把豆子，数一数有多少粒；抓一把小棒，先估一估，再数一数有多少根。还设计了猜数游戏。学生在动手的同时动脑，抽象的知识形象化了，有助于孩子们对这部分知识的理解。"

F 老师："在实际操作中活动的组织是比较麻烦的。如教材中安排了一些实践活动，以典型的活动为线索，穿插各种数学问题。如在三年级下册中，教材安排了'旅游中的数学'等题材，学生在活动中开始提了几个数学问题，慢慢地就跑题了，你一言我一语，竞相说出自己的旅游经验，一节数学课就演变成了综合实践课了。"

2. 问题思考

在热烈的讨论中，教师们充分发表了自己的见解。部分教师在此基础上达成共识：

（1）数学教学是数学活动的教学，以活动的方式呈现部分教材内容是北师大版新教材的一个亮点。

（2）在教学中数学活动只是一种学习的方式，关键在于教师要把握准知识点，在活动中予以落实。

（3）课堂上的数学活动具体操作比较难，活动的时间、地点、内容具有开放性，因此在组织前教师需要作好充分的准备，在活动现场教师需要进行必要的宏观调控，以避免出现非数学活动倾向以及活动扩大化、活动时间拖长、知识点难以落实等问题。

讨论中也暴露了有的老师在使用教材过程中的一些问题：尤其是对教材中部分内容以活动的方式呈现的认识需要提高，以形成正确的教材观、课程观、教学观、评价观。教师必须吃透新课程标准的精神，正确理解课程标准的内涵。教师如果不及时补充知识、更新观念，甚至将自己的意志凌驾于课堂之上，在教学中就不会实现预期的目标，甚至会产生错误。教师作为教材的使用者，要克服极端的反教材论和唯教材论，应正确把握教材编写者的意图，创造性地使用教材，确保教学目标的实现。

（二）策略的研究

教师可以根据各种数学活动的特点，运用多种方式开展数学，以更有效地促进学生积极参与、独立思考、合作交流，从而获得对所学知识的理解。第三，它保障了课程目标的全面实现。不仅数学思考、解决问题、情感与态度方面的目标，必然需要学生亲身的实践和自我的体验，而且知识和技能的获得、理解和应用也离不开数学活动。第四，它为学生的个性发展提供了广阔的空间，既可以使所有学生共同参与活动，每个学生又可以根据自己的生活经验、知识积累、认知水平、个性倾向，从不同的角度进行思考和探究；既提高了学生主动参与的积极性，又满足了多样化的学习需求。当然强调数学活动的重要性，并不排斥结果的重要性，二者是相辅相成的。

仅仅学习专业知识是不够的，我们还需要从具体的课堂实践中挖掘问题，为反思学习研究探讨搭建平台。我们老师在一起查阅了大量的资料，想以他人的智慧启迪自己，激发灵感，也想整合其精华以成就我们。我们借此作为一个生长点来发展自己。实际证明走借鉴之路也是一条捷径，它使我们老师在短期的集体培训中得到很多具有指导意义的实践经验。

在富有挑战的数学活动中发展学生的数感——"生活中的数"的教学案例分析及案例描述。

"数一数"活动 1：初数百以内的数

学生们都把学具轻轻地倒在桌面上，小心翼翼地数起来：

"45、46、47、48……91、92、93、94、95，我有 95 根小棒。"

"……98、99、100，陈老师，我的正好是 100 个芸豆粒儿！"

"我只有 88 根铅笔。"

"我的小正方体是 103 个，哇，比 100 还多呢！"

我不停地巡视，与同学交流，发现学生几乎都是一个一个地数，而且数完后，把所有的学具堆成一堆，无法让别人看清是多少。想象中的多种数数方法，2 个 2 个地数，5 个 5 个地数，10 个 10 个地数并没有出现。如何不直接要求他们，而是使他们自己感受数数方法的多样化，真正发展数数的经验呢？我灵机一动，提出了一个具有挑战性的问题。

"数一数"活动 2：再数百以内的数

"同学们，看到你们数数，汇报结果时认真高兴的样子我也特别快乐。可是，你们每人数过后的豆子、小棒、小正方体、铅笔都一堆一堆地放到一起，你们知道多少，别人不知道。你们能不能想个好办法，让别人一看就知道是多少呢？"

学生又静静地坐下来，有的紧皱眉头，有的看着自己的学具认真思索，有的开始摆弄学具……大约半分钟的时间，我说："你们小组内商量一下，看有没有好办法。"学生们开始交流讨论。我又穿梭于他们之间，认真地听着看着，并适时地指导，我满意地笑了。

"陈老师，我们小组想出了一个好办法，你看，只要把芸豆 10 个一堆，

10 个一堆，就知道有多少了。"

"你们的办法可真好，老师为你们喝彩！那你们怎么都想到要 10 个一堆或 10 个一捆呢？还有没有其他的方法？"

"10 个 10 个地数比较快，10 个 10 个地数别人很容易看出是多少，也可以 5 个一堆 5 个一堆，但我们感觉不如 10 个 10 个的好。"

"数一数"活动 3：三数百以内的数

"同学们，这节课我们就是认识一百以内的数。刚才谁数的数正好是 100?"

只有一个人举了手，其他同学都有点沮丧。于是，我进一步问道：只有亮亮的正好是 100 个，那你怎样才能得到 100 个呢？"

"我有 95 个芸豆，只要再给我 5 个就是 100 个了。"

……

我确信孩子们都已经历并得到 100 这个数，于是让学生把 100 再合到一起，告诉他们自己手中的 100 个学具就这么多，之后便让学生三数 100。我再次走进他们中间，出现了多种数数的方法：一个一个，两个两个，5 个 5 个，10 个 10 个，他们数得不仅流畅而且比较准确。

（本节课在这个活动中结束，下面的活动是在下午自习中完成的）

"数一数"活动 4：四数百以内的数

我设计了以下数数的活动：

（1）数出 35 个学具，让别人很容易看出，并说说 35 这个数的组成

（2）从 35 数到 44，说说 44 的组成

（3）从 89、32、76 各数的后面连续数出 5 个数

（4）10 个 10 个数到 100

（5）5 个 5 个数到 100

（6）从学具中快速数出 90 个（挑战学生的智慧）

（7）感受 100 有多少（结合具体的学具和情境）

……

教师挑战活动的设计，挑战了学生的思维。本节课安排了四次数一数活动，每个活动都富有目的，具有挑战性，学生的数感正是在挑战性的活

动中逐渐得以发展，这种方法很值得我们去借鉴。

三、教材知识跨度与教学难点

（一）问题的提出

1. 问题现象

以《数学课程标准》为依据研发的、并已通过教育部审查通过的小学数学实验教材有 6 套——人教版、北师大版、苏教版、西南师大版、青岛版和冀教版。这 6 套小学数学新课程实验教材显然风格各异，追求有别。人们对它们褒贬不一，但一个普遍的问题是新教材的内容增多了，教材跳跃性太强、跨度大。就拿人教版的教材来说吧，第二册的教材就充分体现了这一特点。这册教材中共有 10 个单元，除了二、四、六单元是数与数的计算的教学，其余的几个单元内容各成体系，互不相关。给教师的教学带来了一定的难度，尤其是"图形拼组"这个单元，从教材的 27 页到 30 页，总共才 4 页，却也是一个独立成章的内容。书上的第一个例题"做风车"看起来有点像艺术课中的手工课，教师上起来觉得很新鲜，学生就更不用说了，个个都兴致勃勃，有的同学做的风车跟教师做的几乎一样好，教师不由得感慨，低年级学生的动手能力还是很强的，只是我们数学课上让学生亲自动手的机会太少了，书上的练习设计也很有新意，拼熊猫、做小正方体，学生都很感兴趣。第三单元的内容难在学生对小数点的理解。虽然人民币在我们的生活中随处可见，但对于一年级的学生来说毕竟接触得不多，在短短的五个课时里，不但要让学生认识人民币，还要让学生会认人民币的小数表示法和简单的人民币计算，教学难度是很大的。小数点是不能不讲的，但小数的意义却又不要求掌握，这就要求教师要创造性地把握好教材。而第七单元"认识时间"我认为教材难度也大了一些，因为在这个单元里学生要学会认几时几分，还要会算简单的时间加法。而在北师大的教材中，认识几时几分是二年级的教学内容，就这一点来说，北师大的教材编排得合理一些。另外还有像"找规律"、"统计"等单元的教学内容也较多，作为一名新教材的实施者，我们的教学方法应该做些什么改变，才能设计出符合新教材教学特点的教案呢？

2. 问题思考

由于新教材的编排同时安排了四个方面的内容，从一年级开始教学内容就比旧教材要多，而且很多内容都是蜻蜓点水、一带而过，老师在教学时觉得很难适应。第一是教学的难点较难把握，第二是新知识的巩固比旧教材要困难些。有一些新知识只是很浅地讲了一下，学生听了以后觉得似懂非懂，这样的教学使教师觉得对学生的数学思维的发展是很不利的，因此如何把握新教材的教法是一个很值得我们每名教师探讨的问题。

（二）策略研究

虽然新教材内容知识面广，跳跃性大，教师较难把握教材的难度，但我认为如果从以下几个方面入手，是能克服这些困难的。

1. 研读教材：研读教材要读出教材呈现的信息有哪些，要分析学生已经具备的生活经验和知识经验基础，要弄清楚知识的前后联系，要明确每节课知识点及其要求。

2. 从实际出发，创设合适的问题情境。"问题情境—建立模型—解释与应用"是数学教学的重要方式。创设合适的情境，既要考虑激发学生的学习兴趣，更要着眼于提出与所学知识点相关联的数学问题。这样，才能体现出情境是为建模服务的。

由于教材编写体例的不同，教材提供的情境范例也不尽相同。人教版大多以单元主题图为情境，不同的内容可选取不同的局部为情境，不同的内容，情境的着眼点不同。而北师大版教材，每一节新授课都配以相应的情境图。

除了选用教材提供的情境范例外，要根据实际，选择形变质不变的材料为学生学习服务。

3. 要重视学生的"说理"。说理的过程，就是展现思考的过程，重视说理，就是落脚于思考。你怎样想？说说这样想的理由，既有讨论交流的话题，又有数学思考的要求，通过交流，让学生获得相应的经验和体验，通过交流，使学生形成共识。

4. 数的认识的教学要围绕计数单位及其相互关系而进行。数的认识包括数的认、读、写、大小顺序等，数是数出来的，数数的过程中，数的大小、数的顺序都体现出来了。数数的方法很多，除了逐一计数以外，还有按群计数的。其中，计数单位是较特殊的按群计数方法。

5. 要让学生在解决"认知冲突"的过程中，学会数学思考。观察、比较、推理、概括、想象是思维能力的重要表现形式，教学中要引导学生从观察入手，通过比较，形成冲突，在寻找解决冲突的过程中，通过推理、概括，形成解决冲突的方法。

6.组织有效的课堂实践活动，让学生获得综合运用知识解决实际问题的经验和体验。

7.发挥统计的预测、决策作用。

8.突出几何图形的特征，通过图形变换，沟通图形间的内在联系与区别。

四、概念性知识无定论与教学

（一）问题的提出

随着教学理念的不断更新，我们的教材也在逐步进行着改革，实验教材里很多概念性的东西都没有下结论或者说没有给出定义的形式，教师们在思考：没有把这种规范、严谨的定义形式传授给学生，孩子们能掌握好数学概念吗？教师们进一步思考：有了概念的定义形式，孩子们就一定能掌握好数学概念吗？这让我记起曾经听过含有"三角形的高"的概念的一节课。首先教师讲述"从三角形的一个顶点到它的对边作一条垂线，顶点和垂足之间的线段叫做三角形的高，这条对边叫做三角形的底边"的三角形高的定义，接着教师示范做出锐角三角形、直角三角形、钝角三角形的一条高，其中直角三角形的高和底边就是直角边，钝角三角形则是把锐角边作为底边，高落在三角形的内部，垂足在对边上，还在垂足处画上记号"⌐"，表示垂直；可是当布置学生去作钝角三角形钝角边上的高时，绝大部分学生把它作在三角形的内部。从这里我们看到，有了概念的定义形式不一定能保证学生掌握好概念。还有另外一种现象，学生能把概念的定义形式背出来，却不一定能灵活运用，如学生在学习了周长的概念和长方形、正方形周长的计算方法后，完成教师没讲过的题型（如"把两张周长为 32 分米的方桌拼成一个长方形，求这个拼成的长方形的周长"）时，由于这类题目无法只从计算公式入手解答，尽管学生能把定义和计算公式记得清清楚楚，但一部分学生无法完成；而对于建立了良好的周长概念表象的学生来说，他们能借助周长的概念想出很多种解决的办法。

（二）策略研究

我们通过学习和研究，明白了学生要掌握的是数学概念，获得概念就是形成概念表象；定义只是概念的一种外部表达形式，定义会帮助形成概念的表象，但是由于定义追求准确严谨，讲究逻辑关系，只能用规范的语言、符号、图像等来表示；因此，善于将数学概念的抽象定义的含义转换成易于学生理解和运用的适当的心理表象，帮助学生灵活地掌握概念是我们应做好的创造性的工作。在具体的教学过程中，我们注意了以下几个方面的策略研究：

1. 教师要从一定的高度全面、深刻地把握数学概念

要让学生通过自己的学习活动，建构完整、正确的数学概念的表象，离不开教师的指导和点拨。首先，从情境的创设、活动的设计，教师必须找到既能激发学生学习兴趣，又具备概念特征的概念实例；其次，在学生逐步形成概念表象的过程中，教师要能敏锐察觉到学生概念表象中的错误或不完整，并给予恰当的引导和点拨；再次，怎样帮助学生通过进一步的活动使新的概念纳入到已有的认知结构中等。也就是说教师自身对概念的把握程度直接影响学生概念表象的形成。这就要求教师不仅要明白概念的整体含义，还须理解概念所包含的每一个局部因素以及这些局部因素之间的关系，知道由概念构造出来的特殊的、相关的性质，清楚概念在知识体系中的结构和位置。如三角形的高教学，我们首先明白是从三角形的一个顶点到它的对边所作的一条垂线，顶点和垂足之间的线段叫做三角形的高，然后我们思考三角形有三个顶点就会有三条高，这三条高要分别与它的底边对应，让学生明白这三条高分别是哪条底边上的高；接下来还想到三角形分为锐角三角形、直角三角形、钝角三角形三种情况，它们不同边上的高的具体情况（有的落在三角形的内部，有的落在三角形的外面，有的正好就是它的一条边）以及不同边上的高的作图方法，即使不要求学生掌握，教师也可以作出一个图让学生建立良好的表象；最后还想到三角形的高与平行四边形及梯形的高的关系。

2. 让学生在具体生活情境中，建构属于自己的数学概念表象

紧密联系学生的生活环境，从学生已有的知识和生活经验出发，创设学生自主学习、主动交流和积极探讨的学习情境，使学生在整体接触概念实例的基础上，逐步认识概念所包含的每一个局部及局部的关系，即形成属于学生自己的生动、具体、多方面的数学概念表象。

3. 学生对概念的掌握离不开适当的练习

学数学人人都有体会：不做习题是学不好的。但是，解题训练不能强

调得过分。我们在设计和安排练习的时候，有明确的目标，如发现学生的典型错误而安排的针对性练习，帮助学生辨析概念的类比练习，还有促进学生构建良好的认知结构的"聚零为整"的综合性练习等。练习的形式尽量避免机械地模仿训练，而是采用综合、开放、灵活的问题解决的形式，培养学生运用数学概念灵活解决实际问题的能力。当我们检查学生的作业尤其是学生出现错误时，更要仔细思考，寻找这个错误与概念的相似之处，并以此为起点，引导、帮助学生补充、修改，推动他们对概念的进一步理解和建构，而不是简单地认为他们没有掌握这个概念，也就是我们所说的允许学生犯错，理解学生犯错，引导学生不再犯错。

4. 有些数学概念必须给予明白、准确的定义

有些数学概念是在数学研究中构造出来的思维对象，不是现实对象，学生缺乏感受，就必须借助定义来帮助学生形成概念表象。如整除的概念，有些老师安排学生先计算一些题目，然后根据被除数、除数、有没有余数等进行分类，最后推出整除的概念。其实可以让学生自己阅读定义，然后展开举例、辨析等方法促进学生对概念的内涵和外延的理解，因为前面的过程显得有些勉强，为什么不按照另外的分类标准进行分类呢？也许这是学生心底里的一个谜，而且这些题目能达到的也就是举例和辨析的作用，那么还不如告诉学生另外一种获得概念的方法，从定义入手实现概念的同化。

只要教师能明白学生在学习过程中究竟要掌握的是什么，学生要发展的是什么，也就是具体的教学目标是什么，我们就能够根据不同的学习内容，采用不同的教学活动形式，使学生学得扎实，学得生动，学得灵活，而不会拘泥于规范、严谨的数学知识的表达形式，更不会因为课本有没有定义而苦恼。抽象的、严谨的定义和其对应的知识结构存在于我们的认知结构中，课本是给学生看的，需要符合学生的认知规律，有利于学生各方面的发展，互相交流，互相学习，共同进步。

五、巩固练习少与双基落实

（一）问题的提出

1. 问题现象

近年来新课程改革的春风吹遍大江南北，课改实验区的老师们在欣然

接受新课程的同时，也有了很多的困惑，其中最主要的就是按新课标的要求，数学课由以往每周至少五节被减成了四节，很多实验区老师感觉压力特别大，新课标教材虽然删减了很多陈旧的、跟不上形式的内容，但每册书中仍然包含了数与代数、空间与图形、统计与概率、实践活动四大块内容，而且综观新课标教材，学习每个新知识点后的巩固练习与老教材相比减少了很多，以往老教材在学完一个新知识后，往往给予足够的习题和足够的时间让学生及时巩固所学知识，让学生做到熟能生巧，而改革后的新教材，有蜻蜓点水般的感觉，好像新知识学过就可以了。比如在第三册，学生学习了一到五的乘法口诀后，教材马上引出了除法，除法还没理解透，教材又呈现有余数的除法，老师教得吃力，学生学得茫然。在这样的情况下，学生的双基能落实吗？

2. 问题思考

学生的双基难以落实，我认为有以下原因：

（1）教师的思想松懈了，认为新课程改革后，只要课堂的花样多，学生课堂活跃就行了，学生的基本知识和基本技能掌握得怎样无所谓。

（2）家长们认为现在小学升初中不用考试，反正九年制义务教育，人人都可以上初中，学生的双基是否扎实对升学的影响不大。

（3）学生受大环境的影响，而且自小娇生惯养，不太想花工夫将基础知识弄懂弄透，对基本技能掌握得好坏也没很高的要求。

（二）策略研究

1. 思想上重视，教师、学生及家长均要认识到"双基"在教学中的作用

笔者认为"双基"在教学过程中的作用主要有以下几个方面：

（1）是培养学生创新精神与实践能力的载体

一个人的创新精神与实践能力的培养（包括科学精神与科学方法的培养）不是凌驾于科学知识之上的，而必须以科学知识作为载体。

（2）课程改革后的"双基"还是一个人一生所必备的最基本知识之一

一个人短暂的一生不可能掌握世上的所有知识，也没有必要掌握所有的知识，但是一个人的一生需要一些最基本的必备知识，它有利于一个人更好地适应社会的发展和人的生存。所以，对于过分地贬低科学知识在课堂教学过程中的作用的做法是不可取的。

2. 在业务上，教师要提高数学课堂教学效率，确立"四种教学观"

（1）整体观。即用整体观点指导课堂教学，从整体上进行数学教学改革，充分发挥课堂教学中各种因素（教师、学生、教材等）的积极性，使它们合理组合，和谐发展，实现课堂教学整体优化。

（2）重学观。就是要求教者重视学法指导，积极地把"教"的过程转化为"学"的过程。

（3）发展观。不但要引导学生有效地学习，更重要的是要培养能力，发展智力。

（4）愉快观。要把愉快因素带进课堂，让学生在轻松愉快的课堂氛围中获取知识。

3. 课堂的基本训练应有序进行

加强基本能力的训练应注意如下问题：

（1）首先应确定哪些是基本训练的内容，然后根据教学要求，由浅入深地安排，形成一个符合小学数学特点和儿童特点的基本训练序列。

（2）训练的时间多长，数量多少，都要根据教材内容和学生的实际来确定，以便在不增加学生学习时间的条件下，取得最好的训练效果。

（3）习题的编排应做到低起点、小步子、快节奏、大容量，使每个学生都能得到成功的喜悦。

（4）应针对学生存在的问题，精心选编习题。例如：为引入新课，选编知识衔接题；为巩固概念，选编基础变式题；为纠正差错，选编判断题、选择题；为拓宽思路，选编多变、多解题等，从而实现训练目标。

4. 与家长紧密配合，让学生的"双基"落到实处

教师在课堂上应抓好"双基"教学，但学生对基础知识的掌握并不能一蹴而就，为了让学生牢固地掌握好基础知识，教师需与家长紧密配合，让学生的"双基"落到实处。如在散步的时候，可让家长出一些口算题或与当天学生所学知识相关的题目，让学生在轻松惬意的环境中练习、巩固，可以收到事半功倍的效果。

5. 开展"我是计算小能手"竞赛，让学生在竞争中熟练掌握基础知识和基本技能

第二节　教学策略的运用问题及应对策略

一、探究学习时间与教学任务

（一）问题的提出

随着课程改革的不断推进，自主学习、探究学习等教学方式越来越受到广大教师的重视和关注。这些新的教学方式为教师的教学实践提供了更多的选择机会，同时，在很大程度上改变了学生的学习方式。但是在实际教学中，探究学习的实施却并不理想。经常有教师诉苦：我们也想让学生多参与探究，但是一堂课的时间只有四十分钟，而探究学习需要占用大量的时间，常常导致原定的教学任务完不成，怎么办？还有一些课，虽然教师着力让学生参与探究，但是课堂效果并不理想，貌似热闹、自主的探究，实则流于形式，有的甚至舍本逐末，一堂课热闹过后，什么也没留下。长此以往，很多教师对探究学习失去了信心，转而开始使用传统教法，课堂似乎又回到了过去那种满堂灌的状态。

（二）策略研究

1. 选择适合探究的内容，创设问题情境的障碍

探究源于问题，良好的问题有助于激发学生探究的欲望。问题情境的创设需要有适度的障碍性，太难的问题学生解决不了，太容易的问题又缺乏探究的价值，还会诱发学生浮躁心态的产生，所以障碍要适度。适度障碍性的问题能造成一定的认知冲突，其难易程度要适合于全班学生的实际水平，以保证大多数学生在课堂上处于思维的活跃状态。所创设的问题要基于学生经验又高于学生的经验，把问题难度设在最近发展区。

例如，学完了"长方体和正方体的体积"，给学生提出有挑战性的问题："如何测算一个土豆的体积？"这个问题书本上并没有讲过，但是学生有解决这个问题的相关知识基础，只要运用一定的数学方法，问题就可以得以解决。这样的障碍性问题给了学生一个较大的探究空间，同时又能保证大多数学生通过努力获得成功。

2. 搭建问题解决的"脚手架"，指导学生有效探究

学生经历探究活动，可能成功，也可能失败，这很正常。但是，如果

失败的次数太多，学生容易产生挫败感，不利于培养学生继续探究的信心。因此，在探究学习中，根据学生的认知规律和以旧探新的需要，教师要视情况再现探究所需的已有的数学知识和方法，这种铺垫主要为学生提供背景资料，指导学生正确使用某种学习方法或提出若干思考的问题，或为学生指出一个思考方向等。主要做法有：（1）提供辅助问题，如"这个问题与过去学过的哪些知识有联系"，"还有没有别的可能性"。（2）提供辅助工具，包括实物、表格、信息等。如探究"圆锥的体积"，布置学生带好常用的学具：等底等高的圆柱和圆锥、沙子等，老师还可以准备一些长方体、正方体容器，以备学生不时之需。又如探究"三角形按角如何分类"时，给学生提供了各种各样的角后，再给学生提供一张各个三角形的角的种类统计表，便于学生分类。（3）提供辅助方法，如探究"圆锥的体积"，给学生提供"转化"的思路；探究"圆的周长"，渗透"化曲为直"的方法，指导学生有效地探究。

3. 提供交流的平台，制订互动合作的探究规则

交流是探究中不可缺少的环节。交流是学生发表意见、展示思考过程、相互理解、共同探究的过程。这包括在与同伴的对话和交流中，相互陈述、质疑、辩论、评价、反思等形式。如探究"长方形和正方形"，学生经历了比一比、折一折、量一量等活动后，接下来组织学生交流"我的发现"，在交流中，使学生获得新的启示、新的感悟，形成新的知识、新的经验、新的智慧。

探究学习强调宽松、个性、互动与自律，因而需要一定的规则。探究学习的规则不是由某人或某几人制定的，而是由全体探究学习的参与者，在探究过程中因为学习的需要，在彼此互动合作中约定俗成的。他们在学习过程中，需要排除干扰，需要互相帮助，需要一定的游戏规则。规则促使探究更为有序，交流更为充分。

二、学习习惯的培养

（一）问题的提出

1. 问题现象

使用课程标准实验教材已有一段时间了。学生对学习的情感、态度、思维、个性、能力等方面都得到了一定的发展与提高。但同时，学生的学习习

惯似乎不如以前了。就拿最基本的书写习惯来说，开始写作业，有的学生不是东张西望，就是半天写不出一点东西来，即使写完了，学习用具也是随处可见。一直任教非实验年级有着非常丰富教学经验的老师首次接触实验年级，第一感觉是："这些学生的学习习惯怎么这么糟糕？"毋庸置疑，新课程下的学生的学习习惯和传统的学习习惯相比，在内容上发生了根本的改变。如果教师不能准确把握新课程背景下学生的学习习惯，不能有效地培养学生的学习习惯，课程改革下学生其他能力的培养也就无从谈起。

2. 问题思考

新课程实施以来，由于课程内容的更新，教学方法、教学观念的转变，部分教师走入了另一个误区，总认为以前的教育理念都不好。首先，在观念上、思想上冲淡了对学生学习习惯的渗透与培养，特别是一些传统的优秀的学习习惯的培养，总以为那是一些呆板的、枯燥的、不利于学生思维发展、能力提高的内容。其次，现在的学生，大部分是独生子女，在他们身上，既有体现时代精神的优秀品质，也有一些独生子女不良的性格、思维方式，如任性、自私、畏难、怕苦等，导致学习习惯不如以前。再次，社会、家庭环境的影响对学生学习习惯的养成也起着不可低估的作用。很多学生大部分的休息时间面对的就是电视机、计算机，显然对学生"读"的习惯的培养就缺少了一些有利的环境。很多家长对学生过于溺爱，事事都不放心，什么事都必须亲历亲为，许多应该由学生完成的事情都被家长包办代替，如替学生背书包、整理学习用具、陪学生读书等。

（二）策略研究

1. 我的思考

众所周知，新课程理念下的学生学习习惯就其内容而言已发生了深刻的变化。而现在普遍存在的一种现象是：部分学生既没有养成传统的学习习惯，又不具有新课程理念下的学习习惯。

2. 基本策略

如何使学生在宽松、和谐、融洽的环境中轻松自然地培养良好的学习习惯，教师起着十分重要的作用。下面几条建议或许对培养学生良好的学习习惯有帮助：

（1）尊重学生，建立平等的师生关系

没有尊重就没有平等，当教师把孩子作为一个权利主体尊重时，他们身心发展的巨大潜能就会得到充分发挥。民主、平等的学习氛围更有利于学习习惯的培养。

（2）营造良好的环境

教师对良好环境的形成起着至关重要的作用。学生对教师很崇敬，教师赞扬什么，鼓励什么，或不赞扬什么，不鼓励什么，往往会对学生产生深远的影响。因此，教师的行为本身就在传递着信息，就在营造着环境。而好的环境一旦形成，就能对培养学生的好习惯发挥不可估量的作用。

（3）多给学生微笑

教师的微笑和欣赏往往胜过一切，喜欢受到别人的赞赏是学生的天性。因此，教师要学会夸奖学生，让学生看到自己的长处，有自信、积极的心理。微笑是给学生最大的关心和鼓励，是学生无穷的动力。

（4）从大处着眼，小处着手

一切对学生发展有利的学习习惯，教师应善于捕捉和培养，而习惯的培养应从学生学习过程中的小现象、小事情入手，小成功才可能凝结成大智慧、大成功。

（5）要持之以恒

干什么事情都贵在持之以恒。学习习惯的培养更是如此，如果只是一时心血来潮，是培养不出良好的学习习惯的。只有坚持不懈地努力，才可能养成良好的学习习惯，推进学生的健康成长。

三、如何组织低年级学生合作学习

（一）问题的提出

1. 问题现象

案例

在教实践活动"我们的校园"（一年级上册）时，教师先让学生看图，然后采取组内交流的形式，让学生在小组内自由地交谈，说说所见所想。然而，组分好了，要求也提出来了，课堂上却不见有什么动静。学生大都一脸茫然，不知该怎么办。教师再一次进行引导："小朋友，你们可以说说在图上看到的东西，比如有几个人在踢球，有几个人在跑步，校园里有几棵树。把你想说的说给同学听就可以了。"在教师的再次强调下，学生仍不会合作，有的望着书，依然保持沉默，有的在自言自语，甚至还有的学生在干其他的事，只有极少数的几名同学似乎理解了老师的意图，在和组内同学说着什么。看到这种情形，教师只好无可奈何地结束了这次合作学习。

2. 问题思考

随着新一轮课程改革的进行，"小组合作学习"一词已让大家耳熟能详。它受到了前所未有的重视，并被广泛地运用到课堂教学之中。毋庸置疑，合作学习能激发学生的学习兴趣，有效地培养学生的合作精神与合作能力，是一种优化课堂教学的良好手段。很多教师认为，低年级的学生好动，自控能力差，不宜开展合作学习，等到学生长大些，到中、高年级后比较容易组织时，再进行合作学习，效果会更好。低年级学生天真率直，表现欲强，他们敢想敢说，这是培养学生合作学习的良好时机。但是，怎样合理有效地在低年级课堂上运用这种教学手段，确实是一个值得我们研究的问题。

（二）策略研究

要在低年级的课堂上有效地开展小组合作学习，一定要讲究策略。必须切实抓好以下几个环节：

1. 合作前的准备

（1）了解低年级学生的心理特点

低年级学生思想单纯，喜欢结交朋友；好奇心强，对任何新鲜事物都感兴趣；敢于表达自己的想法，不怕他人取笑；自我约束力差，却老爱管别人；只善于开展批评，不会进行自我批评；自私、小气也是当今独生子女的一大通病。因此，教师在分组前最好能了解每一个学生的特点，为分组提供依据。

（2）合理组建学习小组

组建学习小组时，可根据学生的知识基础、学习能力、心理素质、性格特点进行搭配。分组的原则是组内异质，组间均衡。人数以 4～6 人为佳，这样便于学生组内合作，组间竞争，既发挥了每个学生的积极性和创造性，又发挥了集体的智慧。其次，要将组内成员明确分工，有组长、有记录员、有汇报员，为顺利地开展活动作好准备。

（3）培养合作意识

教师在平时的教育教学中，可多采用小组竞争机制，对配合得好的小组给予精神鼓励，让他们互看、互学、互议，使学生切实感受到与他人合作的重要性，形成良好的合作意识和倾向。

（4）培养合作技能

低年级学生表现欲望强，往往只爱表达自己的想法，不愿听取别人的意见。因此，教师要教给学生必需的合作技能，如尊重对方，理解对方，善于倾听对方；对不同见解，要等对方说完，再补充或提出反对意见；对对方的精彩见解和独立观点，要通过表扬、鼓励的形式，达到相互支持；碰到困难和分歧较大之处，要心平气和，学会反思，建设性地解决问题。

（5）讲解、示范

低年级学生贪玩好动，管不好自己，他们注意力容易分散，不懂何谓合作。这时，教师必须通过讲解、示范来吸引学生的注意力，告诉学生他们的学习任务是什么，他们必须怎么做，并将新信息与学生已有知识经验联系起来，为学生尽快地找到解决问题的切入口提供必要的帮助。

2. 合作时的组织

（1）把握合作的契机

探求新知，突破知识的重、难点时，学生运用概念、性质进行判断时，寻求解决问题的途径时，巩固运用所学知识时，这些都是组织合作学习的良好时机，此时开展合作学习能产生较好的效果。

（2）创设合作的氛围

创设民主、平等的学习氛围无疑是组织好合作学习的重要前提。学生在愉悦、轻松的环境中思维最活跃，也乐于倾听、敢于发言。教师应努力营造良好的学习氛围，以激发学生合作学习的兴趣。

（3）丰富合作的形式

合作学习可采用生生合作、师生合作、学生与计算机合作、人机对话等多种形式；座位方式也可选择四人合作、同桌合作、自由组合式合作等多种方式；合作学习的方法有小组成绩分享法、切块拼接法、共学式、小组调查法、合作辩论等多样化的实施策略，教师可根据不同的课型，不同的教学内容，适当灵活地调整小组合作学习的方式。

（4）当好合作的引导者

在合作学习中，教师要充当"管理者"、"促进者"、"咨询者"、"顾问"和"参与者"等多种角色，旨在促进整个教学过程的发展。在合作学习中，教师与学生之间原有的"权威—服从"关系逐渐变成了"指导—参与"的关系。教师要运用观察、参与、巡视、指导等方式积极地加以调控，以提高合作学习的效率。

（5）掌握合作的时间

合理地安排合作学习中的时间是杜绝合作的"虚假"与"浮躁"的有力保障。时间太短，学生还没来得及独立思考，容易造成"人云亦云"的现象，这种合作流于形式，收不到效果；如果时间太长，让学生漫无边际地说下去，则浪费了宝贵的时间，这种浮躁的合作也不可取。

3. 合作后的反馈

（1）汇报

一般可由小组内的汇报员汇报学习成果，教师也可根据具体情况由小组自选发言人进行汇报，这样就可避免每次都由几名能说会道的学生代表发言，也可把机会留给那些保持沉默的孩子，培养他们的胆量和语言表达能力。

（2）评价

可以采取教师评、自评、学生互评等多种形式对组员的学习进行评价，这样既能肯定成绩，提出不足，又能对以后的合作学习起到导向作用。

四、教学活动与教学秩序

（一）问题的提出

新课程理念已经深入到了每一名教师心里，在课堂中教师设计了多种多样的教学活动，充分地相信学生，给予学生最大的发言权，使课堂变得生气勃勃，呈现出"万紫千红春满园"的景色。但有时却出现了课堂秩序维持不下去的情况，教学效果可想而知，有时甚至一些无关的争论代替了原有的教学思路，教师和学生都忽略了教学的本质，偏离了教学目标，这时教师该怎么办？是采取"放羊式"教学，充分相信学生，把主动权交给学生，自己当旁观者，还是"因噎废食"，尽量少开展活动？究竟应该怎样处理好数学活动时"放"与"收"的关系，处理好"自由"与"自主"的关系，使课堂由无序变得有序，由吵吵闹闹变得井井有条，什么样的形式才是最有效的数学活动，这是一个值得探究的问题。

（二）策略研究

下面几项措施可能能够比较有效地帮助大家。

1. 做好课前预设，防患于未然

教师在课前要注重对学生知识水平和心理情感的分析，并对已具备教育形态的教材文本进行认真细致地分析。在分析的基础上选定数学活动，不要为活动而活动，要明确活动的具体要求和活动的具体目标，并且明确地告诉学生。教师绝不能够在课堂中进行无目的性的临时发挥，这种发挥很容易使学生陷入一种盲目无序的状况。但在这里要注意一个预设与生成、课前预设与课中按照实际进程发挥教学机智的辩证关系问题。有些临时的数学活动可能也就是一节课的神来之笔，老师要有足够的课堂智慧与激情，平时要注意培养自己的数学底蕴。

2. "没有规矩，不成方圆"

教师要有一套科学的课堂组织教学方法。一是要对学生晓之以理、动之以情，让学生感受到吵闹是对别人的不尊重，平时要多讲一些故事感化学生，说明遵守纪律的重要性。二是要奖惩分明，对那些能够"独立思考在前、合作交流在后"，"听清活动要求在前、认真活动在中、反思活动在后"的学生要予以大家公认的最佳奖励，对不遵守纪律的学生也要有适当的惩罚。三是要有组织纪律的技巧，对低年级学生来说要注重趣味性，多准备一些如"大眼睛、小眼睛，谁的眼睛最漂亮"这一类儿歌。有时也可以运用小红花奖励，但要注意不能够在课堂上当场发放以免影响学生的注意力，可以在课前准备一个评比表。对中、高年级学生就要以自我督促、生生督促为主，要把规则内化到他们心里，使学生从内心感受到独立思考是美、遵守规则是他应该做到的。

3. 评价要适当

"小红花、智慧星"司空见惯，效果也可以，但带来的麻烦也不少，一是分散了学生的注意力，学生拿到手后基本是爱不释手，以后的教学活动就不能够正常地参加了。二是引起了课堂的混乱，为了拿到"小红花"学生用声嘶力竭的喊声吸引老师的注意力，使他们来不及听取同学的发言，同学也听不清他的发言，本来是肯定成绩的小红花最后成了"祸起萧墙"的根源。对于"好极了、棒级了"老师也要用到适度，"好极了、棒极了"的滥用容易使学生停留在浅尝辄止的思维层次。因此我认为老师的表扬要少而精，不吝啬但也绝不滥用，这种表扬要发自内心，真正能够激励学生，让学生为了你的那个鼓励要不断的努力。课堂中有一种无声的掌声，要让学生有所感受。

4. 要敢于承认课堂中的失败并且采用相应的补救措施

课堂中到底会出现什么样的意外和状况，这是任何人都无法百分之百估计到的事情，因此教学也是一门让人遗憾的艺术，但作为教师，我们要敢于承认这种失败，并且采取一定的补救措施。

第三节　教学评价标准的问题及应对策略

一、新课程下如何评价学生

（一）问题的提出

案例

2004 年的下学期，我接手任教二年级的数学。为了调动孩子们的积极性，考虑到低年级小朋友的特点，我决定在班上开展"比一比，谁得的星星多"的活动，鼓励孩子们认真学好数学。这一招还真管用，活动开始没多久，我就惊喜地发现：孩子们上课认真了，发言积极了，连作业也写得工工整整了。正当我暗自得意的时候，一件意想不到的事情发生了。

这一天，我刚走进教室，发现地上掉了两颗我用来做奖品的"小星星"，我皱了皱眉，把"小星星"捡起来问："谁不小心把'星星'弄掉了？"我这一问，教室里顿时开了锅，大家你一言我一语，"是王文！他把'星星'粘到我的背上。""他还用'星星'粘我的头发！"下课后，我把王文叫到了办公室，"同学们说的都是真的吗？""是……是……是我干的。""你怎么能这样做呢？这些可都是老师给你的奖励啊！"我生气地问。"我……我不是故意的，我的书上都贴满了，再说我每天都能得五六个呢！"他的话让我一时语塞。没想到我用奖"小星星"以激励孩子们的好心被当成了多余的"包袱"。我到底做错了什么？

（二）策略研究

以下几条课堂评价策略，或许对于改变我们的评价方法能起到作用。

1. 部分教师片面理解新课程改革教育评价的理念是造成这一现象的重要原因

常言道，改革需要破旧立新，不破则不立，然而改革也容易使人激进、走向极端。在新课改实施中，许多教师在接受了一些新观念之后常常自觉或不自觉地抛弃传统教育教学中一些比较好的做法，对传统全盘否定，认为凡是传统的就不是"新理念"，就不符合新课改的要求。于是就产生了"传统课中，教师批评的声音太多；而新课堂里，教师表扬的声音过滥，课堂里教师应怎样对学生进行评价才最为合适"这样的问题。

当今学校里这个现象还是比较普遍的，因为提倡"以人为本"，提倡激励评价，课堂里充满了教师的赞扬声。不论学生说得怎样，做得怎样，甚至一个平常的表现就可以得到教师的表扬。教师们常常毫不吝啬地把肯定和表扬给予学生，似乎从此不再有批评。但时间长了，几句温情的话语，几个单纯的小红花、小红旗让学生产生了"赞美疲劳"，少了"反响"。

随着新课改的不断深入，随着赏识教育的不断提倡，我们越来越多地在课堂中看到了教师对学生的表扬和奖励，奖励的手段形式多样，从口头表扬、称赞到奖小红星、小玩具、糖果、文具等，为了调动学生们的学习兴趣，教师们可谓是使出了浑身解数，几乎课上只要学生回答问题，无论正确、恰当与否，教师总是面带微笑地表扬道："你真棒!""你真聪明!"课堂上鼓掌之声不绝于耳，课堂气氛异常活跃。从前在每一节数学课上，教师对所有回答了问题的学生都给予表扬："回答得真好!""你真聪明!"学生每发一次言，教师就奖一颗小星星，一节课下来几乎每个学生都有小星星了，多的还有五六颗。然而，美好的愿望常常事与愿违，表扬与奖励的滥用使我们看到的结果和我们的预期大相径庭。学生们在频繁的表扬和奖励面前已变得不再激动兴奋而几近麻木，他们对学习本身的兴趣已转化为对毫无意义的表扬和既得物质利益的追求。同学之间没有比较鉴别，学生也不知道自己究竟好在哪里，每人都有表扬，也就使表扬失去了激励的意义。

在热闹的背后，我们不得不思考，这就是我们所追求的赏识教育吗？许多教师一提到"批评"就讳莫如深，唯恐被扣上"伤害学生自尊"的帽子，以至于学生的见解离题万里时，教师也会言不由衷地称赞一两句。这种做法实际上对学生的发展是极为不利的，长此下去只会助长学生的傲慢情绪，同时放松对自己的严格要求，使学生习惯于生活在赞扬声中，接受不了来自任何一方的批评，有了错误也不愿意承认，从而影响学生健康心理品质和健全人格的形成。这是由于教师还没有真正"吃透"新课程的理念。既然提倡激励,"反正说好的没错",表扬于是张口就来。从培养学生主体性的角度看,教师的评价要注重价值引导,以帮助学生自主建构为目的。评价要坚持分类,对自卑的学生,是帮助建立自信;对自傲的孩子,是让他们看到自己的不足。只有适合每个学生,评价才会有效。

新课程改革是提倡激励学生,帮助学生树立自信心。但激励不等同于表扬,诚然,表扬是维护学生自尊心、树立学生自信心的重要方法,但批评指正有时比表扬显得更为珍贵,有时让孩子体会失败也绝非是一件坏事。在教育过程中,我们要心平气和地直面学生的不足和失误,采用学生乐于接受的教育方法,帮其改正错误,促其不断进步。表扬和批评犹如天平上的两个托盘,缺少任何一方,教育的天平就会失衡。

2. 有些教师对教育评价的"度"把握不好是造成这一现象的又一原因

教师们普遍认为夸奖的力度越大,学生们才会越积极。有一次,我听一名教师上了一堂低年级的数学课:教一年级的小朋友写数字"2",当看到有个小朋友的"2"字写得不错时,这名教师这样夸道:"写得真不错,这样下去,不仅你的数学学得好,将来还能成为大书法家呢!"

还有一名教师,在自己最得意的作文课教学片段中这样写道:……我发现一名平时作文一般的同学进步很大,于是对他说:"你写得太棒了,你富有创造力,我愿做你的第一位读者。继续努力下去,你以后一定是个文豪,希望在多年之后,老师可以自豪地对人们说:'我的学生是一位获得诺贝尔文学奖的大文学家。'"

试问,一个字写得好就能成为大书法家吗?一篇作文的进步就能当大文豪吗?就一定能获得诺贝尔文学奖吗?是否有些好高骛远?其他比他写得更好的孩子该怎么表扬?其他暂时未进步的孩子又该怎么办?教师在盛赞这名学生之余,是否有意无意地触伤了其他孩子呢?小小的进步给予如此奢侈的夸奖,一下子抬得这么高,是否会造成学生心理上的浮夸?下一次他进步更大怎么办?我们的教学评价追求的是暂时刺激,还是长效发展?

所以我们说,表扬要恰如其分。在表扬孩子时,给他指出下一个通过适当努力可以实现的目标,产生前进的动力,明确前进的方向,以免孩子在获得表扬后产生自高自大的心理。所以,把握好评价的"尺度"是非常重要的。

《数学课程标准》指出：评价不仅要关注学生的学业成绩，而且要发现和发展学生多方面的潜能，了解学生发展中的需求，帮助学生认识自我，树立信心。那么，如何通过课堂教学评价的手段帮助同学们认识自我，树立信心呢？

1. 运用多种方式进行激励，避免重复雷同的表扬充斥课堂

表扬是激励学生的有效方式之一，但重复的雷同的表扬充斥课堂，占据了大量的师生交流的时间与空间。"你真棒"，"你真聪明"，"说得好"，"真好"，"非常好"，"太好了"的评价语让人耳朵听出了老茧，充斥在绝大多数教师的得意片段中。相信学生第一次听到会激动半天，但不敢想象，听到第十次、第二十次甚至于更多时，学生会作何反应。再说，学生发现老师对所有的同学都这么说，不知又会作何反应？所以只有运用多种方式进行激励，才能收到好的效果。

2. 适时适度地进行激励，避免过度做作的表扬充斥课堂

夸奖的力度并不是越大越好的。这和"过犹不及"的道理是一样的。教学中，要善于发现学生的思维闪光点，给予及时、适当的肯定和激励，让学生的积极性得以发挥。所谓适时，还要注意教师引导和评价的语言介入要适时。如果教师的评价语言太早或太晚，都不利于教师正确地进行评价。

3. 实事求是地进行激励，避免陷入只能夸奖不能批评的误区

批评无痕，润物无声。虽然无痕却有着惊心的力量，于无声处听惊雷，在心与心愉悦和谐的感应中，学生醒悟了；在心与心的碰撞中，学生的思想升华了，学生的灵魂净化了。

此外，幽默式批评也能收到意想不到的效果。幽默式批评就是在批评过程中，使用含有哲理的故事、双关语、形象的比喻等，缓解批评的紧张情绪，启发批评者思考，增进相互间的感情交流，使批评能有一个轻松愉快的气氛。幽默式批评在于启发、调动被批评对象积极思考。它以幽默的方式点到批评对象的要害之处，含而不露，令人回味无穷。但是，使用幽默式批评不要牵强附会，生拉硬扯，否则，将适得其反。

我们应该在教学实践中，遵循教育评价的原则，不断探索总结，寻找更好的评价方法，让学生能够接受，乐于接受，从而主动地改正缺点错误，形成良好的个性，从而促进学生的全面发展。

二、新课程下的作业布置与评价

（一）问题的提出

1. 问题现象

"全班那么多同学都能够认认真真地按时完成作业，为什么就你们完成不了呢？"课间走进办公室时，经常会听到这种质问学生的声音。不能按时完成作业、拖欠作业的情况，不仅常常发生在我们称之为"后进生"的学生身上，而且也会不经意地发生在我们所谓的好学生身上。学生不交作业的现象令教师很伤脑筋，甚至感到很失望，不少教师会很生气地质问学生。对于不能够按时完成作业的同学，常使用的办法就是批评、课间补做作业，但这些都只能治得了一时，管不了长久，治标不治本。今天批评了这几个学生，明天可能会出现另几个学生不完成作业的；今天补完作业，可能明天他依然会不完成作业。

2. 问题思考

针对学生不完成作业、拖欠作业的现象，我们认真审视了以前布置的作业，并进行了反思，发现有下列四个原因：

（1）在这些作业中，翻抄书本例题的作业多，注重重复与模仿，创新综合的作业少。

（2）单纯计算的作业多，机械训练，内容乏味重复，而发挥学生主动创造才能的少，且与学生生活严重脱节。

（3）要求独立完成的作业多，关注合作互动的作业少，忽视学生的合作交流的需要，使部分学生对数学作业不感兴趣，甚至产生了厌烦或反感的情绪。

（4）教师对学生作业的评价只见分数不见人，采用是非对错式的评价模式，不全面，忽视了在作业过程中所体现的学生的困惑、情感、态度、价值观、创造能力、实践能力，这样的评价有时非但不能起到激励、触动的作用，反而打消了学生的积极性，扼杀了学生的个性。

（二）策略研究

布置作业对教师来说是一项重要的技能。要让完成作业的过程成为学生的智慧、知识、能力、情感、态度、价值观最理想的生成过程和体现过程。那么布置什么样的数学作业比较合适？又如何进行作业评价？

1. 综观作业，不外乎以下几种类型

（1）游戏型作业。为了让数学作业变得形式活泼、富有趣味，可以设计游戏型作业。游戏型作业以课堂教学内容为基础，用游戏的形式，通过学生独立行为或者同学、家长的合作，使课堂教学内容达到熟练的程度。经过一段时间的推广，学生能主动地把课内知识与课外作业结合起来。这样课业负担比每天布置定量的作业要轻松得多了，既有趣味又高效能。

（2）创作型作业。荷兰著名学者弗赖登塔尔说过："学习数学唯一的正确方法是实行'再创造'，也就是由学生本人把要学的东西创造出来，教师的任务是引导和帮助学生去完成这种再创造。"在学习过程中，学生会有自己的理解，产生自己的见解，为让学生只要有话就有地方可说，我们把"数学日记"作为一种创作形式，鼓励学生把生活中遇到的数学问题、产生的想法用"日记"的形式表达出来，特别提倡有创意的作品。在创作过程中，学生阅读、思考、交流，体会到了"学数学、用数学"的思想，培养了创新能力和实践能力。

（3）实验型作业。数学知识是符号化的数量关系与空间形式，比较抽象、枯燥，而小学生易接受直观的感性知识，利用知识原型和学生的实践操作，可化难为易。实验型的作业帮助学生更好地理解知识，提高了学生的学习积极性，培养了创新精神和动手能力。

（4）欣赏型作业。数学知识以其特有的逻辑性、科学性的魅力，很能吸引小学生，可以以"数学小报"为载体，指导学生把通过报刊、广播电视欣赏到的数学家的生平逸事，数学王国的千古之谜，当前国内外数学领域的最新成就和问题等编辑成报刊。把学生引向课外的广阔世界，激发求知欲。使学生扩大视野，不仅培养了学生良好的阅读习惯与兴趣，而且提高了学生多渠道获取信息的能力。

（5）调查型作业。未来的社会是一个开放的、创新的、信息化的知识经济社会。为了培养学生获取信息的能力，可以设计调查型作业。通过调查型的作业，学生把学习内容和社会联系起来，提高了学生的人际交往、获取信息以及实践的能力。

这些数学作业类型在实践中并不是孤立的，而是需要精心设计，将这些有机结合、灵活运用的。

2. 作业评价

作业的设计改革后，传统的只见分数不见人、非对即错式的评价模式也不再符合新课标的要求。作业评价也应该由对纯知识结果的关注转向对学生生命存在及其发展的整体关怀。新课程作业评价要求我们从不同的视角、不同的层面去看待每一个学生，注重帮助学生发现与发展潜能，认识自我、展示自我，促进学生生命整体的发展。我们将评语引入评价，顺应儿童的心理，力求让作业的评价成为架起孩子与教师心灵沟通的桥梁。评语，是一种作业批阅的方式，便于学生更清楚地了解自己作业中的优缺点，还可加强师生间的交流，促进学生各方面和谐统一的发展。将评语引入数学作业的批改中，指出其不足，肯定其成绩，调动了学生的学习积极性，针对性强，效果明显。

（1）巧用评语，培养学生良好的学习习惯

养成良好的学习习惯是掌握知识、培养能力的基础，也是素质教育的要求之一。

（2）巧用评语，指导解题方法

当学生作业中出现审题、计算、观察、分析、判断等方面的错误时，教师可以利用评语进行方法指导，让学生掌握正确的解题方法。

（3）巧用评语，鼓励后进学生

对于正确率特别低的作业，也不能一味批评，相反，还应该尽量地发现他们的闪光点，以鼓励的语气调动他们的积极性。

（4）巧用评语，激励创新

适当的评语能激发学生的创新意识，开启学生的心灵，驰骋想象；鼓励学生动脑思考发现问题，作出假设、尝试、验证、归纳总结、应用，鼓励学生标新立异。

在数学作业评价中，我们巧妙引入评语，采用"等级＋评语"的综合做法，更有利于反映学生的发展变化、发展差异及优缺点，体现了新课程标准上倡导的人文性，让学生在理解知识、运用知识和解决问题的同时，在思维能力、情感态度与价值观方面得到进步与发展。

三、新课程下的学业评价

（一）问题的提出

1. 问题现象

实施新课程以后，课堂教学与评价中存在着以下问题：（1）情景设置脱离教学实际，缺乏针对性，为设置情景而设置情景，很多情况下是大情景小问题，很少考虑情景的价值。（2）问题设计太随意、太空泛，缺乏引导性。一是问题太琐碎，缺乏思维的空间，特别是组织性的问题提得太多，太随意，而探索性问题、开放性问题提得太少；二是问题提得太空泛，大帽子底下无人，让人摸不着头脑，缺乏引导性。（3）活动安排缺乏有效性。一是活动安排目的不明确，为活动而活动；二是活动安排缺乏层次性，多在一个层面上重复；三是教师对活动中出现的问题认识不足，不知道哪些问题通过学生的活动可以解决，哪些问题通过活动仍难以解决，还需要教师的帮助。活动中，教师不知道积极参与学生的活动，获取信息，为有效讲解作准备。（4）练习设计缺乏针对性。一是练习设计没有层次，没有按巩固性练习、综合性练习、发展性练习层次安排，跨度较大，学生无所适从；二是练习缺乏针对性，不能根据本课的重点、难点安排练习，达不到练习的效果。（5）作业布置太死，缺乏选择性。教学中，多数教师给所有的学生布置相同的作业，学生缺乏选择的空间，个性得不到发展，也就不能有效地调动学生的学习积极性。（6）质量反馈形式单一，缺乏多样性。在日常教学中，质量的反馈形式多是以单一的笔试为主，多以考查学生的基础知识与基本技能为主。

2. 问题思考

分析以上现象，不难发现：实施新课程以后，教学开放了，但数学学业评价研究还不能适应新课程的要求，学业评价缺乏实效性。一是评价缺乏针对性，多是"棒！棒！你真棒！"之类的激励性语言，学业评价试卷还不能体现新课程的要求；二是评价缺乏针对性，很多时候缺乏目的，不管学生的具体情况，一概给予"激励性"表扬，学生缺乏自由发挥的空间；三是评价形式单一，多以单个学生为评价对象，多以教研室或学校为评价主体，缺乏多样的有效的评价方式。

（二）策略探索

结合学生数学学科学业成绩测试及平时所做的调查研究的初步结果和分析，建议从以下几个方面继续作出努力，进一步提高义务教育阶段数学教育质量。

1. 进行系统的科学的备课研究

（1）充分发挥骨干教师的带头作用；

（2）让每一名教师参与备课研究的全过程；

（3）将备课研究作为一次学习培训的机会，备课中要从学生情况分析、教学目标分析（包括基础知识与基本技能、数学思考、解决问题、情感态度价值观）、教学建议、典型案例、评价建议、课程资源建设等几方面加以考虑。

2. 教学中应做到以下几点：

第一，应当注重情感因素。注意运用多种评价方式，激发学生对数学的兴趣，发挥数学教学的教育功能。不但要指导和辅导学生认真学习，还要研究、掌握学生的心理特点。尤其要加强对数学学习有困难的学生群体的帮助，区别对待，充分运用激励性评价，促进每一个学生的发展。

第二，应当继续注重落实基础。虽然此次监控评价的结果表明义务教育阶段数学教学从总体上呈现较好的发展趋势，但是对于基础知识、基本技能、基本思想和方法的落实不仅不能放松，而且还要继续重视并进一步加强。

第三，应当注重把数学内容的学习与数学能力的提高紧密地结合起来。以学生个体体验为前提，从丰富的实例引入数学知识，通过"观察、分析、猜想、归纳、证明"等环节的活动，引导学生经历数学知识的发生和发展、数学方法的探究和提炼、思想策略的形成与提高等过程，发现规律，掌握方法，提高能力。

第四，应当注重数学知识与实际的联系，增强学生的应用意识。积极引导学生应用数学知识探究、解决身边的实际问题，形成从数学的角度思考问题的意识，学会从实际问题中获取数学信息，抽象为数学问题并加以解决，体会数学的应用价值。

第五，应当重视培养学生的创新意识。由实际问题或具有挑战性的问题引入，引导学生发现规律、探索方法，创造性地解决问题。避免单纯的模仿与枯燥的记忆，使数学学习成为再发现、再创造的过程，培养学生的创新意识。

后　记

　　新课程标准对小学数学教学提出了很多新要求，赋予了更多的时代内涵。作为小学数学教学实践者的教师，就要为新任务作好必要的准备和相应的调整。只有这样才能适应社会发展的需要和促进自己的职业成长。针对上述情况和实际需要，我们组织编写了《小学数学教学攻略大全》，几易其稿，终于出版。

　　本书在编写过程中，得到了很多专家学者以及一线教师的支持，是他们的共同关注和努力，促成了此书。在这里要感谢他们对于本书理论实践知识的无私奉献和不倦指导，谢谢你们！

　　全书参阅了大量专著、资料，由于时间有限来不及联系原作者，请相关作者跟本书取得联系。

编　者